LIVROS QUE
CONSTROEM

Obras do Mesmo Autor

HOMO MILITANS

TOTAL WAR THE HUMAN MIND

AFTERMATH OF PEACE

DELUSION AND MASS-DELUSION

PATTERNS OF PANIC

CONVERSATION AND COMMUNICATION

THE TWO FACES OF MAN

CIP-Brasil. Catalogação-na-Fonte
Câmara Brasileira do Livro, SP

Meerloo, Joost Abraham Maurits, 1903 -
M444L Lavagem cerebral : menticídio : o rapto do espírito / Joost A. M. Meerloo ; tradução de Eugênia Moraes Andrade e Raul de Moraes. — São Paulo : IBRASA, 1980

(Biblioteca psicologia e educação; 22)

1. Lavagem cerebral I. Título. II. Título: Menticídio. III. Título: O rapto do espírito.

80-0038 CDD-153.853

Índices para catálogo sistemático:
1. Lavagem cerebral: Psicologia 153.853
2. Menticídio: Psicologia 153.853

LAVAGEM CEREBRAL

Menticídio: O Rapto do Espírito

Biblioteca "PSICOLOGIA E EDUCAÇÃO" - 22

JOOST A.M. MEERLOO

Instrutor de Psiquiatria, Columbia University.
Professor de Psicologia Social, New School for Social Research -
Ex-Chefe do Departamento Psicológico das Forças Armadas Holandesas

LAVAGEM CEREBRAL

Menticídio: O Rapto do Espírito

Tradução de
Eugênia Moraes Andrade
e Raul de Moraes

3ª Edição

IBRASA
INSTITUIÇÃO BRASILEIRA DE DIFUSÃO CULTURAL S.A.
SÃO PAULO

Título do original norte-americano:

THE RAPE OF THE MIND

Capa de
Carlos Cezar

Código para obter
um livro igual: V-22

Direitos exclusivos para a língua portuguesa da

I B R A S A

Rua. Treze de Maio, 446 - Bela Vista
01327-000 - São Paulo - SP

Publicado em 2010

IMPRESSO NO BRASIL

PRINTED IN BRAZIL

PREFÁCIO

E não temais os que matam o corpo, e não podem matar a alma.

Mateus X, 28

Intenta-se, neste livro, descrever a estranha transformação do espírito humano livre em máquina de respostas automáticas — transformação que pode ser produzida por algumas tendências culturais subjacentes da sociedade atual, bem como por experimentos deliberados, a serviço de uma ideologia política.

A sedução do espírito e a coerção mental furtiva estão entre os mais antigos crimes da humanidade. Provàvelmente surgiram na era pré-histórica, quando pela primeira vez o homem descobriu que podia usar as qualidades humanas de empatia e compreensão, com o fito de dominar seus semelhantes.

As expressões modernas "lavagem do cérebro", "contrôle do pensamento" e "menticídio" têm a utilidade de oferecer algumas indicações quanto aos métodos atualmente usados para violar a integridade do homem. É mais fácil reconhecer um conceito quando se lhe dá denominação adequada, surgindo com êsse reconhecimento a oportunidade de correção sistemática.

Encontrará o leitor neste livro uma discussão de alguns dos perigos iminentes que ameaçam o livre jôgo das influências culturais. Realça-se a espantosa conseqüência que tem para a cultura a questão da intrusão mental forçada. Não são sòmente as técnicas de coerção que têm importância, pois a intrusão inadvertida nos nossos sentimentos e pensamentos é ainda mais importante. O perigo de destruição do espírito é comparável à ameaça de destruição física total, por meio da guerra atômica. Na verdade, estão as duas relacionadas e entrelaçadas.

Analiso essa questão baseando-me na crença de que só conseguimos atingir o cerne de um problema qualquer, quando o examinarmos de muitos e variados ângulos.

Segundo o princípio de complementaridade de Bohr, os fenômenos da física, que são bastante simples, podem ser examinados de variados pontos de vista; para descrever os fenômenos físicos são necessários conceitos diversos e aparentemente contraditórios. Por exemplo, para a explicação do comportamento dos eléctrons utiliza-se o conceito de partícula e também o de onda. Isso é igualmente verdadeiro para as interações psicológicas e sociais, que são ainda mais complicadas. Não se pode analisar a lavagem do cérebro exclusivamente de um simples ponto de vista pavloniano. Intenta-se, neste livro, examinar êsse fato do ponto de vista clínico descritivo e segundo a concepção freudiana da psicologia; procura-se observar a lavagem do cérebro, considerandose que a coerção mental geral pode estar presente em tôda interação humana.

Uma comunicação de idéias qualquer pode ser, de certo modo, comparada ao jôgo que consiste em derrubar uma fileira de bonecos, por meio de bolas atiradas contra êles. Quanto maior o número de bolas que atiramos, maior é a probabilidade de derrubá-los todos. Quanto mais variados e numerosos os ângulos pelos quais atacamos um problema, tanto mais provável é descobrir-lhe e apanhar-lhe o cerne. Um tratamento tão minucioso do assunto seria impossível sem algumas repetições no texto.

Caminharemos, neste livro, do assunto particular da coerção mental planejada e deliberada para a questão mais geral dos fatôres que, no mundo moderno, tendem a fazer do homem um robot e a automatizá-lo. Os últimos capítulos são devotados ao problema da espinha dorsal do espírito, como um primeiro passo no sentido de se aprender a assegurar a nossa liberdade espiritual.

Um grande escritor holandês — Multatuli — correspondendo-se com um amigo, pedia-lhe desculpas pela extensão da carta: não tinha tido tempo suficiente para ser mais breve. Com êsse paradoxo, exprimia aquêle escritor parte do problema presente em todo esfôrço de expressão e comunicação do pensamento. Para exprimir-se uma idéia de forma precisa e compreensível, é necessário que se disponha de muito tempo. Além disso, a concisão e a simplicidade de um escrito nem sempre são apreciadas. A psicologia moderna está, por excelência, sobrecarregada de expressões altamente eruditas, o que tem a secreta intenção de deixar o público leitor tomado de respeito. Quem procura exprimir-se com palavras simples, deixando de lado a gíria profissional, arrisca-se a ser chamado de vulgar e anticientífico. Não obstante, bem sei que me acho de tal modo embebido na terminologia psicológica, que não me é possível abandonar de todo a linguagem da psicologia. A prova real da clareza no campo desta disciplina está na medida em que o leigo absorve e compreende as idéias transmitidas. Tive a intenção de escrever para o público em geral, não a de vulgarizar, mas a de colocar um pouco em ordem o caos da época em que vivemos.

Em cada palavra que uma pessoa pronuncie, há sempre um plágio. Compete a um escritor absorver, incorporar e transformar os conhecimentos e as tendências emotivas de seu tempo e apresentá-las sob cunho particular, enriquecidas por suas experiências pessoais. Estou realmente grato àqueles cujas idéias me foi dado reproduzir e aos que me inspiraram a escrever minhas próprias idéias sôbre êsse controvertido assunto.

J. A. M. M.

Janeiro de 1956.

NOTA DOS TRADUTORES

O autor dêste livro é holandês de nascimento, mas vive há bastante tempo nos Estados Unidos, sendo naturalizado norte-americano desde 1950. Por isso, quando se refere a "êste país", a "os nossos prisioneiros de guerra", etc., está se referindo aos Estados Unidos, aos prisioneiros de guerra norte-americanos, assim por diante, e não tomando como ponto de referência a Holanda ou outro qualquer país.

AGRADECIMENTOS

Agradecemos à HARVARD UNIVERSITY PRESS, pela citação, que vem à página 57, de *The New Man in Soviet Psychology,* de R. A. Bauer, 1952;

a THE MACMILLAN COMPANY, pela citação, que vem à página 29, de *The Cardinal's Story,* de S. K. Swift, 1949;

e a THE NEW YORK TIMES, pela citação, que vem à página 34, do *The New York Times,* de 27 de Fevereiro de 1955.

ÍNDICE

PRIMEIRA PARTE

AS TÉCNICAS DE SUBMISSÃO DOS INDIVÍDUOS

A primeira parte dêste livro trata das várias técnicas usadas para fazer de um homem um conformista dócil. Além do exame de acontecimentos políticos da atualidade, chama-se a atenção para certas idéias desenvolvidas em laboratório e para o uso de drogas, como meios de facilitar a lavagem do cérebro. O último capítulo trata do mecanismo psicológico subjacente da submissão mental.

CAPÍTULO I

VOCÊ TAMBÉM CONFESSARIA

Está acontecendo uma coisa fantástica no mundo atual. Os homens, hoje, já não são punidos apenas por crimes que tenham de fato cometido. Agora pode-se compeli-los a confessar crimes arquitetados pelos seus julgadores, que fazem uso de sua confissão para fins políticos. Não basta condenar como miseráveis os que são assim julgados. Devemos procurar compreender o que os impele à falsa admissão de culpa; precisamos focalizar sob outro aspecto a mente humana, considerando tôda a sua fragilidade e vulnerabilidade.

A confissão forçada

Durante a guerra da Coréia, um oficial da Marinha Norte-Americana, Coronel Frank H. Schwable, foi feito prisioneiro pelos comunistas chineses. Depois de meses de intensa pressão psicológica e de degradação física, assinou uma «confissão» bem documentada de que os Estados Unidos estavam levando a cabo a guerra bacteriológica contra o inimigo. A confissão incluia nomes, citava missões, descrevia encontros e conferências estratégicas. Foi um instrumento de propaganda tremendamente valioso para os totalitários. Para tôdas as partes do mundo a notícia foi transmitida por telegramas: «Os Estados Unidos estão combatendo o pacífico povo chinês com lançamento de bombas carregadas de bactérias de moléstias infecciosas, em flagrante violação das leis internacionais.»

Depois de repatriado, o Coronel Schwable publicou, sob juramento, uma declaração em que repudiava sua confissão e descrevia seus longos meses de encarceramento. Perante o tribunal militar de inquérito, a que foi conduzido mais tarde, afirmou em defesa própria: «Nunca estive convencido, em consciência, de que nós, na 1.ª Ala Aérea da Marinha Americana, tivéssemos feito guerra bacteriológica. Sabia que não tínhamos. Todo o resto, porém, — as conferências, os planos, e como se realizariam as missões, — me parecia perfeitamente real».

«As palavras eram minhas», continuou o Coronel, «mas os pensamentos eram dêles. Isto é o que me parece mais difícil de explicar: como pode um homem sentar-se e escrever coisas que sabe serem falsas e ainda assim senti-las, experimentá-las, percebê-las como se fôssem reais.»

Assim explicou o Dr. Charles W. Mayo, eminente médico americano e representante do govêrno, a lavagem do cérebro, num relatório oficial apresentado às Nações Unidas: «... as torturas usadas... embora incluam muitas ofensas físicas brutais, não se assemelham aos tormentos medievais do cavalete e do prego nas unhas. São mais agudas, mais prolongadas e preparadas para terem efeitos mais terríveis. São calculadas para desintegrar a mente de uma vítima inteligente, para perverter seu senso de valores a ponto de levá-la não apenas a gritar: «Eu o fiz!», mas de torná-la aparentemente cúmplice voluntário da completa destruição de sua integridade e da criação de uma ficção bem construída.»

O caso Schwable é apenas um exemplo de um prisioneiro indefeso, compelido a dizer uma grande mentira. Se queremos sobreviver como homens livres, temos que enfrentar, em tôdas as suas ramificações, êste problema da coerção mental para fins políticos.

Faz mais de vinte anos que os psicólogos começaram a suspeitar que a mente humana pode ser prêsa fácil de poderes ditatoriais. Em 1933, o edifício do Reichstag Alemão foi inteiramente destruído pelo fogo. Os nazistas prenderam um holandês, Marinus Van Der Lubbe, e acusaram-no do crime. Van Der Lubbe era conhecido entre os psiquiatras holandeses como mentalmente instável. Tinha estado internado numa instituição de tratamento de doenças mentais, na Holanda. Sua fraqueza e falta de equilíbrio mental tornaram-se evidentes quando êle se apresentou diante do tribunal. Onde quer que chegassem notícias do julgamento, exclamava-se com espanto: «Pode lá êsse pobre coitado ser um revolucionário heróico, um homem disposto a sacrificar sua vida por um ideal?»

Durante as sessões do tribunal, Van Der Lubbe mostrava-se evasivo, obtuso e apático. No entanto, segundo os relatórios dos psiquiatras holandeses, era um homem de caráter alegre, vivo e instável, de humor muito variável, que gostava de andar sem rumo e alimentava mil e uma fantasias para transformar o mundo.

No quadragésimo segundo dia do julgamento, o comportamento de Van Der Lubbe modificou-se de maneira dramática. Sua apatia desapareceu. Dava a impressão de ter estado perfeitamente atento a tudo o que se passara nas sessões anteriores. Criticou o curso moroso do processo. Pediu castigo — morte ou prisão. Falou de suas «vozes interiores». Repetiu que não agüentava mais. E caiu de novo em apatia. Hoje êsses sintomas são identificados como uma combinação de formas de comportamento que se pode chamar de síndrome de confissão. Em 1933, os psiquiatras não conheciam êsse tipo de comportamento. Infelizmente, êle é agora muito familiar e freqüentemente encontrado nos casos de extrema coerção mental.

Van Der Lubbe foi a seguir condenado e executado. Quando o julgamento acabou, o mundo começou a perceber que êle tinha sido um simples bode expiatório. Os próprios nazistas tinham queimado o edifício de Reichstag e encenado o crime e o processo, para se apoderarem da Alemanha. Mais tarde ainda, percebeu-se que Van Der Lubbe foi vítima de um abuso diabòlicamente sagaz de conhecimentos médicos e de técnicas psicológicas, através dos quais foi transformado num autômato passivo, submisso e útil, que simplesmente respondia sim ou não aos seus inquisidores, durante a maior parte das sessões. Uma vez por outra tentou escapar de seu papel forçado. Mesmo naquele tempo, corriam boatos de que teria sido levado à submissão por meio de drogas, embora nunca se tenha sabido nada com certeza. (1)

Entre 1936 e 1938, o mundo tomou maior consciência do verdadeiro perigo representado pela coerção mental sistemática no campo da política. Foi o período de nefanda memória dos processos de expurgo de Moscou. Era quase impossível acreditar que velhos e dedicados bolchevistas, que tinham consagrado suas vidas a um movimento revolucionário, sùbitamente se transformassem em covardes traidores. Quando, um por um, cada um dos acusados confessou e bateu no peito, a impressão geral foi de que tudo constituia uma grande farsa, planejada exclusivamente como meio de propaganda para o mundo não comunista. Tornou-se, então, evidente que uma tragédia muito pior se estava desenrolando. Os homens submetidos a julgamento tinham sido um dia sêres humanos; agora estavam sendo sistemàticamente transformados em títeres. Os que os moviam davam o tom e os manobravam. Quando, de tempos em tempos, chegavam notícias de como se podiam transformar duros e rijos revolucionários em mansos cordeiros que se acusavam dòcilmente, no mundo todo a crença remanescente na comunidade livre que se presumia estar sendo criada na Rússia soviética começou a desmoronar.

Nos últimos tempos, tornou-se dia a dia mais comum o espetáculo de confissões de crimes não cometidos. A lista vai

---

(1) O relatório psiquiátrico sôbre o caso Van Der Lubbe foi publicado por Bonhoeffer e Zutt. Embora não estivessem familiarizados com a "síndrome de menticídio" e nem autorizados por seus "Fuehreres" políticos, dão êles uma boa descrição do comportamento patológico e apático da vítima e de sua tremenda mudança de humor. Negam o emprêgo de drogas.

de comunistas, a não comunistas até anticomunistas, incluindo nomes de tipos tão diversos quanto o bolchevista tcheco Rudolf Slansky e o cardeal húngaro Joseph Mindszenty.

Coerção mental e ocupação inimiga

Quem viveu em regiões ocupadas por nazistas, na segunda guerra mundial, aprendeu a compreender muito bem como pode uma pessoa ser forçada a fazer falsas confissões e a trair aquêles a quem ama. Eu próprio nasci na Holanda e aí vivi até que a ocupação nazista me forçou a fugir. No início da ocupação, quando ouvíamos, de testemunhas oculares, as primeiras descrições do que se passava nos interrogatórios de agentes da resistência capturados pelos nazistas, sentíamo-nos apavorados e alarmados.

O primeiro intuito da Gestapo era forçar os prisioneiros, sob tortura, a trair amigos e a relacionar novas vítimas para novos tormentos. Os Camisas Pardas pediam nomes e mais nomes, pouco se incomodando em averiguar se as informações eram falsas, fornecidas sob a pressão do terror. Lembro-me muito bem de uma reunião realizada por um pequeno grupo de membros da resistência para discutir o pavor e a insegurança crescentes. Cada um de nós, nessa reunião, poderia ser um dia indigitado e apanhado pela Gestapo. Seríamos nós capazes de enfrentar o tratamento nazista ou viríamos, também, a nos transformar em delatores? Eis a pergunta que se propunha cada antinazista nas regiões ocupadas.

No segundo ano da ocupação, compreendemos que era melhor não termos contacto um com outro. Mais de dois encontros era perigoso. Tentamos descobrir preventivos medicinais e psiquiátricos que nos enrijecessem contra as torturas nazistas que nos ameaçavam. Eu mesmo cheguei a realizar algumas experiências para verificar se os narcóticos nos fortaleceriam contra a dor. Os resultados, todavia, foram paradoxais.

O narcótico pode criar uma insensibilidade à dor, mas sua ação entorpecente torna a pessoa mais vulnerável à pressão mental. Já naquele tempo sabíamos nós e os nazistas conosco, que não era a dor física direta que alquebrava as pessoas, mas antes a humilhação contínua e a tortura mental. Um de meus pacientes, sujeito a um interrogatório dêsses, resolveu manter-se em silêncio. Não respondeu a uma única pergunta e os nazistas, por fim, puseram-no em liberdade. Êle, porém, nunca mais se refez de tão aterradora experiência. Raramente falava, mesmo quando de volta a casa. Ficava sentado, simplesmente, — amargurado, cheio de indignação — e em poucas semanas morreu. Não foram os ferimentos físicos que o mataram; foi a mistura de mêdo e de orgulho ofendido.

Mantivemos muitas discussões sôbre os meios de fortalecer nossos agentes de resistência que fôssem capturados ou de evitar que êles acabassem finalmente por trair-se. Deveríamos dar a alguns dos nossos cápsulas com que se suicidassem? Isto só seria em último recurso. Narcóticos como morfina produzem apenas uma anestesia e um alívio temporários; além disso, o inimigo encontraria certamente as cápsulas e as tomaria.

Tínhamos ouvido falar das tentativas dos alemães de dar cocaína e anfetamina a seus pilotos do ar, como meio de combater a exaustão, mas nenhum dos dois medicamentos era seguro. Essas drogas podem revigorar o corpo, tornando-o insensível à dor, mas ao mesmo tempo embotam a mente. Se os agentes de resistência as tomassem, poderiam não sentir, no corpo, os efeitos da tortura física, como o tinham demonstrado as experiências; mas suas mentes, obscurecidas, os tornariam prêsa fácil dos nazistas.

Experimentamos, também, exercícios sistemáticos de relaxamento mental e auto-hipnose (comparáveis aos exercícios iogue) a fim de tornar o corpo mais resistente à fome e à dor. Quando alguém se aplica em prestar atenção às funções automáticas do organismo, como a respiração, por exemplo, pode reduzir a vigilância do córtice cerebral e a consciência da dor diminui. Êsse estado de insensibilidade ao sofrimento pode, às vêzes, ser atingido por exercícios de auto-hipnose. Muito poucos dos nossos, porém, eram capazes de conseguir êsse tipo de anestesia.

Por fim descobrimos um estratagema psicológico simples: quando não se pode mais enganar o inimigo ou deixar de falar, o melhor a fazer é falar demais. A idéia era esta: manter-se intratável e fingir de louco; fazer-se de covarde e confessar mais do que é para confessar. Mais tarde verificamos que êsse método foi eficaz em muitos casos. Néscios desatinados confundiam muito mais o inimigo que heróis silenciosos, cuja resistência era afinal solapada, a despeito de qualquer esfôrço.

Tive que fugir da Holanda depois que um policial me avisou de que meu nome tinha sido mencionado num interrogatório. Por duas vêzes já fôra interrogado pelos nazistas, em assuntos de menor importância e sem tortura física. Quando, mais tarde, êles me apanharam na Bélgica, provàvelmente em conseqüência de alguma traição, tive que suportar um longo exame preliminar, em que fui espancado, felizmente não com demasiado rigor. A entrevista tinha começado de maneira até bastante agradável. Aparentemente, o oficial nazista estava pensando que conseguiria arrancar-me informações por meios amistosos. Na verdade, tivemos até uma discussão (pois eu era psiquiatra), sôbre os métodos usados nos interrogatórios. Mas quando êle percebeu que êsse trato amigável não o conduzia a coisa alguma, sua disposição mudou e êle comportou-se com tôdas as características de sadismo que estávamos habituados a esperar de tipos como êle. Felizmente, consegui escapar nessa mesma noite, antes que pudessem começar uma investigação mais sistemática e mais torturante.

Chegado aos quartéis generais de Londres, depois de uma aventurosa viagem pela França e pela Espanha, fui feito Chefe do Departamento Psicológico das Fôrças Holandesas na Inglaterra. Nessa posição oficial, foi-me possível coligir dados sôbre o que estava ocorrendo aos milhões de vítimas do terror e da tortura nazistas. Posteriormente, interroguei e curei vários foragidos de campos de concentração e internamento. Essas pessoas se tinham tornado verdadeiros peritos em sofrimento. A variedade das reações humanas nessas circunstâncias infernais ensinou-nos uma dolorosa verdade: o espírito da maioria dos homens pode ser quebrantado; o ser humano pode ser reduzido ao nível do comportamento animal. Vítima e algoz acabam por perder tôda a dignidade humana.

Meu govêrno deu-me poderes para inquirir um grupo de traidores e interroguei, também, prisioneiros nazistas. Quando passo em revista tôdas essas experiências do tempo da guerra, tôda a confusão entre coragem e covardia, traição, resistência moral e fortaleza mental, devo confessar que meus olhos só se abriram realmente após um estudo dos julgamentos dos chefes nazistas em Nuremberg. Foram êsses processos que nos deram a verdadeira história dos métodos coercitivos sistemáticos usados pelos nazistas. E mais ou menos pela mesma época, começamos a conhecer melhor a perversa estratégia psicológica que a Rússia e seus satélites estavam empregando.

Feitiçaria e tortura

São relativamente novas e altamente apuradas as técnicas específicas usadas no mundo moderno para quebrantar o espírito e a vontade do homem e extorquir confissões para fins de propaganda política. Todavia, a confissão forçada, em si mesma, não tem nada de novo. Desde tempos imemoriais, tiranos e ditadores têm tido necessidade dessas confissões «voluntárias», para justificarem seus desmandos. O conhecimento de que o espírito humano pode ser influenciado, domado e submetido à servidão, é muito mais antigo que o conceito ditatorial moderno de doutrinação forçada. O **shaman** primitivo usava rituais apavorantes para levar sua vítima a um estado de mêdo hipnótico tal, que ela se submetia a qualquer sugestão. O primitivo sôbre quem o curandeiro lança condenação por obras de encantamento, pode ficar tão hipnotizado pelo mêdo que cai em apatia, aceita seu destino e morre. (Malinowski)

Em todos os tempos os homens sempre tiveram uma intuição de que o espírito humano pode ser manipulado. Muitos estratagemas bem elaborados foram preparados para atingir-se êsse propósito. Rituais de êxtases, máscaras aterradoras, ruídos fortes, cantos alucinados, tudo foi usado para compelir a multidão a aceitar as crenças de seus chefes. Mesmo que um homem comum resista, a princípio, a um cruel **shaman**, ou a um curandeiro, o ritual hipnotizador que êles usam acaba por alquebrar a sua vontade.

Métodos mais dolorosos também não são novos. Quando estudamos os velhos relatórios da Inquisição, ou alguns dos muitos julgamentos de feiticeiras, tanto na Europa quanto na América, muita coisa aprendemos a respeito dêsses métodos. A prova do mergulho é um exemplo. Os acusados de feitiçaria eram lançados no rio, pés e mãos atados. Se o corpo boiasse, a vítima era imediatamente retirada dágua e queimada viva no pelourinho. O fato de não ter o corpo mergulhado era uma prova positiva de sua culpabilidade. Se, ao contrário, o acusado obedecia à lei da gravidade e mergulhava até o fundo do rio, o corpo afogado era cerimoniosamente retirado d'água e proclamava-se sua inocência. Não se deixava à vítima muita escolha!

O homem tem sido tremendamente fértil na invenção de meios de infligir sofrimentos a seus iguais. Com paixão requintada inventou técnicas que provocam os mais atrozes sofrimentos nas partes mais vulneráveis do corpo humano. O cavalete e o prego nas unhas são velhos instrumentos que foram usados não apenas por algozes primitivos mas ainda por ditadores e tiranos tidos por civilizados.

A fim de compreender melhor a tortura mental moderna, devemos constantemente ter em vista que, desde tempos remotos, o martírio do corpo e o cavalete de tortura nunca foram usados só para infligir dor à vítima. Embora não tenham expressado seu pensamento em têrmos sofisticados, os juízes e carrascos medievais tinham, não obstante, consciência de que há uma relação espiritual peculiar e uma intercomunicação mental entre a vítima e o resto da comunidade. Muitas torturas dolorosas e muito enforcamento deviam ser aplicados como demonstrações públicas. Depois de sofrer dores intensíssimas, a feiticeira não apenas confessaria repugnantes perversões sexuais praticadas com o demo, mas ainda passaria gradualmente a acreditar nas histórias inventadas por ela própria e morreria convencida de sua culpa. Todo o ritual de inquirição e tortura finalmente a compelia a aceitar as fantasias de seus juízes e acusadores. No fim, ela própria ansiava pela morte. Desejava ser queimada viva a fim de exorcismar o demônio e expiar seus pecados.

Os mesmos juízes e carrascos sabiam, também, que os processos de feitiçaria não visavam apenas torturar as feiticeiras, mas, ainda mais, a torturar os espectadores que, ainda que inconscientemente, se identificavam com as vítimas. Esta é, sem dúvida, uma das razões de serem os enforcamentos e execuções efetuados em praça pública, constituindo até verdadeiros espetáculos. Espalhava-se assim o terror e muito juiz falou com eufemismo da ação preventiva de tais torturas. Psicològicamente, pode-se considerar todo êste artifício como uma exploração da simpatia humana e da tendência geral de identificação com o outro.

Já em 1563, o corajoso médico holandês, Johannes Wier, afirmava em sua obra prima, «De Praestigiis Daemonum» (Dos prestígios dos Demônios), que a auto-acusação coletiva e voluntária dessas velhas — através das quais elas se expunham à tortura e à morte — eram atos inspirados pelo diabo, um ardil dos demônios, cujo fim era condenar não só as mulheres inocentes mas também seus implacáveis algozes. Wier foi o primeiro médico a introduzir o que veio a ser, mais tarde, o conceito psiquiátrico de **delírio** e cegueira mental. Em tôda a parte onde seu livro teve influência, cessou a perseguição às feiticeiras, em algumas regiões mais de cento e cinqüenta anos antes que em todo o mundo civilizado se tivesse, finalmente, posto um têrmo a êsses processos. Sua obra e sua visão do problema tornaram-se um dos principais instrumentos na luta contra o delírio das feiticeiras e a tortura física. (Bashwitz). Wier chegou mesmo a se convencer de que as feiticeiras eram simples bodes expiatórios da confusão e do desespêro íntimo de seus juízes e do **Zeitgeist** em geral.

O refinamento do instrumento de tortura

Todo conhecimento pode ser usado para o bem e para o mal e a psicologia não se livra dessa lei geral. A psicologia forneceu ao homem novos meios de tortura e de intrusão no espírito. Temos que estar cada dia mais esclarecidos sôbre o que são êsses métodos e essas técnicas se os queremos combater com eficácia. Muitas vêzes êles podem ser mais dolorosos e mais capazes de paralizar a mente que a tortura. Personalidades fortes podem tolerar a agonia física; não raro ela serve até para estimular pertinaz resistência. Qualquer que seja a constituição da vítima, a tortura física conduz, por fim, a uma perda protetora de consciência. Mas resistir a uma tortura mental que leva a uma sub-reptícia ruína do espírito exige personalidades ainda mais fortes.

Chamamos «lavagem do cérebro» (expressão derivado do chinês **Hsi-Nao**) a um bem trabalhado ritual de doutrinação sistemática, de conversão e de auto-acusação usado para transformar não-comunistas em submissos sequazes do partido. (Hunter) «Menticídio» é uma palavra que formei do latim

mens, espírito e **caedere**, matar. (1) Ambas designam o mesmo perverso aperfeiçoamento do processo de tortura pelo cavalete, colocando-o em nível que parece mais adequado. Mas é mil vêzes pior e mil vêzes mais vantajoso para o inquisidor.

O menticídio é um crime antigo contra a mente e contra o espírito humano, sistematizado, porém, agora. É um sistema organizado de intervenção psicológica e de perversão judicial, por meio do qual um ditador poderoso pode estampar suas próprias idéias oportunistas na mente daqueles de que planeja utilizar-se e que quer destruir. As vítimas aterrorizadas se vêem finalmente compelidas a exprimir conformidade completa com os desejos do tirano. Através de processos judiciais durante os quais a vítima papagueia um disco íntimo, gravado de antemão pelos inquisidores, atormenta-se e desarma-se a opinião pública. «Foi punido um verdadeiro traidor», pensa o povo. «O homem confessou!» Sua confissão pode ser usada para propaganda, para a guerra fria, para incutir mêdo e terror, para acusar falsamente o inimigo ou para exercer-se uma pressão mental constante sôbre outros.

Resultado importante dêsse procedimento é a grande confusão que êle cria na mente de cada espectador, amigo ou inimigo. Por fim ninguém mais sabe como distinguir a verdade da mentira. O potentado totalitário, para alquebrar a mente humana, precisa primeiro espalhar a desordem mental e a confusão de palavras, porque ambas paralisam a oposição e deterioram o moral do inimigo — a menos que seus adversários estejam bem advertidos do verdadeiro desígnio do ditador. Daí por diante êle pode começar a construir seu sistema de conformismo.

Tanto no caso Mindszenty como no caso Schwable, temos relatórios documentados das técnicas de menticídio usadas para quebrantar o espírito e a vontade de homens corajosos.

---

(1) Nessa formação, acompanhei a etimologia usada pelas Nações Unidas ao criar o têrmo "genocídio", significando a destruição sistemática de grupos raciais.

Consideremos, primeiro, o caso do Cardeal Mindszenty, acusado de desencaminhar o povo húngaro e de colaborar com o inimigo, os Estados Unidos. Em sua exposição sôbre a prisão do Cardeal Mindszenty, Stephen K. Swift descreve três fases típicas do «processo» de base psicológica a que são submetidos os prisioneiros políticos. A primeira fase é destinada a extorquir confissão. A vítima é dia e noite bombardeada com perguntas. É alimentada insuficientemente e com irregularidade. Não se lhe permite quase nenhum repouso e ela permanece horas sem fim na câmara de interrogatório, enquanto seus inquisidores se revezam. Faminto, exausto, com os olhos doloridos e ofuscados por luzes diretas, o prisioneiro se reduz a pouco mais que um animal acuado.

> ... depois de ter estado durante sessenta e seis horas de pé (relatório Swift), o Cardeal fechou os olhos e permaneceu calado. Não respondia às perguntas nem por negativas. O coronel encarregado do expediente bateu-lhe de leve nos ombros e perguntou-lhe porque não respondia. O Cardeal retorquiu: «Acabe com isso tudo. Mate-me. Estou pronto para morrer!» Disseram-lhe que nenhum mal lhe fariam; que êle poderia por um fim àquilo tudo, simplesmente respondendo a certas perguntas.
>
> ... No sábado de manhã mal se podia reconhecê-lo. Pediu outra bebida e dessa vez recusaram-lha. Seus pés e suas pernas estavam tão inchados que lhe causavam dores atrozes; por várias vêzes caiu no chão.

Aos horrores provindos do exterior, que afligem o acusado, devem-se acrescentar aquêles que lhe vêm do íntimo. Atormenta-o uma instabilidade de espírito que não lhe permite dar sempre a mesma resposta às mesmas perguntas. Como um ser humano que tem uma consciência, por piedoso que tenha sido, perseguem-no possíveis sentimentos de culpa, que solapam a convicção de sua inocência. O pânico do homem submetido à lavagem do cérebro é a confusão total que êle sofre, de todos os conceitos. Minam-se suas normas e seus critérios. Já não tem mais nada de objetivo em que acreditar, a não ser na lógica que lhe é ditada e incutida pelos que têm mais fôrça que êle. O inimigo sabe que, muito abaixo da superfície, a vida humana é construída sôbre íntimas contradições. Aproveita-se dêsse conhecimento para derrotar e confundir o paciente da lavagem do cérebro. A contínua substituição dos interrogadores torna ainda mais difícil acreditar na coerência do pensamento. Mal a vítima se ajusta a um inquisidor, tem que mudar seu foco de atenção para um outro.

E, no entanto, esta profunda confusão de conceitos, esta profunda contradição de ideologias e de crenças faz parte da enfermidade filosófica de nossos tempos!

Como um ser social, o Cardeal é premido pela necessidade de boas relações humanas e de companhia. As sugestões constantemente reiteradas de sua culpa impelem-no à confissão. Como um indivíduo que está sofrendo, êle é traído por um profundo desejo de ficar só e em sossêgo, quando menos por alguns minutos. Por fôrças externas e internas, é inexoràvelmente arrastado a assinar a confissão preparada por seus perseguidores. Por que resistiria êle ainda? Êle não tem, à vista, nenhuma testemunha de seu heroísmo. Depois da morte, não poderá provar a sua coragem moral e a sua retidão. O cerne da estratégia do menticídio é retirar tôda esperança, tôda espectativa, tôda crença no futuro. Destrói todos os elementos que conservam vivo o espírito. A vítima fica totalmente sòzinha. (1)

Se o prisioneiro revela resistência mental muito grande, dão-se-lhe narcóticos para o confundir: mescalina, maconha, morfina, barbitúricos, álcool. Se o corpo entra em colapso, antes

---

(1) Êsse contínuo ataque contra a consciência humana e o sentimento de culpa por meio de auto-acusações inconscientes, foi descrito brilhantemente por **Franz Kafka** em «O processo». Nessa novela, a vítima nunca sabe de que é acusada, mas seu sentimento de culpa leva-a à convicção. Kafka antecipou a era da extorsão de confissão. Seu romance foi escrito em 1930. O mesmo tema foi tratado, sob o aspecto psicológico, por Theodor Reik, em sua **«Confession Compulsion and the Need for Punishment»**.

que a mente se renda, recebe estimulantes: benzedrina, cafeína, coramina, que ajudam, todos, a preservar a consciência até que a vítima confesse. Muitos dos narcóticos e estimulantes que, em última análise, conduzem à dependência mental e à confusão forçada, podem, também, provocar a amnésia, algumas vêzes um completo esquecimento da própria tortura. As técnicas de tortura produzem o efeito desejado, mas a vítima esquece o que de fato aconteceu durante o interrogatório. Os clínicos que praticam a terapêutica com derivados de anfetamina, que auxiliam o paciente, quando injetados na corrente sanguínea, a relembrar experiências há muito esquecidas, conhecem muito bem o poder que têm essas drogas de provocar um esquecimento completo do período em que foram aplicadas e em que o paciente foi interrogado. (1)

Na segunda fase, exercita-se a vítima para aceitar a sua própria confissão tal e qual como se amestra um animal para fazer artes. Relêem-se, repetem-se, martelam-se em seu cérebro falsas afirmações. Forçam-no a repetir de memória, vêzes sem conta, ofensas imaginárias, pormenores fictícios que por fim o convencem de sua culpabilidade. No primeiro passo, êle é forçado por outros à submissão mental. No segundo, entra num estado de auto-hipnose e convence-se a si mesmo de crimes forjados. Relata Swift: «As perguntas do interrogatório, agora, se referem a pormenores da «confissão» do Cardeal. Primeiro, lêem-se-lhe as suas próprias declarações, depois, as declarações de outros prisioneiros acusados de cumplicidade com êle; em seguida, uma combinação das duas. Algumas vêzes o Cardeal mostrava-se taciturno, outras vêzes profundamente perturbado e excitado. Mas respondia a tôdas as perguntas de boa vontade, repetindo tôdas as frases, — uma, duas ou mesmo três vêzes, quando lhe davam ordens para o fazer». (Lassio)

Na terceira e última fase de interrogatório e de menticídio, o acusado, já completamente condicionado e aceitando a culpa

(1) Ver capítulo terceiro.

que lhe foi imposta, é adestrado para fornecer testemunhas falsas contra si próprio e contra outros. Já não tem que se convencer a si mesmo por meio de auto-hipnose; só fala pela voz de «seu senhor». Está preparado para o processo, completamente amolecido; está cheio de arrependimento e deseja ser condenado. É uma criança nas mãos dos inquisidores, alimentado como criança, e embalado por palavras, como criança. (1)

Menticídio na Coréia

Passemos agora uma vista d'olhos no caso Schwable. Em suas linhas gerais, é semelhante à história Mindszenty, diferindo, apenas, em pormenores. Como oficial da Marinha Norte-Americana, lutando, na Coréia, com as Nações Unidas, o coronel foi aprisionado pelo inimigo. Espera êle ser protegido pelas leis internacionais e pelos regulamentos de guerra, relativos a oficiais prisioneiros, aceitos por todos os países. Todavia, aos poucos, descobre que está sendo submetido a um tratamento muito diferente do que esperava. O inimigo não o tem como prisioneiro de guerra, mas como vítima a ser usada para fins de propaganda.

Sujeitam-no a lentas mas constantes pressões destinadas a quebrantar-lhe o ânimo. Humilhações, tratamentos grosseiros e desumanos, aviltamentos, intimidação, fome, exposição a frio extremo — tudo foi empregado para despedaçar-lhe a vontade e para afrouxá-lo. Precisam arrancar-lhe segredos militares e utilizam-no como uma peça de sua máquina de propaganda. Sente-se completamente só. Está cercado de corrupção e de infâmia. Por horas intermináveis tem que ficar de pé e responder às perguntas que lhe atiram seus perseguidores. É atacado de dores reumáticas nas costas e de diarréias. Não lhe permitem lavar-se nem barbear-se. Não sabe o que lhe vai acontecer a

(1) No fim do capítulo IV figura um inventário mais completo dos diferentes estágios psicológicos do menticídio e da lavagem do cérebro.

seguir. Êsse tratamento se prolonga por várias semanas. Aumentam-se então as horas de interrogatório reiterado e de opressão sistemática. Êle já não ousa confiar na memória. Todos os dias se renovam as turmas de investigadores e cada nova turma lhe aponta seus erros e enganos crescentes. Dormir também já não pode mais. Diàriamente seus interrogadores lhe repetem que têm tempo de sobra e nisso, pelo menos, êle sabe que estão dizendo a verdade. Começa a duvidar de que seja capaz de resistir às suas propostas sedutoras. Basta que confesse suas culpas, insinuam êles, e será mais bem tratado. O inquisidor trata-o com pérfida benevolência, sabendo perfeitamente o que quer. Quer vê-lo dominado pela influência de uma hipnose produzida lentamente. Quer uma confissão bem documentada de que o exército norte-americano fêz uso da guerra bacteriológica e de que o próprio acusado tomou parte no emprêgo dêsses germens. E quer essa confissão por escrito, porque assim ela causará impressão convincente e agitará o mundo. A China está assolada pela fome e por epidemias; essa confissão há de explicar a elevada taxa de moléstias e desculpará o govêrno chinês, cuja popularidade está em declínio. Assim deve o Coronel estar preparado para fazer uma confissão sistemática, diante de um grupo de peritos comunistas internacionais. Está física e mentalmente enfraquecido e todos os dias as «verdades» comunistas lhe são gravadas na mente.

O coronel está de fato hipnotizado; agora, é capaz de repetir a seus carcereiros bocados e pedaços da confissão que querem dêle. É fato científico bastante conhecido que a memória passiva muitas vêzes recorda melhor os fatos aprendidos sob hipnose que os aprendidos em estado de consciência alerta. O coronel chega mesmo a ser capaz de escrever alguns dêles. Como que por acaso, tôdas as pequenas peças se ajustam, assim como um quebra-cabeças, para formar um todo completo e bem organizado; formam parte de um documento que, na realidade, foi preparado de antemão por seus captores. Êsse documento é pôsto em mãos do coronel e até mesmo lhe permitem fazer algumas pequenas alterações de forma, antes de o assinar.

A essa altura, o coronel já está completamente vencido. Entregou-se. Todo o senso de realidade se esvaeceu; é completa sua identificação com o inimigo. Depois de ter assinado a confissão, fica durante semanas em estado de depressão. Seu único desejo é o desejo de dormir, de descansar de tudo.

Muitas vêzes o homem tenta resistir além do limite de suas fôrças porque continua a acreditar que seus algozes ainda possuem um pouco de senso moral, que hão de compreender um dia a enormidade do crime que estão cometendo e o deixarão em paz. É um engano. O único meio de fortalecer a própria defesa contra um ataque organizado contra a mente e a vontade é compreender melhor o que o inimigo está tentando fazer e procurar enganá-lo. É claro que se pode jurar resistir até a morte. Mas mesmo o alívio da morte está nas mãos do inimigo. Pode-se levar uma pessoa até as portas da morte e fazê-la voltar à vida outra vez, para renovar os tormentos. As tentativas de suicídio se descobrem e são sustadas.

Em minha opinião, dificilmente pode alguém resistir a êsse tratamento. Tudo depende da fôrça do ego de cada um e da capacidade de exaustão das técnicas do inquiridor. Cada indivíduo tem o seu limite de resistência, mas tem sido clìnicamente demonstrado que êsse limite pode quase sempre ser atingido e até mesmo ultrapassado. Ninguém pode fazer uma previsão de como enfrentará a situação quando fôr chamado à prova. O relatório oficial dos Estados Unidos sôbre lavagem do cérebro (1) admite que «todos os prisioneiros de guerra americanos, num dado momento, em grau maior ou menor, colaboraram, perderam seu caráter de americanos... milhares perderam o desejo de viver», e assim por diante. O relatório britânico (2) faz um levantamento estatístico dos abusos praticados contra prisioneiros

(1) The New York Times, 18 de agôsto de 1955.
(2) The New York Times, 27 de fevereiro de 1955.

de guerra inglêses. De acôrdo com êsse relatório, um têrço dos soldados assimilou suficiente doutrinação para se classificarem como simpatizantes do comunismo.

O mesmo relatório descreve com maior extensão alguns dos tratamentos sádicos usados pelo inimigo:

> «Se o prisioneiro aceitava as doutrinas comunistas», contavam os soldados, «sua vida se tornava imediatamente mais fácil. Mas os que resistiam eram considerados pelos chineses como criminosos e reacionários, merecedores de tôdas as brutalidades. Eram torturas infligidas aos «reacionários»:
>
> Obrigar o prisioneiro a ficar de pé, atento, ou sentado com as pernas esticadas, em completo silêncio, desde quatro e meia da manhã até onze horas da noite, despertando-o constantemente durante as poucas horas de sono que lhe eram permitidas.
>
> Manter os prisioneiros em isolamento, metidos em caixas de mais ou menos metro e meio de comprimento por um de altura e meio de largura. Um soldado raso do Regimento de Gloucester permaneceu mais de seis meses numa delas.
>
> Suprimir líquidos durante dias, sob pretexto de «favorecer a reflexão».
>
> Ligar o prisioneiro por uma corda passada sôbre uma viga, com uma ponta prêsa em tôrno do pescoço por um nó corredio e a outra amarrada no tornozelo, advertindo-o que, se escorregasse ou dobrasse os joelhos, se enforcava.
>
> Obrigar o prisioneiro a ajoelhar-se sôbre pedregulhos, sustentando uma pedra grande sôbre a cabeça, com os braços estendidos. Um homem que foi submetido a êsse tratamento levou dias para poder caminhar de novo.
>
> Num campo da Coréia do Norte, os carcereiros enfiavam, por um buraco feito na porta da cela, uma espécie de lápis de madeira ou de metal e obrigavam o prisioneiro

a segurar a ponta de dentro com os dentes. Sem aviso, uma sentinela dava, de viés, uma pancada na extremidade exterior, quebrando os dentes ou rebentando as bochechas do prisioneiro. Outras vêzes, socava a vareta para baixo, contra o fundo da boca ou garganta a dentro.

Obrigavam os prisioneiros a marchar descalços, até o rio Yalu congelado; aí derramavam-lhes água nos pés e conservavam-nos horas com os pés congelados, para «refletirem» sôbre seus crimes.

É sabido que tempo, mêdo e opressão contínua são fatôres de hipnose de menticídio. A porção consciente da personalidade deixa de participar das confissões automáticas. O homem de «cérebro lavado» vive em transe, repetindo o disco gravado em sua mente por outra pessoa. Felizmente isto também é conhecido: quando a vítima retorna às circunstâncias normais, o sortilégio provocado pelo pânico e pela hipnose se esvai e ela desperta outra vez para a realidade.

Foi o que aconteceu ao Coronel Schwable. Confessou, em verdade, crimes que não cometera; tão logo, porém, retornou ao ambiente que lhe era familiar, repudiou sua confissão.

Quando, durante o inquérito militar sôbre o caso Schwable, fui chamado a depor como perito em menticídio, afirmei ao tribunal minha profunda convicção de que quase tôdas as pessoas que fôssem submetidas a tratamento igual ao impôsto ao Coronel Schwable poderiam ser forçadas a escrever e a assinar confissão semelhante.

«Qualquer um nesta sala, por exemplo?» — perguntou o advogado do coronel, percorrendo com o olhar, cada um dos oficiais encarregados de julgar êsse caso novo e difícil.

E em sã consciência, pude responder com firmeza: «Qualquer um nesta sala».

Agora é tècnicamente possível reduzir a mente humana a uma condição de escravatura e de submissão. O caso Schwable e os casos de outros prisioneiros de guerra são exemplos trágicos dessa possibilidade, tornados ainda mais trágicos pela nossa falta de conhecimento dos limites do heroísmo. Estamos apenas começando a compreender quais sejam êsses limites e como os usam, política e psicològicamente os totalitários. Há muito tempo já vínhamos percebendo, nas confissões contritas e nas retratações públicas, simples meios de propaganda. Agora começamos a ver ainda mais claramente como é que os totalitários se utilizam do menticídio: deliberadamente, abertamente, sem pejo, como parte de sua política oficial, como meio de consolidação e manutenção do poder e embora êles dêem, é claro, uma explicação diferente para o processo todo, essa explicação não passa de uma confissão de crimes pérfidos e reais.

Essa brutal técnica totalitária tem, contudo, pelo menos uma virtude. É óbvia e evidente e estamos aprendendo a nos pôr em guarda contra ela; como veremos adiante, porém, há outras formas subtis de intervenção mental, que podem ser tão perigosas quanto o assalto direto, precisamente porque são subtis e por isso mais difíceis de se descobrirem. Muitas vêzes não nos apercebemos de forma alguma de sua ação. Exercem influência tão lenta e tão indireta sôbre a mente que podemos nem sequer tomar conhecimento do que elas fizeram de nós.

Tal como o menticídio totalitário, algumas dessas formas menos evidentes de manipulação mental têm propósitos políticos. Outras não. Ainda, porém, que divirjam no intento, podem ter as mesmas conseqüências.

Essas formas subtis de menticídio operam tanto dentro quanto fora da mente. Tiveram seus efeitos reforçados pelo crescimento em complexidade de nossa civilização. Os meios modernos de comunicação trazem dièriamente o mundo todo para o interior de cada lar; os técnicas de propaganda e de venda foram apuradas e sistematizadas; mal se encontra no mundo um lugar de refúgio contra o constante assalto visual e verbal ao espírito. As pressões da vida diária impelem cada vez mais as pessoas a procurarem um meio de fuga fácil da responsabilidade e da maturidade. Na verdade, é difícil suportar essas pressões: para alguns é muito sedutora a oferta de uma panacéia política; para outros, é irresistível a tentação de fuga pelo álcool, pelas drogas ou por outros meios de prazer artificial.

Os homens livres de uma sociedade livre devem não apenas aprender a distinguir êsses ataques sub-reptícios à integridade mental e a combatê-los, mas precisam também conhecer o que há no interior da mente humana, capaz de tornar o homem vulnerável a êsses ataques e de levá-lo, em muitos casos, a realmente ansiar por fugir das responsabilidades de que o investem a democracia e a maturidade.

CAPÍTULO II

DISCÍPULOS DE PAVLOV COMO DOMADORES DE CIRCO

Antes de nos perguntarmos qual seja o mecanismo mental profundo de lavagem do cérebro, falsa confissão e conversão em colaborador, vamos tentar ver as coisas do ponto de vista dos potentados totalitários. Onde querem chegar? Que têrmos usam para descrever o comportamento de seus prisioneiros? Que querem dos Schwables e dos Mindszentys?

Os carcereiros totalitários não falam de hipnose ou sugestão; até mesmo negam o fato da confissão forçada. Pensam a respeito do comportamento humano e do govêrno dos homens de maneira muito mais mecânica. Para compreendê-los, temos que prestar mais atenção à adoração que têm por conceitos pavlonianos simplificados.

O cão que saliva

Nos fins do século dezenove, o russo Ivan Petrovich Pavlov, vencedor do prêmio Nobel, levou avante suas famosas experiências com uma campainha e um cão. Sabia que a salivação está associada com o comer e que, se um cão está com fome, cada vez que vir alimento, sua bôca salivará. Pavlov tirou proveito dêsse útil reflexo inato, que está a serviço do processo digestivo, para desenvolver, em seu animal de laboratório, a salivação como resposta a estímulos que ordinàriamente não a produziriam. Pavlov tocava uma campainha cada vez que alimentava o cão e, cada vez que alimentado, a bôca do cão salivava. Então, depois de muitas repetições dos estímulos alimento e campainha combinados, Pavlov tocava a campainha e não alimentava o cão. O animal reagia à campainha por si só, do mesmo modo que prèviamente reagira à vista do alimento — sua bôca salivava. Assim, o cientista descobriu que o cão pode ser induzido a salivar involuntàriamente, como resposta a um sinal arbitrário. Fôra «condicionado» a responder ao som da campainha, como se êste fôsse o cheiro e o gôsto do alimento.

Dessa e de outras experiências, Pavlov extraiu sua teoria do reflexo condicionado, que explica a aprendizagem e o adestramento como a formação de um mosaico de reflexos condicionados, cada um dêstes baseado no estabelecimento de uma associação entre diferentes estímulos. Quanto maior o número de respostas complexas aprendidas — também chamadas padrões — maior o número de reflexos condicionados desenvolvidos. O homem, porque tem maior capacidade de aprender do que qualquer outro animal, tem maior capacidade para êsse complicado condicionamento.

As experiências de Pavlov foram de grande valor para o estudo do comportamento animal e humano e para o estudo do desenvolvimento de sintomas neuróticos. Todavia, êsse conhecimento de alguns dos mecanismos do espírito humano pode ser usado, como já vimos, tal qual outro qualquer conhecimento, indiferentemente para o bem ou para o mal. E, infortunadamente, os totalitários usaram seus conhecimentos do funcionamento da mente para lograr seus objetivos. Aplicaram algumas das descobertas de Pavlov astuta e complicadamente e, às vêzes, de modo grotesco, para tentar produzir o reflexo de condicionamento mental e político e de submissão, nas cobaias humanas sob seu domínio. Ainda que êsses métodos tenham sido, certamente, empregados pelos nazistas antes da Segunda Grande Guerra, pode-se dizer que alcançaram pleno florescimento na Rússia Soviética. Mediante uma contínua repetição de doutrinamento, som da campainha e alimentação, espera-se que o cidadão soviético se transforme em máquina de pensar reflexo-condicionada, que reaja conforme um padrão predeterminado, como fazem os cães de laboratório. Quando menos, êsse conceito simplificado vagueia pela mente de alguns chefes e cientistas soviéticos. (Dobrogaev)

Conforme instruções de Stalin, Moscou mantém uma «Frente Pavloniana» especial (Dobrogaev) e um «Conselho Científico para os Problemas da Teoria Fisiológica do Acadêmico I. P. Pavlov». (London) Essas instituições, partes da Academia de Ciências, dedicam-se à aplicação política da teoria pavloniana. Têm instruções para acentuar os aspectos puramente mecânicos das descobertas de Pavlov. Essa orientação teórica pode reduzir tôdas as emoções humanas a um sistema simples, mecânico, de reflexos condicionados. Ambas aquelas organizações são agências de contrôle empenhadas em pesquisas e os cientistas que nelas trabalham investigam os meios pelos quais podem os homens, teòricamente, ser condicionados e amestrados como são os animais. Uma vez que a teoria pavloniana é proclamada pelos obstinados teóricos totalitários como o evangelho do comportamento animal e humano, temos que tomar contato com os fatos que apresentam como prova do que concluem e com seus métodos e explanações teóricas.

O que o conselho pavloniano tenta realizar é conseqüência de uma supersimplificação da psicologia. Sua tarefa política é condicionar e moldar espíritos humanos, de modo a confinar-lhes o entendimento num limitado conceito totalitário do mundo. Imaginem que essa circunscrição do pensamento às concepções teóricas lenino-marxistas seria possível mediante duas condições: primeiro, se bastante repetidas suas simplificações, e, segundo, se impedida qualquer outra forma de interpretação da realidade.

Essa concepção tem como base a ingênua crença na possibilidade de suprimir-se, permanentemente, do pensamento humano, tôda função e verificação críticas. Contudo, através do amestramento e do condicionamento de pessoas, durante o qual erros periódicos e desvios precisam ser contìnuamente corrigidos, é inadvertidamente preparado um senso crítico. Na verdade, incute-se ao mesmo tempo, no espírito dos alunos, o perigo de usar êsse senso crítico. Êstes conhecem os perigos de qualquer dissenção, mas isso mesmo promove o desenvolvimento de um senso crítico secundário mais refinado. Enfim, a rebelião e a dissenção humanas não podem ser suprimidas; aguardam sòmente um sôpro de liberdade para despertar uma vez mais. A idéia de que existem outros caminhos para a verdade, além dos que têm ao alcance das mãos, vive algures em tôdas as pessoas. Podem estreitar-se os caminhos da pesquisa e da expressão, mas a crença do homem em rotas novas e aventurosas está sempre presente no recesso de seu espírito.

O inquiridor espírito humano nunca se satisfaz com uma simples descrição de fatos. Tão logo observa um conjunto de dados, salta para o campo da teoria e oferece explicações; mas a maneira pela qual um homem vê um conjunto de fatos e o modo pelo qual os combina, para erigi-los em teoria, são coisas largamente determinadas pelas inclinações e preconceitos de cada um. Permitam-me ser eu mesmo o primeiro a confirmar que sofro a influência de minhas próprias tendências subjetivas. Mesmo as palavras que usamos são sobrecarregadas de subentendidos e sugestões. A palavra «reflexo», por exemplo, tão importante na teoria pavloniana, é um perfeito exemplo disso. Foi pela primeira vez usada pelo filósofo do século dezessete, Descartes, que no seu sistema filosófico fêz um paralelo entre a atividade do corpo humano e a da máquina. Por exemplo, do ponto de vista cartesiano, a reação automática do corpo a certos estímulos dolorosos (v.g. a retirada da mão que foi posta em contacto com o fogo) é comparada com a automática reflexão física da luz por um espelho. O sistema nervoso, conforme Descartes, reflete suas respostas exatamente como o faz o espelho. Tão simples explanação do comportamento e as próprias palavras usadas para descrevê-lo negam, de pronto, que o organismo todo tome parte na resposta. Todavia, o homem não é apenas um espelho, mas um espelho pensante. Segundo o antigo modo de ver mecânico, as ações estão associadas sòmente com a parte do corpo que as realiza e não têm qualquer relação com o comportamento intencional do organismo como um todo. Mas o homem não é máquina composta de partes que funcionem independentemente. É um todo. Seu espírito e seu corpo se influenciam recìprocamente; êle age sôbre o mundo exterior e o mundo exterior sôbre êle. Os reflexos inatos, de que aquela retirada da mão é um exemplo, fazem parte de um sistema tôtal de respostas adaptativas, que servem para auxiliar o indivíduo, como uma entidade, a ajustar-se às mudanças de circunstância. Podem ser descritos como o resultado de uma tendência de adaptação inata. A única real diferença entre os reflexos inatos e os reflexos condicionados é que os primeiros se teriam supostamente desenvolvido em tôda a raça humana, durante os milhões de anos do processo de evolução, enquanto que os últimos se desenvolvem durante a vida do indivíduo, como resultado da automatização gradual de respostas adquiridas. Se você analisar qualquer dos complicados atos que realiza no curso de um único dia (guiar um automóvel, por exemplo) verá que o faz independentemente de orientação consciente. Não obstante, antes que o processo venha a ser automatizado, as ações intencionalmente conduzidas para atingir dado objetivo têm que ser conscientemente aprendidas e orientadas. Você não nasceu com o reflexo inato de pisar o freio, a fim de, em dada emergência, parar ràpidamente o carro. Você teve que aprender isso e, durante o processo de aprendizagem e o exercício da direção, a reação tornou-se automática. Se, depois de ter aprendido a guiar, você vê uma criança atravessar correndo à frente do carro, você pisa o freio imediatamente, por reflexo, sem pensar.

O condicionamento do homem

A pesquisa de Pavlov sôbre o maquinismo do espírito ensina-nos como os animais todos — incluindo o homem — aprendem a ajustar-se às limitações presentes, ligando os símbolos e os sinais da vida às reações do corpo. O espírito cria uma relação entre ocorrências simultâneamente repetidas e o corpo reage às conexões que o espírito estabelece. Assim, a campainha que soa cada vez que o animal é alimentado, torna-se, para êste, um sinal de preparar-se para a digestão e o animal começa a salivar.

Experiências recentes realizadas pelo Dr. Gregory Razran, do «Queens College» de Nova Iorque, revelam como os homens podem desenvolver essa mesma espécie de respostas. O Dr. Razran convidou um grupo de vinte estudantes universitários para uma série de merendas gratuitas, durante as quais tocava-se música ou havia cinema. Depois da última merenda, êsses vinte estudantes foram reunidos com um grupo que não tinha participado daquelas refeições. Nessa reunião, como nas merendas, tocou-se música e houve cinema, e a todos os estudantes pediu-se que dissessem em que coisas uma e outro os faziam pensar. A música e o cinema faziam, geralmente, o primeiro grupo pensar em alguma coisa relacionada com comer; não houve, porém, semelhante associação para o segundo grupo. Havia, evidentemente, no espírito dos participantes das merendas, uma conexão temporária entre, de um lado, música e cinema e, de outro, comer.

Os chineses realizaram condicionalmente em massa de maneira ainda mais simples. Depois de terem sido ensinados a escrever, durante dias, todos os absurdos e mentiras políticas possíveis — numa atmosfera da mais profunda confusão e opressão — os prisioneiros estavam maduros para subscrever coletivamente a mentira de terem participado da guerra bacteriológica. (Winokur)

Todos os reflexos condicionados são ajustamentos temporários e involuntários a pressões (1) que criam uma suposta conexão entre estímulos que podem não ter de fato qualquer relação. Por essa razão, os reflexos condicionados não se gravam necessàriamente para todo e sempre no indivíduo, mas podem desaparecer aos poucos. Se, depois que se desenvolveu o reflexo condicionado do cão à campainha, esta soa, soa e ressoa ainda, sem que o alimento seja oferecido ao animal, o reflexo de salivação desaparece. Sem dúvida, não é para sempre que os estudantes do Dr. Razran pensarão em alimento, ao ouvirem música.

Podemos descrever o reflexo condicionado de outro modo: é uma resposta selecionada da unidade espírito-corpo a um dado estímulo. A maneira pela qual o estímulo e a resposta são relacionados varia consideràvelmente — podem ter sido associados no tempo, no lugar, por coincidência ou por objetivo comum — e assim podem formar um complexo condicionado especial na nossa atitude física e mental. Algumas dessas respostas complexas ou padrões são mais autônomas que outras e agirão tal e qual padrões inatos. Algumas são flexíveis e estão em contínua mudança. A análise de algumas moléstias psicossomáticas, por exemplo, revela como as nossas atitudes emotivas secretas podem intensificar ou mesmo mudar uma resposta condicional. As úlceras do estômago são exemplo de moléstia psicossomática. Podem surgir quando o corpo produz em excesso o ácido clorídrico, que é necessário para a digestão dos alimentos. Quem sofre de úlcera no estômago é pessoa que reage a fortes emoções, especialmente à hostilidade reprimida, por excessiva secreção de ácido clorídrico. A secreção reflexa inata, favorável à digestão em caso de fome, transforma-se em desfavorável reflexo condicionado em que fome e agressividade, por ação recíproca, aumentam a secreção de ácido clorídrico.

(1) NOTA DOS TRADUTORES: **Pressão** é coisa ou circunstância percebida por alguém como capaz de contrariar ou favorecer o bem estar do organismo ou do ser.

Aos poucos, mais e mais cresce a produção do líquido ácido e finalmente o paciente fica sofrendo de úlcera. O estômago digere, por assim dizer, seu próprio tecido. O mesmo paradoxo pode ser observado em muitos processos de educação. A mãe que impõe ao filho horário de alimentação muito rígido, pode transformar a resposta favorável da criança à fome em uma teimosa reação contrária à alimentação.

Para os nossos propósitos, temos que ter em mente que o condicionamento se processa em tôda a nossa vida de maneiras as mais disfarçadas e as mais evidentes. Sabemos que a moldagem de nossas personalidades pode ocorrer de milhares de modos, por meio de coisas como estas: os hábitos alimentares a que fomos sujeitos na primeira infância; a aspereza ou a musicalidade das palavras que nos são ditas; o senso de precipitação do nosso ambiente; a solidez dos hábitos de família ou o caos de pais neuróticos; o ruído das nossas máquinas; a discrição dos nossos amigos; a disciplina das nossas escolas e a rivalidade dos nossos clubes. Somos igualmente condicionados por coisas tais como a fragilidade dos nossos brinquedos e pelo aconchego de nossas casas, a solidez das tradições ou o caos da revolução. O artista e o engenheiro, o professor e o amigo, o tio ou a tia e a criada — todos moldam o nosso comportamento.

Isolamento e outros fatôres de condicionamento

Pavlov fêz outra importante descoberta: o reflexo condicionado pode ser mais fàcilmente desenvolvido num laboratório silencioso, com um mínimo de estímulos perturbadores. Todo amestrador de animais sabe disso por experiência própria; para domar animais selvagens são precisos o isolamento e a paciente repetição dos estímulos. Pavlov formulou suas descobertas numa regra geral, segundo a qual a rapidez da aprendizagem está diretamente relacionada com a quietude e o isolamento. Os totalitários seguiram essa regra. Sabem que podem condicionar suas vítimas políticas mais ràpidamente, se estas forem mantidas em isolamento. Na técnica totalitária de domínio do pensamento, o isolamento é usado para indivíduos e também para grupos de pessoas. É esta a razão pela qual não se permite às populações civis dos países totalitários viajar livremente e por que são afastadas de contaminação mental e política. É essa a razão, também, para a cela de confinamento solitário e para o campo de prisão.

Outra descoberta de Pavlov indica que alguns animais aprendiam mais ràpidamente se fôssem premiados (por afeição, por alimento, por afagos) cada vez que davam a resposta correta, enquanto que outros aprendiam mais depressa, quando o castigo por não aprender era um estímulo doloroso. Em têrmos humanos, pode-se dizer que êstes últimos aprendem para evitar punição. Êsses diferentes modos de reagir dos animais talvez possa ter relação com um primeiro condicionamento realizado pelos pais e o mesmo se verifica com sêres humanos. Para algumas pessoas, a estratégia de prêmio e lisonja é um estímulo para aprender, enquanto que o castigo desperta nelas tôda sorte de resistência e rebeldia; para outros, a punição do êrro pode ser um modo de adestrá-los num desejado padrão. Antes de desempenhar seu encargo com eficiência, o lavador de cérebros deve descobrir a que categoria sua vítima pertence. Há pessoas mais predispostas à lavagem do cérebro do que outras. Parte dessa disposição pode ser inata ou relacionada com um precoce condicionamento para a submissão.

Pavlov também distinguia entre o tipo fraco de aprendizagem involuntária, em que a resposta aprendida é esquecida tão logo ocorra algum distúrbio, e o tipo forte, em que o aprendizado se conserva apesar de toda espécie de mudanças nas condições. Na realidade, Pavlov descreveu outros tipos de aprendizagem além dêsses, mas para os nossos propósitos só é importante saber que há alguns tipos de pessoas que perdem fàcilmente sua aprendizagem condicionada, enquanto que outros, os chamados tipos «fortes», conservam-na. Isso, de passagem, é um outro exemplo de como as palavras que escolhemos refletem os nossos preconceitos. As designações «forte» e «fraco» dependem integralmente do objetivo do experimentador. Para o totalitário, o prisioneiro de guerra «fraco» é o homem que teimosamente se recusa a aceitar o novo condicionamento. Sua «fraqueza» pode ser, de fato, uma resistência, o resultado de um forte condicionamento prévio para a fidelidade aos princípios anti-totalitários. Nunca sabemos em que medida o condicionamento e a primeira aprendizagem estão gravados na personalidade. O comportamento rìgidamente dogmático tem suas raízes no condicionamento da primeira infância — e, assim, pode a submissão estar baseada em ignorância e não em conhecimento.

Pavlov mostrou, também, como é que fatôres internos e externos agem uns sôbre os outros, no processo de condicionamento. Se, por exemplo, um novo assistente do laboratório era levado a trabalhar com os animais, todos os padrões por êstes recentemente adquiridos podiam ser fàcilmente inibidos, por causa das reações emotivas do animal diante do recém-chegado. Pavlov considerava isso como uma reação desmembradora provocada pelos reflexos investigatórios do animal, que o levam a farejar o estranho. A psicologia moderna tende a interpretar o fenômeno como resultado da mudança de **rapport** (1) emotivo entre o animal e seus amestradores. É fácil de se estender o que está implícito nesse modo de ver mais moderno ao campo das relações humanas. Verifica-se, então, que há pessoas que podem criar tão depressa um **rapport** com os outros, que êstes logo abandonam muitos de seus velhos hábitos e modos de vida, para se conformarem a novas exigências. Há inquisidores e investigadores cujas personalidades influem tão profundamente em suas vítimas, que estas ràpidamente entregam seus segredos e aceitam inteiramente novos modos de pensar. Isso mesmo

(1) NOTA DOS TRADUTORES: **Rapport** significa um elevado grau de sugestibilidade exercida pelo hipnotizador sôbre o hipnotizado.

pode ser observado na psicoterapia, em que o desenvolvimento de um **rapport** emotivo entre o médico e o paciente é o mais importante fator de cura. Em alguns casos o **rapport** pode ser imediatamente estabelecido, em outros não pode absolutamente ser criado, na maioria dos casos desenvolve-se gradualmente durante o curso da terapia. Não é difícil para um psicólogo avaliar a «moleza» de uma pessoa e a inclinação para se deixar condicionar e, de fato, Pavlov preparou questionários simples que permitem determinar fàcilmente a instabilidade de dado indivíduo e sua adaptabilidade à sugestão e à lavagem do cérebro.

Pavlov descobriu que todo condicionamento, não importa quão forte tenha sido, fica inibido pelo enfado ou pela repetição de sinais fracos. O som da campainha pode não mais produzir salivação no cão de laboratório, se. fôr repetido com muita freqüência ou se seu soído fôr muito fraco. Surge um processo de desaprendizagem. O resultado dessa inibição interna do condicionamento e da inação do reflexo condicionado é o sono. A inibição se estende sôbre tôda a atividade do córtice cerebral; o organismo cai em estado hipnótico. Essa explicação do processo de inibição foi uma das primeiras teorias do sono aceitáveis. Um problema psicológico interessante é o de se saber se um excesso de condicionamento oficial causa fastio e inibição e se essa é a razão pela qual o movimento estacanovista foi necessário na Rússia para contrabalançar a queda da produtividade do povo.

Podemos fazer uma comparação com o que aconteceu aos nossos prisioneiros de guerra na Coréia. Sujeitos ao sinal diário de entorpecentes perguntas rotineiras — desde que tôda palavra pode funcionar como um sinal pavloniano — caía a mente de cada um em estado de inibição e de reduzida vigilância. Isso lhes tornava possível abandonar temporàriamente seu condicionamento e seu adestramento democráticos anteriores. Quando tinham desaprendido a maneira de ser democrática e dela se despojado, seus inquisidores podiam começar a ensinar-lhes a filosofia totalitária. Tinham que ser destruídos primeiro os velhos padrões, para implantar novos reflexos condicionados. É fácil de imaginar que o enfado e a repetição hajam despertado a necessidade de entregar-se e de submeter-se às palavras provocantes do inimigo. Mais tarde voltarei a tratar do sistema de estímulos negativos usado no condicionamento para lavagem do cérebro.

Condicionamento das massas através da linguagem

Conforme a psicologia pavloniana oficial, a linguagem humana é também uma atividade reflexa condicionada. Pavlov distingue entre estímulos de primeira ordem, que condicionam diretamente o homem e os animais, e estímulos de segunda ordem, com virtudes de condicionamento mais fracas e complicadas. Neste denominado sistema de sinal secundário, as deixas verbais substituem os estímulos físico-sonoros originais. O próprio Pavlov não prestou muita atenção nesse sistema de sinal secundário. Foi principalmente depois da publicação de Stalin, em 1950, sôbre a importância da linguagem para o doutrinamento das massas (segundo citação de Dobrogaev) que os psicólogos russos começaram a trabalhar nesse campo. Nesse documento, Stalin perfilhou a teoria de Engels de que a linguagem é a porção do equipamento adaptativo caracterìsticamente humano. Que o tom e o som da fala têm virtude condicionante é coisa que podemos verificar pela própria experiência que temos de receber ou dar ordens ou de lidar com bichinhos domésticos. Igualmente, o sentido simbólico e semântico das palavras pode adquirir virtude condicionante. A palavra «traidor», por exemplo, provoca imediatos sentimentos e reações no espírito de quem a ouve pronunciar, ainda que êsse rótulo discriminatório tenha sido desonestamente aplicado.

Através de um esmerado estudo sôbre os reflexos da linguagem, escrito por um dos principais psicólogos russos, Dobrogaev, obtemos bastante boa visão dos meios pelos quais os padrões de linguagem e palavras-sinais são usados na tarefa de condicionamento das massas, através de propaganda e doutrinamento. Os problemas básicos para o domador de homens são um tanto simples: pode o ser humano resistir ao jugo do govêrno que intenta condicioná-lo? Que pode fazer o indivíduo para proteger sua integridade mental contra o poder de uma vigorosa coletividade? É possível afastar qualquer vestígio de resistência interna?

Pavlov já havia explicado que as relações dos homens com o mundo exterior e com seus semelhantes são dominadas por estímulos secundários, os símbolos da linguagem. O ser humano aprende a pensar por meio de palavras e através das imagens verbais que lhes são dadas, as quais condicionam gradualmente tôda sua visão da vida e do mundo. Como diz Dobrogaev: «A linguagem é o meio de adaptação do homem ao seu ambiente.» Podemos reexprimir essa afirmação do seguinte modo; a necessidade que o homem tem de comunicar-se com seus semelhantes interfere nas suas relações com o mundo exterior, porque a linguagem e a própria fala — os instrumentos verbais que usamos — são variáveis e não objetivas. Dobrogaev continua: «As manifestações da linguagem representam funções reflexo-condicionadas do cérebro humano.» De modo mais simples podemos dizer: aquêle que dita e formula as palavras e frases que usamos, que domina a imprensa e o rádio, é o senhor do espírito.

Na estratégia pavloniana, as fôrças aterrorizadoras podem, finalmente, ser substituídas por uma nova organização dos meios de comunicação. Opiniões pré-fabricadas podem ser distribuídas dia a dia através da imprensa, do rádio e de outros meios, repetidamente, até que atinjam a célula nervosa e implantem no cérebro um padrão rígido de pensamento. Conseqüentemente, segundo os teoristas pavlonianos, a opinião pública dirigida é o resultado de uma boa técnica de propaganda, sendo as eleições nada mais do que a verificação do efeito, temporàriamente bem sucedido, da manipulação pavloniana do espírito. Todavia, as eleições podem exprimir sòmente o que o povo finge pensar ou crer, por ser perigoso manifestar-se de outra forma.

O expediente pavloniano é êste: repita mecânicamente seus temas e sugestões, diminua a oportunidade de se divulgarem dissenção e oposição. É essa a fórmula simples do condicionamento político das massas. Êsse é também o verdadeiro ideal de algumas das nossas máquinas de relações públicas, que assim esperam conduzir o público a comprar determinado sabão ou a votar em dado partido.

A estratégia pavloniana nas relações públicas tem condicionado as pessoas a cada vez mais se perguntar: «Que é que os outros pensam?» Como resultado, cria-se um delírio geral: as pessoas são estimuladas a pensar como os outros pensam e, assim, a opinião pública pode converter-se em preconceito de massa.

Para usar a linguagem da psicanálise, diremos que, através do barulho diário da propaganda sustentado por vigorosas insinuações verbais, as pessoas podem cada vez mais ser forçadas a se identificarem com o poderoso barulhento. A voz do Papai Grande ressoa em todos os seus filhinhos.

Notícias da China Vermelha, veiculadas por um jornalista hindu (1) neùtro, dizem que os chefes chineses estão usando êsse condicionamento verbal do público para reforçar o regime. Por todo o país rádios e alto-falantes irradiam as «verdades» oficiais. Vozes açucaradas se apossam das pessoas e a tirania cultural agarra-as pelas orelhas por meio de alto-falantes, que dizem o que se pode e o que se não pode fazer. Essa arregimentação microfônica foi prevista pelo filósofo francês La Rochefoucauld, que dizia no século dezoito: «Um homem é como um coelho, apanhamo-lo pelas orelhas.»

---

(1) The New York Times, de 27 de novembro de 1954.

Durante a Segunda Guerra Mundial os nazistas mostraram que também êles sabiam muito bem dêsse poder condicionante da palavra. Assisti sua estratégia em ação na Holanda. O rádio divulgava constantemente sugestões e propaganda políticas e as pessoas eram obrigadas a ouvir, porque o simples ato de desligar o rádio por si só despertava suspeitas. Lembro-me de um dia durante a ocupação, em que eu estava fazendo um passeio de bicicleta com alguns amigos. Paramos para descansar num café que, mais tarde, percebemos ser um verdadeiro ninho de nazistas. Quando o rádio, que estava ligado desde que chegáramos, anunciou um discurso de Hitler, todo o mundo se pôs de pé em sinal de respeito e era imperioso receber o condicionamento verbal do Führer. Meus amigos e eu tivemos que ficar também de pé e fomos forçados a ouvir aquela voz áspera que arranhava os nossos ouvidos e a apelar para tôda a nossa resistência contra êsse longo, enfadonho e persistente ataque aos nossos tímpanos e às nossas mentes.

Durante a ocupação, os nazistas imprimiram toneladas de propaganda. Grossas mentiras e falsidades. Chegaram ao ponto de pintar seus «slogans» nas fachadas das casas e nas ruas. Tôdas as semanas, recém-fabricados estereótipos eram atirados contra nós, como que para nos convencer do esplendor do Terceiro Reich. Mas os nazistas não conheciam a estratégia pavloniana correta. Satisfazendo a própria necessidade de discutir e de variar os argumentos para se fazerem parecer mais lógicos, apenas aumentaram a resistência do povo holandês. Essa resistência era adicionalmente fortificada pelo rádio de Londres, através do qual o holandês podia ouvir a voz sadia de seu próprio govêrno legal. Se os nazistas não tivessem argumentado e justificado tanto e tivessem sido capazes de evitar qualquer comunicação escrita, impressa ou falada, o longo período de fastio teria inibido nosso condicionamento democrático e bem que poderíamos ter sido mais seduzidos pelas supersimplificações e pelos «slogans» dos nazistas.

Condicionamento político

O condicionamento político não pode ser confundido com adestramento, persuasão ou ainda com doutrinamento. É mais do que isso. É amestramento. É apossar-se dos mais simples e também dos mais complexos padrões de reação nervosa do ser humano. É a batalha pela posse das células nervosas. É coerção e conversão forçada. Em lugar de condicionar o homem para, livre de preconceitos, enfrentar a realidade, o sedutor condiciona-o por meio de palavras de engôdo, estereótipos verbais, «slogans», fórmulas, símbolos. A estratégia pavloniana, no seu sentido totalitário, significa gravar reflexos receitados num espírito subjugado. O totalitário quer primeiro a resposta adequada das células nervosas, em seguida, o domínio do indivíduo e, finalmente, o domínio das massas. O sistema começa pelo condicionamento e adestramento verbais, combinando-se determinados estereótipos com estímulos negativos ou positivos: castigo ou prêmio. Nos campos coreanos de prisioneiros de guerra, onde houve lavagem de cérebro individual ou em massa, os estímulos condicionantes negativos e positivos foram usualmente fome e alimento. No momento em que o soldado se conformava com a linha do partido, sua ração alimentar era melhorada: diga sim e você ganha um doce!

A gama total de estímulos negativos, como vimos no caso Schwable, consiste em opressão física, opressão moral, fadiga, fome, repetição fastidiosa, confusão por meio de silogismos aparentemente lógicos. Contaram-me muitas vítimas do totalitarismo que a mais acachapante experiência que enfrentaram nos campos de concentração foi a impressão de perda do senso lógico, o estado de confusão a que foram conduzidos — o estado em que nada vale nada. Tinham chegado ao estado de inibição pavloniano, que os psiquiatras denominam desintegração mental de despersonalização. Era como se tivessem desaprendido tôdas as antigas respostas e ainda não tivessem adquirido outras novas. Mas, na verdade, simplesmente não ligavam coisa com coisa.

A teoria pavloniana transformada em método político, como um meio de arrazamento do espírito (os nazistas chamam-no de **Gleichschaltung**) é a mercadoria com que transacionam os países totalitários. São interessantes alguns aspectos psiquiátricos, porque se nota que o adestramento pavloniano só pode ser bem sucedido quando prevalecem condições psicológicas especiais. Para amestrar alguém num desejado padrão, as vítimas precisam ser conduzidas ao ponto de perderem sua vigilância consciente e sua vivacidade mental. A liberdade de discussão e o livre câmbio intelectual impedem o condicionamento. É preciso que se instilem sentimentos de terror, sentimentos de mêdo e desajuda, de estar só, de estar com as costas na parede.

O tratamento de prisioneiros de guerra norte-americanos nos campos da Coréia obedecia exatamente a êsse modêlo. Eram compelidos a ouvir conferências e outras formas de diário bombardeio de palavras. O próprio fato de não compreenderem as conferências e de se enfastiarem com as longas sessões inibia-lhes a formação democrática e condicionava-os a engulir passivamente a amarga dieta doutrinária, pois estavam não sòmente sujeitos a um programa de adestramento político, mas também a um programa de amestramento involuntário. Até certo ponto, as conferências de propaganda comunista tinham como objetivo formar de novo a mente dos prisioneiros. Os nossos soldados podiam rejeitar êsse adestramento, mas a repetição infindável e a constância dos «slogans» associados às opressões e privações físicas que sofriam, causavam um **inconsciente amestramento** e condicionamento, contra os quais só uma vigilância e fortaleza íntimas prèviamente preparadas poderiam oferecer ajuda.

Há ainda uma outra razão pela qual os nossos soldados caíram na armadilha do condicionamento comunista. Experiências com animais e também com sêres humanos ensinaram-nos que a ameaça, a tensão e a angústia podem, em geral, acelerar o estabelecimento de respostas condicionadas, particularmente quando essas respostas tendem a reduzir o mêdo e o pânico (Spence e Farber). As condições de vida em campo de prisão e a tortura mental proporcionam circunstâncias ideais para êsse condicionamento. As respostas podem desenvolver-se mesmo quando a vítima não tenha a menor suspeita de estar sendo influenciada. Assim, em muitos dos nossos soldados, desenvolveram-se respostas automáticas de que êles não tinham nenhuma consciência (Segal). Mas êsse é apenas um dos lados da moeda, pois a experiência revelou também que a pessoa sabe o que a espera, quando submetida a condições de opressão mental, pode desenvolver a chamada defesa de percepção, que a resguarda de ser influenciada. Isso quer dizer que quanto mais as pessoas estejam familiarizadas com os conceitos de domínio do pensamento e de menticídio, mais compreendem a natureza do bombardeio de propaganda contra elas dirigido, maior resistência íntima podem oferecer, ainda que inevitàvelmente algumas das sugestões dos inquisidores se infiltrem através da barreira da defesa mental consciente.

O que conhecemos do processo de condicionamento permite-nos compreender algumas reações paradoxais observadas em vítimas de campos de concentração e em outros prisioneiros. Freqüentemente, os de crença rígida, simples, foram mais capazes de resistir ao contínuo bombardeio dirigido contra seus espíritos, do que o foram os flexíveis e sofisticados, cheios de dúvidas e de conflitos íntimos. O homem simples, de fé religiosa com raízes profundas e livremente adquirida, pode apresentar muito maior resistência íntima do que o intelectual complicado e perquiridor. O intelectual refinado é muito mais prejudicado pelos prós e contras que traz consigo.

Nos países totalitários, em que a crença na estratégia pavloniana assumiu proporções grotescas, desapareceu o homem reflexivo, subjetivo. Rejeita-se completamente qualquer tentativa de persuasão ou discussão. A expressão pessoal do indivíduo é tabu. A afeição privada é tabu.

A troca pacífica de idéias em livre conversação perturbaria os reflexos condicionados e é, portanto, tabu. Já não existem mais cérebros, mas sòmente padrões condicionados e músculos educados. Nesse sistema de amestramento, a compulsão neurótica assume o caráter de acervo positivo e não de coisa patológica. O autômato mental fica sendo o ideal da educação.

Contudo, os próprios teóricos soviéticos muitas vêzes não tomam consciência disso e muitos dêles não imaginam as terríveis conseqüências de se submeterem sêres humanos a um condicionamento integralmente mecânico. Êles mesmos, tanto quanto nós, freqüentemente se espantam diante do quadro de um robot humano com funcionamento perfeito. Eis o que diz um de seus psicólogos: «A natureza cabalmente reacionária dêsse modo de encarar o ser humano é de todo evidente. O homem é um autômato que pode ser levado a agir como queiramos. Êsse é o ideal do capitalismo! Considerem o sonho do capitalismo em todo o mundo — uma classe operária sem consciência, que não pode pensar por sua própria conta, cujas ações podem ser exercitadas conforme os caprichos do explorador. Essa a razão pela qual é nos Estados Unidos, o baluarte do moderno capitalismo, que a teoria do homem como um robot tem sido tão vigorosamente desenvolvida e sustentada com tanta pertinácia» (Bauer).

A psicologia e a psiquiatria ocidentais, embora reconhecendo seu débito para com Pavlov, como grande pioneiro, que contribuiu significativamente para a nossa compreensão do comportamento, têm uma visão muito menos mecânica do homem do que os pavlonianos soviéticos. Para nós é evidente que sua singela explicação do adestramento ignora e rejeita o conceito de adaptação intencional e o problema dos objetivos visados por êsse adestramento. Os psicólogos experimentalistas do mundo ocidental tendem a crer que os reflexos condicionados só funcionam de modo integral a serviço da satisfação das necessidades instintivas básicas ou para evitar o sofrimento, isto é, quando a atividade é concernente ao organismo como um todo. Nesse complicado processo de resposta ao mundo circundante, os impulsos e motivos conscientes e especialmente os inconscientes, têm o seu papel, conforme nos foi ensinado por Freud.

Todo adestramento, de que a resposta condicionada é sòmente um exemplo, é uma automatização de ações que foram, na origem, conscientemente aprendidas e pensadas. O ideal da psicologia democrática ocidental é preparar o homem para a independência e a maturidade, apelando para sua ajuda consciente, tenção e vontade, no processo de aprendizagem. O ideal da psicologia totalitária é, por sua vez, amestrar homens, fazendo dêles instrumentos dóceis nas mãos de seus chefes. O amestramento, tal e qual o adestramento, tem como objetivo tornar automáticas as ações; diversamente dêste, não exige aquêle a participação consciente do aprendiz. Tanto o adestramento quanto o amestramento são expedientes de economia de tempo e de energia e, quer num, quer noutro, o mistério da psique se oculta na intencionalidade da resposta. A automatização das funções proporciona ao homem economia de energias, mas pode torná-lo menos apto para enfrentar novos e inesperados desafios.

A rotina criada pela cultura e a formação de hábitos, por fôrça das regras e mitos locais, faz de tôdas as pessoas autômatos parciais. Preconceitos nacionais e raciais manifestam-se inadvertidamente. Ódios coletivos explodem muitas vêzes quase que automàticamente, quando se aperta o gatilho dos «slogans» e das palavras de engôdo. Num mundo totalitário, êsse severo condicionamento disciplinar é realizado com mais perfeição e mais **ad absurdum.**

A predisposição para ser condicionado

Êste capítulo não tem a intenção de sugerir que o condicionamento pavloniano seja algo de errado. Essa espécie de condicionamento ocorre onde quer que se reúnam pessoas em recíproca interação. O orador influencia o ouvinte, mas o ouvinte também exerce influência sôbre o orador. Através do processo de condicionamento, as pessoas muitas vêzes aprendem a apreciar e a fazer o que lhes é permitido apreciar e fazer. Quanto mais isolado o grupo, tanto mais estreito é o condicionamento que resulta de se fazer parte do grupo. Em alguns grupos, encontramos pessoas mais capazes do que outras de incutir sugestões e de efetuar condicionamentos. Aos poucos, podemos distinguir os mais fortes, os mais bem ajustados, os mais experimentados e êsses barulhentos cuja habilidade para condicionar os outros é das mais poderosas. Todo grupo, todo clube, tôda sociedade tem sua Campainha Pavloniana principal. Uma pessoa dessa espécie grava nos outros seu próprio tinido de campainha. Pode criar também um sistema monolítico de tinido: não é permitido a outra qualquer influente campainha fazer-lhe concorrência.

Relaciona-se com êsse problema uma outra questão sutil.

Uma outra sutil questão está relacionada com êsses problemas. Por que existe no homem tão grande predisposição para ser condicionado, predisposição para aprender, para imitar, para conformar-se e para obedecer ao padrão da família e do grupo? Essa predisposição para ser condicionado, para submeter-se ao padrão comunal e ao padrão da família deve relacionar-se com o fato de depender o homem de seus pais e de seus semelhantes. Os animais não são assim tão dependentes uns dos outros. Em todo o reino animal o homem é um dos sêres mais desamparados e indefesos. Perdura em estado de feto de macaco, nunca passa a estar completamente formado, coberto de pelos e inteiramente protegido. No seu persistente estado fetal, permanece na dependência do cuidado materno e do ensino e condicionamento paternos. Mas, dentre os animais, o homem tem, relativamente, a mais longa juventude e mais tempo para aprender. Ao menos é isso que a teoria da fetalização de Louis Bolk nos diz a propósito do estado de retardamento do homem e de sua infindável dependência social.

A indecisão e a dúvida, que inevitàvelmente surgem no processo de adestramento, são o ponto de partida da liberdade mental. Naturalmente, a indecisão e a dúvida iniciais não são bastantes. Por trás disso deve estar a fé nas nossas liberdades democráticas e a vontade de lutar por elas. Espero voltar, no último capítulo, a êsse problema nuclear da fé na liberdade moral como coisa diversa da lealdade e da servidão condicionadas. Indecisão e dúvida já são, todavia, crimes, nos países totalitários. O espírito aberto para indagações está aberto para a dissensão. No regime totalitário, a mente que duvida, indaga e imagina tem que ser suprimida. Ao escravo totalitário só é permitido memorizar, salivar quando a campainha soa.

Não tenho aqui o intento de tratar da questão do uso pervertido das regras pavlonianas pelos totalitários, mas, sem dúvida, a maneira de ver os sêres humanos nossos semelhantes e de encarar a posição do homem na natureza, determina, em parte, as interpretações oferecidas pela psicologia, qualquer que ela seja. Se temos como ideal transformar as pessoas em zombis (1) condicionados, o atual abuso do pavlovismo será útil a êsse propósito. Mas, desde que venhamos a tomar consciência, embora vaga, de que, no retrato totalitário do homem, está faltando a nota caracterìsticamente humana e desde que observemos que nesse esquema o homem sacrifica seus desejos instintivos, seus prazeres, seus intentos, seus objetivos, sua capacidade criadora, seu instinto de liberdade, sua inclinação para o paradoxo, imediatamente nos antepomos a essa perversão política da ciência. Êsse uso da técnica pavloniana visa simplesmente a fazer brotar no homem o autômato, não a desenvolver seu

(1) NOTA DOS TRADUTORES: Zombi, em culto de origem africana, bastante difundido no sul dos Estados Unidos, é o poder ou ser sobrenatural, que entra num corpo morto para reanimá-lo; diz-se zombi também dêsse corpo morto assim reanimado, que anda, se move e age, como se fôsse vivo.

espírito livre e alerta, que tem consciência dos objetivos e designios morais da vida.

Ainda mesmo em animais de laboratório, verifica-se que a orientação afetiva para um alvo determinado pode arruinar o experimento pavloniano. Quando, durante uma sessão de adestramento campainha-alimento, entra na sala o dono que o cão estima, o animal perde todos os seus condicionamentos prévios e começa a latir com excitação. É êsse um exemplo singelo de uma velha verdade: o amor e a zombaria se antepõem a qualquer condicionamento rígido. Não existe o autômato rígido incapaz de expressão individual espontânea. Ao que parece, nunca teria sido lembrado pelos estudiosos totalitários de Pavlov o fato de que a afeição espontânea do cão pelo dono arruinaria todos os cálculos e manipulações mecânicas.

CAPÍTULO III

MEDICAÇÃO PARA PROVOCAR SUBMISSÃO

Como já vimos nos capítulos precedentes, não é só a pressão política e Pavloviana que pode arrastar a mente a uma submissão servil. Há muitos outros hábitos e ações humanas que têm também influência coercitiva.

Espalharam-se boatos de tôda a espécie sôbre o envenenamento prévio com drogas misteriosas a que teriam sido submetidos os homens de cérebro lavado, antes de se renderem a seus inquiridores. Éste capítulo pretende descrever o que podem fazer as técnicas médicas — não apenas as drogas — para penetrar além dos segredos mais íntimos dos homens. Na realidade, a polícia de contrôle do pensamento não precisa mais de drogas, embora eventualmente as tenha usado.

Tocarei, também, num outro aspecto dêsse problema, a saber, a perigosa dependência de drogas várias a que nos leva o ambiente social, o problema da inclinação para o vício, que torna mais fácil resvalarmos para o comportamento que caracteriza a submissão. O alcoólatra perde tôda resistência mental quando lhe fornecem bebida. O mesmo se dá com os que fazem uso constante de sedativos ou de outras pílulas. O abuso de álcool ou de drogas pode ter como resultado tornar-nos dependentes de agentes químicos, enfraquecendo, em circunstâncias especiais, nossa fôrça vital.

No campo da medicina prática, ainda predomina o pensamento mágico. Embora nos vangloriemos de ser racionais e lógicos na escolha dos meios terapêuticos, temos uma noção de que, ao receitarmos, estamos sendo guiados por sentimentos ocultos e motivações inconscientes. Em que pesem os triunfos da terapêutica nos últimos cinqüenta anos — a era da quimioterapia e dos antibióticos — não nos esqueçamos de que êsses mesmos meios de vitória da medicina podem ser usados para frustrar os nossos propósitos. Não se passa um dia sem que o correio abarrote os consultórios médicos com sugestões sôbre o que usar na clínica. Minha escrivaninha se inunda de produtos variados e de pílulas multicores a me informarem que sem êles a humanidade não pode ser feliz. A campanha de propaganda que chega aos nossos olhos e aos nossos ouvidos de médicos vem tão carregada de sugestões que pode até nos persuadir a distribuirmos sedativos e estimulantes, quando, com espírito crítico desembaraçado, nos deteríamos para procurar as causas mais profundas do mal. Isto não vale apenas no campo da moderna farmacoterapia; verificam-se as mesmas tendências nos métodos psicoterapêuticos.

Êste capítulo tem por intuito abordar o problema da coerção mental com a seguinte pergunta: até que ponto podem as drogas medicinais e os métodos psicológicos tornar-se compulsivos? Nos capítulos anteriores sôbre menticídio, tive oportunidade de descrever as tentativas políticas que visam conduzir a mente humana à submissão e à servidão. As drogas e seus equivalentes psicológicos também são capazes de escravizar o homem.

Sujeição ao fornecedor da droga

Não há muito tempo atrás, fui solicitado a aconselhar um casal que vinha tendo, desde muito, dificuldades conjugais. Embora por ocasião do casamento estivessem ambos profundamente apaixonados, cada um levava, para a sua aventura de felicidade, um investimento emotivo errado. Ela via nêle uma espécie de herói de Hollywood, galante eterno que lhe fôsse inteiramente devotado. A êle, tinha impressionado sua dependência infantil, mas, no íntimo, esperava que ela lhe servisse de mãe, de protetora e de companheira. Como se poderia prever, nenhum dos dois correspondeu à espectativa do outro. Ambos estavam amargamente decepcionados e nenhum percebia onde estava o êrro. Em pouco tempo a espôsa se transformou numa amante chorosa e lamurienta; houve cenas diárias, brigas e recriminações. O marido começou a buscar consôlo fora de casa, com as mulheres que conhecera antes de casar-se. Dentro em pouco ela não conseguia mais dormir e principiou a tomar barbitúricos, em busca do suave esquecimento do sono. Tornouse, então, completamente dependente dêles e entrou a queixar-se de tôda a espécie de vagos males físicos que tinham alívio temporário com as drogas. Quando o marido o descobriu, ficou apavorado. Gradualmente, porém, percebeu que as drogas pareciam modificar e atenuar a discórdia de suas relações. Sob a ação constante de sedativos, ela já não era uma mulher insuportável. Na verdade, já nem sequer se interessava por êle. Êle, por sua vez, descobriu que tinha mais liberdade e que podia empregar as noites e feriados como bem entendesse, desde que lhe fornecesse os meios para prover-se daquelas pílulas milagrosas que tinham restabelecido a paz em seu lar. Uma noite, porém, ela tomou uma dose excessiva de barbitúricos, dando a impressão de que tinha tentado suicidar-se. Esta ocorrência quase fatal despertou os sentimentos de culpa do espôso que procurou, então, auxílio médico e psicológico, num esfôrço para descobrir o que havia de errado num casamento em que duas pessoas tinham, de início, demonstrado tanto amor e tanta boa vontade.

Êste é apenas um exemplo dentre os muitos casos em que o hábito de tomar soporíferos e drogas sedativas recobre infelicidades profundas e caladas. A crescente escravidão a meios fáceis de fuga para um esquecimento e uma calma suaves e tranqüilos, na aparência, constitui um mal de que devemos tomar conhecimento. Não podemos considerar tal fenômeno como um problema médico, simplesmente. O recurso habitual ao álcool, a barbitúricos, a drogas e a outros soporíferos revela a existência, na sociedade, de mêdo e de angústia, latentes ou manifestos, e a necessidade de fugir da realidade. Para os que as usam, as drogas parecem comprimidos milagrosos que lhes proporcionam solução passiva e mágica para todos os problemas e os transportam para além dos limites do mundo real. O chefe de uma quadrilha que seja capaz de fornecer tais drogas a seus membros pode estar seguro de sua escravidão.

A procura de êxtase através de drogas

Entre os viciados em drogas de tôda a espécie, freqüentemente se encontram os que anseiam por um estado especial de êxtase e de euforia, por uma impressão de viver acima das preocupações cotidianas. «Tu tens as chaves do Paraíso, ó justo, ó subtil e poderoso ópio!», exclama Thomas de Quincey em suas **«Confessions of an English Opium Eater»**. Embora o estado de êxtase seja diverso para cada pessoa que o experimenta, o viciado sempre afirma que a droga o transporta para o paraíso perdido de seus sonhos; traz-lhe um sentimento de eterna euforia e de livre encantamento que o arrebata para além das restrições da vida e do tempo.

Em estado de êxtase, o homem reorganiza o universo de acôrdo com os seus próprios desejos e, ao mesmo tempo, busca comunicar-se com a Mais Alta Ordem das coisas. Mas o estado de êxtase tem aspectos positivos e negativos. Pode representar o sentimento místico do Iogue, de unidade com o universo, mas pode, também, significar o estado de intoxicação crônica do borracho ou a paixão de alguns estados de psicose maníaca. O mesmo sentimento pode exprimir a intensificação da experiência espiritual de um grupo de estudiosos e, por outro lado, ser encontrado em linchamentos e motins. Há muitas espécies de êxtase: êxtase estético, êxtase místico e êxtase mórbido e tóxico.

O anseio pela experiência extática não é um anseio individual, apenas; muitas vêzes, chega a abranger um grupo todo. Quando a repressão social se torna muito incômoda, civilizações inteiras podem entregar-se a orgias descomedidas, como se viram nas bacanais gregas e na contagiante dança furiosa da Idade Média. Nessas orgias coletivas, não se usam necessàriamente estimulantes artificiais. A influência hipnótica que se sofre por participar da multidão pode produzir a mesma perda de autodomínio e do sentimento de união com o mundo exterior que se atribui às drogas. Nas orgias coletivas o indivíduo perde consciência e autodomínio. Podem desaparecer suas inibições sexuais; temporàriamente, êle se sente aliviado de suas frustrações profundas e da carga de sentimentos de culpa inconscientes. Empenha-se em reexperimentar as deleitosas sensações da infância, a mais completa entrega às necessidades e aos desejos de seu próprio corpo.

A participação extática nos arrebatamentos de massa é o mais antigo psicodrama do mundo. Tomar parte em qualquer ação comum provoca, para cada indivíduo do grupo, catarse e descarga emotiva tremenda. Êste sentimento de participação da onipotência mágica do grupo, de reunião e comunhão com fôrças que tudo abarcam no mundo, produz, na pessoa normal, euforia e, no fraco, um aparente sentimento de fôrça. O demagogo que fôr capaz de provocar tal liberação extática nas massas pode estar seguro de sua rendição ao seu poder e à sua influência. Os ditadores gostam de organizar êsses rituais coletivos, para servirem a seus propósitos ditatoriais.

Desde que se conhece como ser consciente, o homem tentou, de tempos em tempos, quebrar a inevitável tensão existente entre êle e o mundo exterior. Quando a vigilância mental não pode, uma vez por outra, ser relaxada, quando o homem é obrigado a um contato muito íntimo e constante com o mundo, êle tenta afogar-se nas águas profundas do esquecimento. Êxtase, sono provocado por drogas, com tôdas as suas fantasias e delíquios de exaltação mental, são meios que temporàriamente o aliviam do esfôrço penoso de conservar ego e sentidos intactos e alertas. As drogas têm o poder de conduzi-lo a êsse estado e qualquer vício pode ser explicado como uma necessidade contínua de fuga. O corpo coopera com o espírito nessa busca de evasão da vida de modo que, gradualmente, as drogas se tornam tanto uma necessidade do corpo como uma exigência emotiva.

Entre criminosos, é comum dar aos membros da quadrilha drogas que têm poder de viciar, como cocaína e heroína, a fim de os tornar maïs submissos ao cabeça que os dirige. O homem que fornece a droga torna-se uma espécie de deus para os membros do bando. São capazes de ir até o inferno por êle, a fim de obterem a droga de que têm tão desesperada necessidade.

Nas mãos de um tirano poderoso, essa medicação com vistas à sujeição pode tornar-se extremamente perigosa. Não é inconcebível que um ditador diabólico intente usar o vício como meio de levar um povo rebelde à submissão. Em maio de 1954, no correr de uma discussão na Organização Mundial de Saúde, revelou-se que a China comunista, ao passo que proibia o uso de ópio dentro de suas próprias fronteiras, contrabandeava-o e exportava-o em grande quantidade para os países vizinhos, que se viam, em conseqüência, compelidos a manter luta constante contra o vício do ópio entre suas populações e contra a passividade resultante do uso da droga. Ao mesmo tempo, de acôrdo com os dirigentes da Tailândia que tinham feito a denúncia e pedido auxílio às Nações Unidas, a China comunista mandava para a Tailândia tôda a sorte de propagandistas de subversão da ordem. A Tailândia acusava os chineses de estarem empregando todos os estratagemas conhecidos para infestar o povo siamês com sua ideologia; enfraquecimento mental através do ópio, folhetos, rádio, campanhas sorrateiras e outros do mesmo gênero.

Os Nazistas seguiram estratégia semelhante. Durante a ocupação da Europa ocidental, provocaram artificialmente escassez de medicamentos comuns, suspendendo a exportação regular de drogas curativas para os países «inferiores». No entanto, fizeram uma exceção para os barbitúricos. Na Holanda, por exemplo, em muitas drogarias, êsses produtos eram fàcilmente adquiridos sem prescrição médica, o que ia inteiramente de encontro à legislação habitual do país. Ao mesmo tempo que não se encontravam os produtos terapêuticos adequados para tratamento médico, distribuiam-se com largueza as drogas que criam passividade, dependência e letargia.

O ditador totalitário sabe que as drogas são seus parceiros. Era intenção de Hítler, na chamada guerra biológica, enfraquecer e subjugar os países que cercavam o Terceiro Reich, quebrando para sempre a sua espinha dorsal. Fome e vício se contavam entre os seus mais valiosos instrumentos estratégicos.

Que tem tudo isso a ver com a propagação crescente do vício e do alcoolismo entre nós? Já fiz referência ao aumento alarmante de mortes em conseqüência de barbitúricos. Gostaria, porém, de acentuar ainda mais as suas conseqüências políticas e psicológicas. A democracia e a liberdade terminam onde começa a escravidão e a submissão a drogas e a álcool. Democracia pressupõe compreensão e atividade livre, escolhida pela própria pessoa; significa domínio amadurecido de si mesmo e independência. Qualquer homem que escapa da realidade por meio do uso do álcool e de drogas deixa de ser um agente livre; já não é mais capaz de exercer qualquer domínio voluntário sôbre sua mente e sôbre seus atos. Já não é mais um indivíduo responsável. O alcoolismo e o vício de drogas preparam o padrão da submissão mental tão de gôsto do lavador de cérebro totalitário.

Hipnotismo e coerção mental

Desde tempos imemoriais, os que quiseram conhecer as atividades secretas do espírito de outros indivíduos, a fim de exercer pressão sôbre êles, usaram de meios artificiais para descobrir as veredas ocultas que levavam a seus mais recônditos pensamentos. Os modernos lavadores de cérebro, também, tentaram tôda espécie de drogas para atingirem seus perversos objetivos. O curandeiro primitivo dispunha de vários métodos para compelir sua vítima à perda da vigilância e do domínio de si mesmo. Bebidas alcoólicas, ungüentos tóxicos, defumações sagradas penetrantes que tinham efeitos entorpecentes, como as usadas pelos Maias, por exemplo, eram empregadas para levar as pessoas a um tal estado de transporte que elas perdiam tôda cautela e tôda repressão. Murmurando palavras sagradas, as vítimas freqüentemente revelavam suas fantasias de culpa ou até mesmo seus mais profundos segredos. Na Idade Média, usavam-se, voluntàriamente ou sob pressão, os chamados ungüentos de feiticeira. A tais ungüentos se atribuia a virtude de pôr o ungido em contato com o demônio. Como êles continham em larga escala opiatos e beladona, que podiam ser absorvidos pela pele, a ciência moderna explica as visões extáticas produzidas por êles como um efeito típico que têm essas drogas de provocar alucinações.

Uma das primeiras técnicas eficazes que a medicina pôs nas mãos dos pesquisadores de almas foi o conhecimento da hipnose, essa intensa sugestão mental que leva as pessoas a renunciarem à sua própria vontade e as coloca em estranha dependência do hipnotizador. Os médicos egípcios de trezentos anos passados conheciam a técnica do hipnotismo e os documentos antigos revelam que êles a praticavam.

Nas mãos de um terapeuta honesto, o hipnotismo pode ser extremamente útil. Especialmente quando lida com moléstias psicossomáticas e com o sofrimento físico — êsse filho bastardo da fantasia e da realidade — o hipnotismo é o bom Samaritano. Há, porém, muito curandeiro que pratica o hipnotismo não para curar, mas para forçar suas vítimas à submissão, abusando, de forma criminosa e em proveito próprio, de seus vínculos inconscientes e de sua necessidade de dependência. Há raízes sexuais inconscientes no hipnotismo, relacionadas com a passiva submissão ao agressor, de que o curandeiro se serve para dar vasão às suas próprias paixões. Tratei uma vez de uma moça que tinha procurado antes um dêsses «médicos». Só no derradeiro instante conseguira repelir o seu assalto, livrando-se do estado de letargia e submissão em que se encontrava.

Não há muito tempo, tratei também de alguns adolescentes qu tinham tentado hipnotizar-se uns aos outros. Queriam conhecer todos os segredos da técnica para aumentar seu poder mental sôbre outras pessoas. Inspirados em histórias de algum livro jocoso, imaginavam que através da hipnose poderiam convencer as meninas a cederem às suas seduções sexuais. Esperavam tornar-se super-homens, capazes de fazerem dos outros instrumentos de satisfação de seus desejos e de sua luxúria.

Um dos aspectos mais atraentes de todo o problema do hipnotismo é a questão de saber-se se as pessoas podem ser forçadas a cometer crimes, tais como homicídio e traição, enquanto sob ação hipnótica. Muitos psicólogos negam que isso possa acontecer e insistem em que ninguém pode ser compelido a fazer, sob hipnose, o que recusaria a praticar em estado de consciência vigilante; na realidade, porém, o que se pode ser compelido a fazer por hipnotismo, depende do grau de sujeição provocado pela hipnose e da freqüência de repetição das chamadas sugestões pós-hipnóticas. A psicanálise atual ensina que há ainda vários outros meios de se viver a vida de outrem. É certo que nenhum hipnotizador pode suprimir imediatamente a consciência de um homem e sua resistência íntima; pode, porém, despertar desejos homicidas latentes que se tornarão ativos no inconsciente da vítima, por contínua sugestão e jôgo contínuo com êsses desejos profundamente reprimidos. O conhecimento que, de fato, se tem hoje dos métodos usados na lavagem do cérebro e no mentícídio, prova que tudo isso pode ser feito. Se o hipnotizador persiste tempo bastante e com bastante sagacidade, pode ser bem sucedido em seus propósitos. Muitos desejos anti-sociais jazem ocultos em tôdas as pessoas. A técnica hipnótica, se empregada com inteligência, pode trazê-los à superfície e levá-los a uma atividade manifesta na vida. A criminalidade em massa dos guardas dos campos de concentração tem sua explicação parcial na influência hipnotizadora do Estado totalitário e de seu criminoso ditador. O estudo psicológico de criminosos demonstra que sua primeira violação da moral e dos códigos legais é conseqüência, muitas vêzes, de forte influência e de sugestão de outros criminosos. Pode-se considerar isso como uma forma inicial de hipnose, que é uma forma mais intensificada de sugestão.

É verdade que o incitamento ao crime, sob estado hipnótico, exige condições especialmente favoráveis; infelizmente, porém, pode-se encontrar essas condições no mundo real e atual.

Tem havido, nos últimos tempos, muita discussão judicial em tôrno do problema criado pelo psiquiatra que usa de seus conhecimentos especializados para forçar a confissão de um acusado. O psiquiatra que assim procede viola o conceito das limitações da psiquiatria comumente aceito e a ética psiquiátrica. Está abusando da confiança que o paciente deposita no confidente e no terapeuta para obter uma confissão que será, depois, usada contra quem está temporàriamente sob seus cuidados. Agindo assim, o médico não apenas está violando seu juramento hipocrático, pelo qual se comprometeu a só trabalhar para o bem de seus pacientes e nunca revelar segredos profissionais, mas ainda atenta contra as garantias asseguradas ao acusado pela Quinta Emenda da Constituição dos Estdaos Unidos, que defende o indivíduo contra a auto-acusação.

O que o acusado revelará sob hipnose depende de suas atitudes conscientes e inconscientes em relação ao problema total da influência mágica e da intrusão mental por parte de outrem. Geralmente as pessoas são menos capazes de defender seus direitos legais quando tratam com médicos do que quando tratam com advogados ou com policiais. Assumem uma atitude de submissão, porque esperam um auxílio mágico.

Interessante exemplo disso é um caso recentemente decidido pela Suprema Côrte. Em 1950, Camilo Weston Leyra, um homem de pouco mais de cinqüenta anos, foi prêso e acusado pela polícia de ter brutalmente assassinado seus velhos pais a marteladas, em seu apartamento no Brooklin («People v. Leyra»). A princípio, sob prolongado interrogatório da polícia, Leyra negou qualquer conhecimento do crime, afirmando que nem sequer tinha estado em casa de seus pais no dia do crime. Mais tarde, depois de outros interrogatórios policiais, disse que tinha estado em casa, naquele dia, mas continuou a negar firmemente o crime. Foi mantido na prisão e designou-se um psiquiatra para falar com êle. A conversa foi gravada. O psiquiatra disse a Leyra que era «seu médico», embora de fato não o fôsse. Sob ligeira hipnose e depois de continuada sugestão de que estaria em melhores condições se admitisse ter cometido o crime num momento de desvario, Leyra concordou em confessar. A polícia foi então chamada e a confissão tomada a têrmo.

Durante o processo, Leyra repudiou a confissão, insistindo em que a tinha feito sob hipnose. Foi condenado, mas a condenação foi suspensa, sob fundamento de que a confissão lhe tinha sido arrancada contra a sua vontade e de que lhe tinham sido recusadas as garantias constitucionais. Mais tarde, Leyra foi submetido a novo processo e condenado a uma segunda vez. Apelou-se, finalmente, para a Suprema Côrte, que revogou a sentença em junho de 1954, por terem sido empregadas pressão mental e técnicas psicológicas coercivas para obter-se a confissão. A Suprema Côrte pronunciou-se, assim, indiretamente, a respeito da responsabilidade dos prisioneiros de guerra submetidos à lavagem do cérebro.

Para nós, tem menos importância a questão da culpabilidade ou da inocência de Leyra do que o fato de que êle foi induzido a fazer alguma coisa que, em condições normais, não teria feito e, ainda, de que foi empregada, para o abater, a confiança que êle depositou no médico e que o levou a relaxar defesas que sem dúvida teria oposto a outros investigadores.

A sugestão e a hipnose podem ser um socorro psicológico de grande valia, através do qual os pacientes resolvem problemas emotivos rebeldes à vontade consciente, mas podem também ser o início do terror. A hipnose em massa, por exemplo, pode ter uma influência perigosa sôbre o indivíduo. Os psiquiatras têm verificado várias vêzes que as demonstrações públicas de hipnose coletiva podem provocar, em muitos assistentes, um aumento de dependência hipnótica e de submissão, são capazes de prolongar-se por vários anos. Em grande parte por esta razão, promulgou-se na Grã-Bretanha uma lei que proíbe as sessões de hipnotismo em massa. A hipnose pode atuar como um gatilho que dispara, na vítima, uma necessidade de dependência infantil reprimida, e que a transforma temporàriamente numa espécie de sonâmbulo acordado ou de escravo mental. O comando hipnótico liberta-o de sua responsabilidade pessoal e êle sujeita boa parte de sua consciência ao hipnotizador. Como vimos atrás, os tempos atuais nos têm fornecido exemplos sem conta de como se podem transformar homens civilizados em criminosos, por meio da hipnose política, da hipnose das multidões e mesmo da hipnose de guerra.

Algumas personalidades são mais sujeitas à hipnose que outras. Os egos fortes podem defender-se por muito tempo contra a intrusão mental mas êles também têm o seu limite de resistência. Há pessoas de espírito crítico manifesto que são menos sensíveis às sugestões que lhes vêm de fora que às imagens interiores. Distinguem-se personalidades hetero-sugestionáveis de personalidades auto-sugestionáveis, além de uma grande variedade de outras reações à sugestão e à hipnose. Mas mesmo os tipos auto-sugestionáveis, quando submetidos a pressão suficiente, gradualmente vão elaborando justificações pessoais para sucumbirem à coerção mental.

Os tipos fascinantes, que exercem fàcilmente influência sôbre os outros, são muitas vêzes, êles próprios, extremamente sensíveis à sugestão.

Algumas personalidades fortemente dotadas de empatia e de poder de identificação despertam em outros o desejo de se abrir, de confiar-lhes todos os seus segredos; parecem ser um padre confessor, por graça de Deus.Outros tipos comunicativos, porque deixam transparecer seu mundo interior cheio de falsidades, têm mais facilidade em estimular as mentiras ocultas e as fantasias de suas vítimas. Outros, ainda, têm a capacidade de nos fechar completamente. A razão de inspirarem alguns homens o desejo de confiar e outros o desejo de resistir é um dos mistérios das relações e dos contatos humanos. Por que se completam e se fortalecem mùtuamente certas personalidades, enquanto outras se chocam e se destroem? A psicanálise lançou novas luzes sôbre essas estranhas relações humanas e sôbre êsses compromissos.

À procura da verdade

Durante a Segunda Guerra Mundial, desenvolveu-se a técnica do chamado soro da verdade (nome popular da narco-análise), para vir em auxílio dos soldados alquebrados pela tensão do combate. Através da narco-análise, podia-se levá-los a recordar e a relatar os momentos traumáticos de hiper-emoção de suas experiências de guerra, que os tinham arrastado a uma aguda neurose de angústia. Gradualmente se elaborou uma técnica vantajosa para tratamento mental de emergência, que ajudava o inconsciente a revelar os seus segredos, enquanto o paciente estava sob ação do narcótico.

Como opera o soro da verdade? O princípio é simples: sob o efeito de uma injeção, a mente, numa espécie de sonolência, torna-se incapaz de reprimir os seus segredos e pode assim deixá-los resvalar dos ocultos reservatórios de frustração e de repressão para a região de semiconsciência. Em alguns casos de angústia aguda ,essa provocação forçada pode aliviar as angústias e pressões que produziram a depressão mental. Nem sempre, porém, a narco-análise é eficaz. Algumas vêzes a mente do paciente se ressente dessa intrusão química e dessa intervenção forçada, situação que, freqüentemente, constitui um obstáculo para uma psicoterapia mais profunda e mais eficiente.

O mêdo de intrusão mental e de coerção inesperadas, pode ter caráter patológico. Quando divulguei, pela primeira vez, meu conceito de menticídio e de lavagem do cérebro, recebi dúzias de cartas e de telefonemas de indivíduos convencidos de que alguém estava tentando influenciá-los e dirigir seus pensamentos. Essa forma de **delírio de intrusão mental** pode ser o primeiro estágio de uma grave psicose que já levou a vítima a regredir aos sentimentos mágicos primitivos. Neste estado, todo o mundo exterior é visto e sentido pela vítima como participante do que está ocorrendo em sua mente. Não há, como havia antes, percepção real das fronteiras entre o eu — a pessoa — e o mundo. As pessoas assim dirigidas pelo mêdo vivem em constante agonia, porque se sentem vítimas de muitas e misteriosas influências que não podem atalhar e a que não conseguem resistir; sentem-se contìnuamente em perigo. Psicològicamente, seu temor de intrusão vinda de fora pode ser parcialmente explicado como um temor de suas próprias fantasias brotadas do interior, do inconsciente. Ficam amedrontadas com seus próprios pensamentos ocultos, inconscientes, que já não podem mais dominar.

Seria extrema simplificação pregar um rótulo psiquiátrico qualquer em todos êsses sentimentos de perseguição mental, porque há muitas pressões externas reais no mundo atual, e há muitas pessoas perfeitamente normais contìnuamente solicitadas e perturbadas pelo bombardeio de estímulos dirigidos contra sua mente através de propaganda, anúncios, rádio, televisão, cinemas, jornais — essas verdadeiras matracas que nunca se calam. Essas pessoas sofrem porque um mundo frio, mecânico e ruidoso permanentemente bate às portas de seu espírito e perturba seus sentimentos de intimidade e de integridade mental.

Resta ainda saber-se se as drogas usadas no soro da verdade produzem sempre o desejado efeito de compelir o paciente a dizer a verdade profunda. As experiências realizadas em 1951, na Universidade de Yale (J. M. Mac-Donald) em nove pessoas que receberam injeções de amital sódico — o chamado sôro da verdade — deram resultados interessantes, tendentes a enfraquecer nossa confiança nessa droga. A cada uma dessas pessoas, tinha sido sugerida, antes da injeção, uma falsa versão relativa a um período histórico sôbre o qual elas seriam interrogadas. Os experimentadores conheciam a história verdadeira e a falsa. Citemos o próprio relatório: «É interessante observar que os três pacientes diagnosticados como normais sustentaram suas versões (sugeridas). Dos seis pacientes reconhecidos como neuróticos, dois revelaram prontamente a história verdadeira; dois fizeram confissões parciais, representadas por um complexo mosaico de fantasia e de verdade; outro referiu como verdade o que com mais verossimilhança era fantasia; e o único indivíduo obsessivo-compulsivo manteve a história forjada, exceto quanto a uma parapraxia (lapso ou êrro grosseiro).»

Em vários casos, os tribunais de justiça americanos recusaram-se a admitir a evidência resultante de provas com o sôro da verdade, em grande parte baseados na convicção da psiquiatria de que o tratamento pelo sôro da verdade está mal denominado: de fato, a narco-análise não é uma garantia de obtenção da verdade. Pode mesmo ser usada como ameaça de coerção, quando não se alertam as vítimas sôbre sua ação limitada.

Outro perigo ainda, mais diretamente relacionado com o nosso assunto, consiste em que um investigador criminoso pode incutir, em suas vítimas, os seus próprios pensamentos e comunicar-lhes os seus sentimentos pessoais. Assim, o sôro da verdade pode levar o paciente que tem um ego fraco a submeter-se às interpretações e aos pensamentos do operador, sintèticamente injetados, exatamente como o hipnotizado aceita as sugestões inculcadas pelo hipnotizador.

Além disso, êsse método de inquirição por meio de drogas encerra alguns perigos físicos. Eu próprio presenciei casos de trombose resultante de aplicação intravenosa de barbitúricos.

As experiências com mescalina, iniciadas há trinta anos atrás, entraram repentinamente em voga outra vez. Aldous Huxley, em seu recente livro «The Doors of Perception», descreve o paraíso químico artificial em que viveu depois de ter tomado a droga (também chamada peyote). Ela tem o poder de estimular tôda sorte de impressões subjetivas agradáveis que são, não obstante, de caráter ilusório. Não desejo entrar em discussões clínicas com um autor que eu prezo; todavia, as suas reações de êxtase e de euforia à mescalina não são necessàriamente experimentadas por outras pessoas. Há vinte anos atrás, eu mesmo me submeti a experiências com mescalina para travar conhecimento direto com genuínos pensamentos patológicos. Como resultado, quase entrei em colapso. Poucas são as pessoas que experimentaram os êxtases descritos por Huxley. A mescalina é uma substância perigosa, quando não usada sob orientação médica. De qualquer modo, por que quererá o Sr. Huxley vender um paraíso artificial?

Há um perigo social e muito sério em todos êsses métodos de intromissão forçada no espírito por meios químicos. É verdade que, usados com cautela, podem auxiliar a psicoterapia; mas podem, também, constituir assustador instrumento de domínio nas mãos de homens dotados de poderoso impulso para o mando. Além disso, nesta **era da aspirina,** êles robustecem, mais que nunca, a ficção de que os homens têm que usar drogas milagrosas para se tornarem agentes livres. A propaganda em favor da elação por meios químicos, do êxtase artificial e da experiência pseudo-nirvânica encerra um convite aos homens para se tornarem dependentes de agentes químicos e os dependentes de agentes químicos são pessoas fracas, que podem ser usadas por qualquer potentado político tirânico. A propaganda atualmente levada a efeito entre terapeutas, induzindo ao tratamento de tôda a sorte de angústias e distúrbios mentais com novas drogas, envolve as mesmas perigosas conseqüências.

O Detentor de Mentiras

O hipnotismo e a narco-análise são apenas dois dentre os meios correntes de que se pode fazer mau emprêgo como instrumentos de intromissão forçada no espírito. O detentor de mentiras, que já foi usado para intimidação mental, é outro. Êste aparelho, útil em experimentos psicobiológicos, pode indicar — registrando meticulosamente as alterações do reflexo psico-galvânico — que a cobaia humana submetida à observação reage com mais emoção a certas perguntas que a outras. Sem dúvida, essa super-reação pode ser provocada pelo fato de se ter dito uma mentira; mas pode, também, ser a reação de uma pessoa inocente a uma situação carregada de emoção ou ainda ao mêdo crescente de uma acusação injusta. Os processos de relações pessoais entre o interrogador e o examinando têm exatamente tanta influência nas reações emotivas e nas alterações do reflexo galvânico quanto os sentimentos secretos de culpa e de confusão. Êsse experimento indica apenas perturbações íntimas e ocultas repressões, com tôdas as suas dúvidas e ambigüidades. Não é de fato um detentor de mentiras, embora seja usado como tal (D. MacDonald). Na realidade, o mentiroso patológico e o psicopata, personalidades de consciência obliterada, podem manifestar menor reação a essa prova que as pessoas normais. O detentor de mentiras tem mais probabilidade de se tornar um meio de coerção em mãos de homens que procuram de preferência o poder mágico de cada instrumento, que um meio de se descobrir a verdade. Como resultado, até o inocente pode ser arrastado a uma falsa confissão.

O terapeuta como instrumento de coerção

A terapia médica e a psicoterapia são as ciências subtis de orientação humana nos períodos de depressão física e emotiva. Da mesma forma que o aprendizado requer a participação ativa e bem planejada do estudante e do professor, a psicoterapia, para ser bem sucedida, exige a participação ativa e bem planejada do paciente e do médico. E tal como o adestramento na educação, sob condições especiais, pode degenerar em amestramento, assim também a terapia pode degenerar em imposição da vontade do médico ao paciente. O próprio médico pode até não ter consciência disto. O abuso da terapia revela-se pela submissão do paciente às opiniões do médico, ou por um desenvolvimento de excessiva dependência em relação ao terapeuta. Essa dependência, e mesmo a necessidade exacerbada de dependência, pode não só ultrapassar de muito os limites usuais, como perdurar ainda depois de terminado o tratamento.

Conheci charlatães cuja única ciência se limitava a saber onde adquirir seus divãs. Atribuindo-se o título de psicanalistas, satisfaziam a necessidade de viver a vida de outrem. Logo será preciso que a lei estabeleça padrões que afastem êsses perigosos intrusos da clínica psicoterapêutica. Porém, mesmo o terapeuta honesto e consciencioso tem graves problemas morais a enfrentar. Por profissão, êle é contìnuamente induzido, em verdade até obrigado, a tornar seus pacientes dependentes dêle e isto pode despertar sua própria necessidade de sentir-se importante e poderoso. Êle precisa estar sempre atento ao choque que suas afirmações e deduções produzem sôbre seus clientes, que muitas vêzes o ouvem com humilde reverência, porque o consideram um mágico onisciente. O terapeuta não deve fomentar essa atitude submissa de seus pacientes, — embora em algumas fases do tratamento ela auxilie a terapia — porque a boa psicoterapia visa a educar o homem para a liberdade e para a maturidade, nunca para uma sujeição conformista.

Os psicólogos e psiquiatras estão, como nunca estiveram até agora, muito mais alertados sôbre a responsabilidade que sua profissão lhes impõe. Em mãos inábeis, os instrumentos da psicologia são perigosos. Os modernos métodos educacionais podem aplicar-se na terapia para amoldar o cérebro do homem e, mudando as suas opiniões, conformar seu pensamento com determinados sistemas ideológicos. Medicina e psiquiatria podem cada vez mais comprometer-se com a estratégia política, como o vimos na estratégia da lavagem do cérebro; por isso, psicólogos e psiquiatras precisam conhecer melhor a natureza dos instrumentos científicos que empregam.

A ênfase que se tem dado às técnicas terapêuticas, ao conhecimento, pelos estudiosos, de todos os seus elementos e de todos os seus meandros, a ênfase ainda maior que se põe em diplomas e títulos de psicoterapeutas, conduz a atual terapia a um conformismo e a uma racionalização de princípios inteiramente em desacôrdo com a sensibilidade pessoal que seria de desejar de cada profissional. Nossa capacidade de crítica e de raciocínio pode ser destrutiva, destruindo ou disfarçando dúvidas e ambivalências básicas, oriundas de trágico desespêro, êsse criador da sensibilidade humana. O perigo da moderna psicoterapia (e da psicologia) é a tendência para formalizar a intuição e a empatia humanas e para transformar a emoção e a espontaneidade em abstrações. É uma contradição tentar mecanizar o amor e a beleza. Se isso fôsse possível, acabaríamos em um mundo de que a inspiração e o entusiasmo seriam banidos, restando apenas uma fria compreensão.

Tôdas as relações humanas podem ser usadas para bons e maus propósitos e isto é particularmente verdadeiro quando se trata dos laços inconscientes subtis que existem entre psicoterapeuta e paciente. Esta afirmação aplica-se igualmente à medicina em geral; o cirurgião também é bem sucedido graças aos vínculos fortes que o unem a seus pacientes e à boa vontade com que êles se submetem à sua intervenção cirúrgica. Freud deu-nos a primeira explicação clara do que sucede ao espírito durante um prolongado contato mental com um ser humano. Demonstrou que, em tôdas as relações humanas intensas, cada participante reage, pelo menos parcialmente, em têrmos de expectativas e das ilusões desenvolvidas na infância. Em conseqüência, uma terapia prolongada, que se baseia no princípio de inteira liberdade de expressão, oferece, tanto ao médico quanto ao cliente, as mesmas oportunidades de transferência de sentimentos íntimos. Se o médico não fôr cauteloso, ou se não compreender essa mútua transferência de emoções ocultas, ou ainda se, compelido pelo prazer de tudo explicar, fôr muito coercivo, pode forçar o paciente a aceitar suas opiniões em vez de o ajudar a formá-las por conta própria. E isto pode constituir uma intrusão mental perigosa. A experiência nesse campo nos tem ensinado que uma técnica defeituosa pode incutir no paciente o sentimento de que está sendo atolado. Não é raro que êle fique convencido de que deverá viver o resto da vida em servil sujeição ao médico. Tenho visto famílias e grupos inteiros ficarem completamente à mercê dêsses modernos médicos feiticeiros.

Não é de admirar-se, pois, que uma sólida formação psicanalítica exija que o terapeuta seja o primeiro a submeter-se, durante anos, às técnicas que êle se prepara para aplicar em outros, a fim de que, robustecido pelo conhecimento de suas próprias necessidades inconscientes malsãs, não tente usar de sua profissão para dominar espiritualmente a vida de outras pessoas.

Muitos consultórios de psicologia, com técnicas e conceitos psicológicos diversos, destinados, por exemplo, a aconselhamento familiar, direção religiosa, orientação de negócios, etc., podem fàcilmente ser mal empregados, como instrumentos de poder. A boa fé que o povo deposita em seus chefes, médicos e administradores é enorme e pode ser usada como arma contra êle.

Até mesmo da moderna cirurgia do cérebro, visando à cura do espírito, podem os ditadores abusar, para transformar em zombis os seus adversários. A própria psicologia propende para a padronização do espírito e a tendência das diferentes escolas para dar ênfase à ortodoxia aumenta, embora sem intenção preconcebida, as oportunidades de coerção mental («Já que você não reza pela minha cartilha, tenho que condicioná-lo para que o faça.») É mais fácil manipular o espírito alheio que deixar de agir assim.

Uma sociedade democrática dá a cada cidadão o direito de proceder como homem livre. Ao mesmo tempo, torna-o responsável pela salvaguarda de sua liberdade mental e política. Se, com o emprêgo de modernas técnicas médicas, químicas e mecânicas, reduzimos a capacidade que tem o homem de agir de acôrdo com sua própria iniciativa, destruímos nossas convicções e enfraquecemos o regime democrático. Assim como há uma deliberada lavagem do cérebro de caráter político, pode haver uma intrusão por sugestão, disfarçada sob o nome de justiça e de terapia. Pode ser menos violenta que o ataque totalitário deliberado, mas não será menos perigosa.

A medicação para provocar submissão é um fato real. O homem pode servir-se do conhecimento da mente de seu semelhante, não para ajudá-lo, mas para feri-lo e para subjugá-lo. Mágico verdadeiro, pode aumentar seu poder aumentando as angústias e os pavores de sua vítima, explorando suas necessidades de dependência e despertando-lhe sentimentos de culpa e de inferioridade.

As drogas e as técnicas médicas podem servir de meios para transformar o homem num ser submisso e conformado. É o que não devemos perder de vista, se o quisermos tornar realmente livre e sadio.

CAPÍTULO IV

POR QUE É QUE ÊLES SE SUBMETEM?

A psicodinâmica da falsa confissão

É possível passar-se do conceito de condicionamento pavloniano para uma compreensão mais profunda dos fenômenos psicológicos? O conflito entre êsses dois conceitos só existe para os teóricos pavlonianos, que negam a moderna psicologia profunda. O próprio Pavlov reconhecia a presença, no homem, de motivos ocultos mais profundos, bem como as limitações de seu estudo do comportamento animal.

Retornaremos aos que sofreram lavagem do cérebro, para indagar: como se pode chegar a compreender melhor o que lhes aconteceu? Quais foram as circunstâncias pavlonianas e quais os motivos íntimos da submissão, diante da violenta manipulação política do espírito? Foi a covardia, uma psicose da prisão ou a generalizada perda de vigor mental dos nossos tempos?

Nas observações e indagações que se seguem, tenciono fazer uso do ponto de vista clínico, que a moderna psicologia profunda nos oferece.

O filósofo transtornado

Certo dia, em 1672, o solitário filósofo da razão, Spinoza, teve que ser contido à fôrça por seus amigos e vizinhos. Pretendia sair correndo pelas ruas, a proclamar sua indignação contra a populaça que havia assassinado seu bom amigo Jan De Witt, nobre estadista da República da Holanda, falsamente acusado de traidor. Mas acalmou-se prontamente e retirou-se para o aposento em que, habitualmente, polia lentes de vidro, numa diária e até então inviolada rotina. Enquanto trabalhava, refleti sôbre seu comportamento, que não fôra nem mais racional nem mais sensato do que o da multidão amotinada que fizera morrer De Witt. Foi então que Spinoza imaginou a existência de uma besta emotiva oculta por trás da razão humana, a qual, se despertada, pode agir danosa e destrutivamente e conjurar milhares de justificações e excusas para tal comportamento.

Assim, como Spinoza pressentiu e mais tarde o grande psicólogo Sigmund Freud demonstrou, as pessoas não são as criaturas racionais que pensam ser. No inconsciente, êsse vasto depósito de lembranças, emoções e conflitos profundamente sepultados, jazem inúmeras reminiscências infantis e irracionais, que constantemente afetam os nossos atos conscientes. Nós todos somos, em algum grau, governados por êsse oculto tirano e pelo conflito entre a razão e as emoções.

Na medida em que somos vítimas de impulsos inconscientes desenfreados, nessa medida podemos ficar expostos à manipulação mental. Embora pareça um horripilante sortilégio a idéia de que a nossa resistência mental é relativamente fraca, de que a verdadeira qualidade que distingue um homem do outro — o Eu individual — possa ser profundamente alterada por pressões psicológicas, estas transformações são meros extremos de um processo que opera na vida normal. O espírito humano é, em qualquer sociedade, diàriamente alterado em suas manifestações, por fôrça de sugestão sistematizada, propaganda astuciosa e manifesta hipnose das massas. A publicidade persuade o cidadão democrático a usar quinquilharias ou determinada marca de sabão, em lugar de outra. Nosso desejo de comprar coisas é contìnuamente estimulado. Os políticos em campanha procuram influenciar-nos tanto por seus programas quanto por seu poder de fascínio pessoal. Os peritos da moda hipnotizam-nos com mudanças periódicas dos padrões de beleza e bom gôsto.

Nos casos de menticídio, entretanto, êsse assalto à integridade do espírito humano é mais direto e premeditado. Jogando com a criança irracional que jaz oculta no inconsciente e exasperando o conflito interno entre a razão e a emoção, o inquisidor pode levar suas vítimas a uma abjecta rendição.

As vítimas tôdas de menticídio deliberado — os prisioneiros de guerra na Coréia, os «traidores» encarcerados dos regimes ditatoriais, nos países da cortina de ferro, as vítimas do terror nazista durante a Segunda Grande Guerra — são pessoas cujo modo de viver tinha sido abrupta e dramàticamente alterado. Haviam sido arrancadas de seus lares, famílias e amigos, e lançadas numa apavorante atmosfera anormal. A completa extravagância do ambiente tornou-os mais vulneráveis a qualquer ataque a seus valores e atitudes. Quando o ditador explora as necessidades psicológicas de suas vítimas num mundo ameaçador, hostil e desusado, é quase certa a rendição.

A moléstia do arame farpado

Já durante a Primeira Grande Guerra podia-se perceber, em prisioneiros de campanha, reações mentais peculiares, misturas de apatia e fúria, como ajustamentos de defesa contra a aspereza de vida da prisão, o enfado, a fome, a falta de uma vida privada, a insegurança contínua. Na guerra coreana, acrescentaram-se a essa situação a maior crueldade do inimigo, o duradouro mêdo da morte, desnutrição, moléstias, ataques sistemáticos ao espírito do prisioneiro, falta de cuidados sanitários e ausência de tôda dignidade humana.

Podia-se, muitas vêzes, obter melhorias mediante a aceitação da ideologia totalitária. A pressão psicológica não só levava a apuros com o inimigo como também causava suspeitas recíprocas entre os prisioneiros.

A moléstia do arame farpado, conforme já descrevi, principia com incipiente apatia e desespêro de todos os prisioneiros.

Submetem-se passivamente ao destino. Em verdade, a pessoa pode morrer dêsse desespêro; é como se tivesse desaparecido tôda resistência. (1) Era, todavia, altamente perigoso ser nada mais do que alheiamento e apatia, quando o que o inimigo queria, no campo de concentração, era debater e argumentar, para derribar a resistência mental do prisioneiro. Conseqüentemente, surgia um círculo vicioso: apatia, não pensar, deixar a coisa correr — completa sujeição a uma existência de zombi, sob a mecânica dependência das circunstâncias. Qualquer sinal de cólera e vivacidade seria brutalmente punido pelo inimigo; é por isso que não encontramos os repentinos ataques de cólera observados nos antigos campos de prisioneiros, durante a Primeira e a Segunda Guerra Mundial. Resultados de provas psicológicas aplicadas em soldados libertos dos campos coreanos de prisioneiros de guerra indicaram que essa apatia defensiva e êsse recuo para uma estreita dependência infantil seriam, provàvelmente, encontrados em quase todos êles. Todavia, depois que retornavam a um ambiente normal, muito logo reapareciam a vivacidade e a atividade, mesmo em dois ou três dias. Os poucos que permaneciam angustiados, apáticos e com ares de zombi cabiam no extenso capítulo das neuroses de guerra e de combate (Strassman).

Quais são alguns dos fatôres que podem transformar um homem num traidor de suas próprias convicções, num delator, no que confessa odiosos crimes ou num aparente colaborador?

O momento da repentina rendição

Contaram-me muitas das vítimas da inquisição nazista que o momento da rendição surgia repentinamente e contra as suas vontades. Haviam enfrentado, durante dias, a fúria de seus interrogadores e, então, de repente, baqueavam. «Está bem, está bem, estou pronto para o que quiserem.»

---

(1) Ver o Capítulo IX em que se trata do efeito do mêdo.

Então vinham horas de remorso, de decisão, de um desesperado desejo de retornar à prévia posição de firme resistência. Tinham vontade de gritar: «Não me perguntem mais nada. Não quero responder.» E ainda se agitava nêles alguma coisa — êsse ser conformado e submisso que está oculto nas profundezas de nós todos.

Essa repentina rendição acontecia, freqüentemente, depois de uma inesperada acusação, um abalo, uma humilhação particularmente penosa, uma punição cauterizante, uma surpreendente lógica nas proposições do inquisidor, contra as quais não valiam contra-argumentos. Lembro-me de experiência pessoal que ilustra o efeito de tais surprêsas.

Depois de minha fuga da Bélgica ocupada, alcancei primeiro o território neutro da Suíça, via Vichy, na França. Quando cheguei, fui enviado a um cárcere, onde, a princípio, fui tratado com bastante amabilidade. Depois de três dias, entretanto, foi-me negado o direito de asilo que cabe a um oficial e disseram-me que eu seria deportado para Vichy. A essa informação os meus carcereiros acrescentaram, sarcàsticamente, o comentário de que eu devia me dar por feliz por não ser enviado de volta aos alemães. Quando iam levar-me para a fronteira, fui convidado a assinar um documento em que se dizia que todos os meus pertences (que me tinham sido retirados quando do meu encarceramento) me haviam sido devolvidos. Recusei-me a assinar, porque algumas poucas coisas — sem importância em si mesmas, mas de alto valor de estima para mim — não estavam no pacote que os carcereiros me haviam entregue. Um dos guardas olhou-me com desprêzo, o segundo batia o pé com impaciência e pedia-me repetidamente que assinasse o papel, o terceiro ralhava e tagarelava num francês para mim completamente ininteligível. Continuei firme em minha recusa. Repentinamente, um dos funcionários começou a esbofetear-me e a me dar pancadas. Abismado pela surprêsa de ver tanta fúria por causa de uma bagatela, rendi-me e assinei o documento.

(Da prisão de Vichy para onde fui mandado foi-me permitido escrever uma carta de protesto ao govêrno Suíço. Tenho até hoje comigo as desculpas oficiais que recebi.)

Essa repentina mudança de humor, de desafiante resistência para a submissão, pode ser explicada pela ação inconsciente de sentimentos contraditórios. Conscientemente nos aconselhamos a ser fortes, mas das nossas profundezas íntimas o desejo de ceder e concordar começa a perturbar-nos e a afetar o nosso comportamento. Em psicologia, isso é o que se chama a ambivalência inata de todos os sentimentos.

A necessidade de sucumbir

O vocabulário da psicopatologia compreende muitos têrmos sofisticados para indicar o desejo de sucumbir à opressão mental, tais como: «desejo de regressão», «necessidade de dependência», «masoquismo mental», «desejo inconsciente de morte» e muitos outros. Para os nossos propósitos, entretanto, é bastante afirmar que todo indivíduo tem duas necessidades opostas que operam simultâneamente: a necessidade de sermos independentes, de sermos nós mesmos, e a necessidade de **não** sermos nós mesmos, de **não** sermos de todo ninguém, de **não** resistir à opressão mental. A necessidade de ser indiferenciado, de desaparecer e de ser tragado pela sociedade é comum a todos nós. Em sua forma mais simples, podemos vê-la em tôda parte como uma tendência para conformar-se. Em circunstâncias ordinárias, a necessidade de anonimato é contrabalançada pela de individualidade e a pessoa mentalmente sadia é a que pode equilibrar-se na linha divisória entre as duas. Porém, nas situações aterrorizantes e de isolamento em que as vítimas do terror menticida se encontram — situações que têm o caráter de pesadêlo povoado de perigos tão tremendos que não podem ser dominados ou entendidos, porque não há ninguém para esclarecer ou tranqüilizar —

o desejo de sucumbir, de deixar correr, de sumir, torna-se quase irresistível.

Essa experiência foi relatada por muitas vítimas de campo de concentração. Entraram no campo com uma questão irrespondida a queimar-lhes a mente: «Por que me aconteceu isso tudo?» A necessidade que tinham de um senso de direção, de um sentimento de finalidade e significação ficava insatisfeita e, por isso, não podiam defender a própria personalidade. Abandonavam-se no que a psicopatologia chama de síndrome de despersonalização, uma impressão geral de terem perdido de todo o contrôle de si mesmos e da própria existência. O que pode ser produzido pelo condicionamento pavloniano ao fazer uso da confusão artificial, pode também ser produzido por uma experiência chocante. «Para quê?» — perguntavam-se. «Qual o sentido de todo êsse sofrimento?» E, aos poucos, afundavam desanimadamente nesse entorpecido estado de semi-obscurecimento que chamamos de depressão: as necessidades de auto-destruição assumiam o comando.

Os nazistas foram hábeis e inescrupulosos ao tirar vantagem dessa necessidade de sucumbir. A vida humilhante do campo de concentração, a repetida sugestão de que os Aliados estavam sendo derrotados — isso conspirava para convencer os internados de que não teria fim êsse estúpido sofrimento, nem haveria para a guerra uma conclusão vitoriosa, nem futuro para suas vidas. O desejo de render-se, de entregar-se, torna-se quase irresistível, quando uma pessoa sente que essa horrível existência marginal é algo de permanente, que ela não pode ter em mira desígnios mais pessoais, que tem de acomodar-se, para sempre, a essa sombria vida degradante.

No momento em que a fé e a esperança desaparecem, o homem sucumbe. Há histórias trágicas de vítimas de campos de concentração, que faziam convergir tôdas as suas esperanças para a idéia de que a libertação viria no Natal de 1944, e dedicavam tôda sua existência a esperar essa data. Quando ela passou e se viram ainda encarcerados, muitos dêles simplesmente caíram e morreram.

Essa tendência para sucumbir serve também de proteção contra o perigo. A vítima parece pensar: «Se meu algoz não se apercebe de mim, êle me deixará em paz.» Contudo, êsse verdadeiro sentimento de anonimato, essa impressão de perda da própria personalidade, de ser inútil, desprezado e desnecessário, tem também como resultado a depressão e a apatia. A necessidade que tem o ser humano de ser um indivíduo nunca pode ser completamente destruída.

A necessidade de companhia

Não se tem dado bastante atenção à psicologia da solidão, especialmente às conseqüências do isolamento forçado de prisioneiros. Quando são removidos os estímulos sensoriais da vida cotidiana, tôda a personalidade pode mudar. O intercâmbio social, o nosso contínuo contacto com os colegas, o trabalho, os jornais, vozes, trânsito, aquêles a quem amamos e também os de quem não gostamos — tudo isso é alimento diário para os nossos sentidos e o nosso espírito. Escolhemos o que julgamos interessante, rejeitamos o que não queremos absorver. Todos os dias, todo cidadão convive em vários pequenos mundos de satisfações mútuas, pequenas aversões, experiências agradáveis, irritações, deleites. E precisa dêsses estímulos para manter-se alerta. Hora após hora, a realidade, cooperando com a nossa memória, integra milhões de fatos nas nossas vidas, por repeti-los freqüentemente.

Tão logo o homem fica só, apartado do mundo e dos informes sôbre o que está acontecendo, sua atividade mental é substituída por processos bastante diferentes. Angústias de há muito esquecidas vêm à superfície, lembranças de há muito reprimidas vêm lá de dentro a invadir-lhe a mente. Seu mundo de fantasia começa a crescer e a assumir proporções gigantescas.

Não pode avaliar ou conferir suas fantasias confrontando-as com os acontecimentos ordinários da vida, e muito logo será dominado por elas.

Lembro-me bem de minhas próprias fantasias durante o tempo em que estive na prisão nazista. Era-me quase impossível dominar meus deprimentes pensamentos de desesperança. Eu tinha que me repetir contìnuamente: «Pense, pense. Mantenha alerta os seus sentidos; não baqueie.» Tentei usar todos os meus conhecimentos de psiquiatria para manter o espírito em estado de despreocupada mobilização e muitos foram os dias em que senti ser essa uma batalha perdida.

Revelam algumas experiências que os indivíduos a quem se priva, ainda que por tempo bastante curto, de **todos** os estímulos sensoriais (sem tacto, sem ouvido, sem olfato, sem vista), ràpidamente caem numa espécie de estado hipnótico de alucinação. O afastamento de uma multidão de impressões do mundo exterior, que normalmente nos bombardeiam, cria sintomas estranhos e assustadores. De acôrdo com Heron, que fêz experiências com um grupo de estudantes da Universidade de McGill, colocando cada um dêles em um compartimento escuro como breu e à prova de som, ventilado por ar filtrado, e tendo as mãos metidas em pesadas luvas de couro e os pés em pesadas botinas, «aos poucos seus cérebros vão morrendo ou escapando do contrôle». Depois de vinte e quatro horas dêsse extremo isolamento sensorial, despertam todos os horrorosos fantasmas da infância e surgem vários sintomas patológicos. Nosso instinto de curiosidade exige alimentação contínua; se não é atendido, despertam os cães do inferno que temos lá por dentro.

O prisioneiro solitário, ainda que seu isolamento não seja de modo algum tão severo quanto o da prova de laboratório, também está sujeito a profundas modificações mentais. Seus guardas e inquisidores tornam-se cada vez mais sua única fonte de contacto com a realidade, com êsses estímulos de que precisa ainda mais do que de pão. Não se estranhe que desenvolvam gradualmente, em relação àqueles, uma peculiar atitude de submissão. Sofre os efeitos não só de estar apartado de contactos sociais, mas também da privação sexual. As necessidades latentes de dependência e as tendências homossexuais não manifestas, que jazem nas profundezas de todo ser humano, tornam-no inclinado a aceitar os guardas como figura substitutiva do pai. O inquisidor pode ser cruel e bestial, mas o próprio fato de que põe reparo na existência de suas vítimas dá ao prisioneiro a impressão de ter recebido uma pontinha de afeição. Que conflito pode surgir daí entre as antigas afeições de um homem e essas novas! Raras são as personalidades tão completamente seguras de si a ponto de resistirem à necessidade de submeter-se, de encontrar alguma companhia humana, de sair da insuportável solidão.

Durante as duas guerras mundiais, os prisioneiros sofriam, a princípio, de uma nostalgia do lar cauterizante e típica, então chamada de moléstia do arame farpado. Lembranças de mãe, lar e família faziam com que os soldados de novo se identificassem com a infância, mas, à medida que se acostumavam com a vida do campo de prisão, pensamentos relacionados com o lar e a família criavam também valores positivos e ajudavam a tornar menos torturante a vida da prisão.

Mesmo os prisioneiros que não são mantidos em isolamento podem sentir-se solitários na massa inorganizada de reclusos. Acontece que seus companheiros de prisão se tornam, com a mesma facilidade, seus inimigos ou seus amigos. O ódio contra os carcereiros pode deslocar-se e voltar-se contra os demais reclusos. Em lugar de suspeitar do inimigo, a vítima pode vir a desconfiar de seus companheiros de miséria.

Nos campos de concentração nazista e nos de prisioneiros de guerra na Coréia, desenvolveu-se, muitas vêzes, uma espécie de paranóia coletiva. A solidão crescia porque os prisioneiros se apartavam uns dos outros, por suspeita e ódio. Essa desconfiança era encorajada pelos guardas. Êstes sugeriam constantemente às suas vítimas que ninguém se importava com elas ou se afligia pelo que lhes estava acontecendo. «Você está abandonado. Seus amigos lá de fora não sabem nem mesmo se você está vivo ou morto. Os outros presos também não se incomodam com você.» Assim se matava tôda expectativa de futuro e a incerteza e o desamparo resultantes tornavam-se insuportáveis. Então os guardas semeavam suspeitas e espalhavam boatos aterrorizantes. «Vocês estão aqui por terem sido traídos pelos que vocês têm como amigos.» «Seus companheiros de prisão deram com a língua nos dentes.» «Seus amigos lá de fora o abandonaram.» Jogando com as velhas afeições de uma pessoa, fazendo-a sentir-se abandonada e só, forçavam-na a submeter-se e a sucumbir.

Quando a mim mesmo me aconteceu, por vêzes, hesitar e acalentar idéias de aderir às fôrças contrárias, foi sempre depois de períodos de extrema solidão e de anseios de companhia vindos do fundo de meu ser. (1) Nesses momentos, o carcereiro ou o inimigo pode transformar-se em amigo substituto.

A sobrecarga dos sentimentos de culpa como meio de extorsão

Lá dentro, bem no fundo de todos nós, jazem sentimentos de culpa, culpa inconsciente, que, sob forte pressão, podem vir à tona. A tática de fazerem os filhos se sentirem culpados é o mais velho expediente de que usam as mães para dobrar-lhes o ânimo. O dedo em riste, advertindo e acusando, e o olhar ameaçador fazem com que elas assumam um poder mágico diante dos filhos e ajudam a criar, nêles, profundos sentimentos de culpa, que podem continuar pela vida adulta a fora. Quando somos crianças, estamos sujeitos aos nossos pais e exatamente por isso ficamos ressentidos com êles. Abrigamos desejos ocultos

(1) Descrevo êsse fenômeno de autotraição no Capítulo XIV.

de destruição dirigidos contra os que nos estão mais próximos e também sentimentos de culpa devidos a êsses desejos. Não há dúvida que a maioria dos homens tem profunda afeição por suas famílias, mas o selvagem que o ser humano traz consigo odeia aos que ama e êsse ódio o faz sentir-se culpado. Êle traz sepultada no fundo do inconsciente a noção de que se teria sentido, nas suas fantasias de hostilidade, capaz de cometer inúmeros crimes. Theodor Reik chamou a nossa atenção para o ignorado selvagem assassino que existe em cada um de nós, cuja compulsão para confessar e ser punido pode ser fàcilmente provocado por circunstâncias de terror e depressão. É muitas vêzes difícil para o leigo aceitar êsse conceito de disfarçada hostilidade e impulsos de destruição infantis dissimulados. Considere-se, porém, por um momento, a popularidade dos contos policiais. Podemos convencer-nos de que gostamos de ler essas histórias porque nos identificamos com o policial esperto e sagaz, mas como evidencia a experiência psicanalítica, o criminoso reprimido que existe em nós todos também está em jôgo e se identifica com o matador desalmado. Na realidade, são as nossas hostilidades reprimidas que nos tornam atrativa a leitura de atos hostis.

O método da exploração sistemática da culpa inconsciente, a fim de criar submissão, não é muito conhecido, mas pode ser melhor compreendido à luz da nossa pesquisa sôbre o impulso inconsciente de confissão e a necessidade de punição. A culpa pode ser incutida nos primeiros anos de vida, quando os pais, exagerada e precocemente, incitam os filhos a pedirem desculpas por desobediência ou quando usam outros meios para fazer com que as crianças se sintam culpadas e êstes não podem perceber o que há de imoral ou de errado num determinado ato. Ensinar à criança o certo e o errado não implica necessàriamente em condicioná-la à submissa e angustiosa expectativa da punição conseqüente. Num dos casos sob os meus cuidados, a mãe do paciente gritava, a cada pequeno deslise do filho: «Veja o que você me fêz!» Foi preciso prolongada terapeutica para livrar o paciente de seus recônditos impulsos assassinos contra a mãe e sua conseqüente carga de culpa.

Na esfera política, muitos dêsses métodos primitivos de disciplinar crianças são simbòlicamente repetidos. Os contínuos expurgos e confissões que se verificam nos países totalitários despertam sentimentos de culpa profundamente ocultos. Tem-se que admitir que o menor pecado de rebelião ou de subversão recobre idéias criminosas mais profundamente incrustadas no indivíduo. As reações pessoais dos que são contìnuamente interrogados e investigados oferecem uma pista para se saber o que lhes acontece. O simples fato da inquirição prolongada pode despertar de novo, na vítima, a culpa oculta e inconsciente. Nos momentos de extrema emoção, após constante acusação e um dia todo de interrogatório, quando impedida de dormir e reduzida a um estado de profundo desespêro, a vítima pode perder a capacidade de distinguir entre o ato criminoso real de que é acusada e a culpa criada por sua própria fantasia inconsciente. Se a educação que recebeu sobrecarregou-o com um sentimento de culpa, em condições normais quase patológico, não será êle agora capaz de resistir ao ataque menticida. Nessas miseráveis condições, mesmo o indivíduo normal pode ser levado a capitular não sòmente por fôrça da inquisição, mas também por causa de outros fatôres debilitantes. A vigília, a fome e a doença podem produzir profunda perturbação e tornar qualquer pessoa vulnerável à influência hipnótica. Todos nós já experimentamos a turvação mental que resulta da excessiva fadiga. As vítimas do campo de concentração sabem como especialmente a fome produz a perda de contrôle mental. (1) No mundo

(1) A conversa, nos campos de concentração, girava, usualmente, em tôrno de comida e de lembranças de gloriosas glutonerias. O espírito não podia trabalhar; estava prêso à idéia de comer e a fantasias relacionadas com alimento. Criou-se uma palavra para exprimir êsse estado de possuído pela idéia de comer bem ainda algum dia: masturbação estomacal (**Magen-onanie**). Essa espécie de conversa substituia, freqüentemente, qualquer intercâmbio intelectual.

fantástico das prisões ou dos campos totalitários, foram êsses efeitos agravados e exagerados.

Fazendo uso da exploração astuciosa da culpa inconsciente de suas vítimas, os nazistas, depois de lhes vasculharem os recantos escusos do espírito, conseguiram, muitas vêzes, converter corajosos lutadores do movimento de resistência em dóceis colaboradores. O fato de não terem sido uniformemente bem sucedidos pode ser explicado por dois fatôres. O primeiro é que os membros da resistência subterrânea estavam, na sua maioria, interiormente preparados para a brutalidade com que foram tratados. O segundo é que, por mais astuciosas que fôssem as técnicas nazistas, não eram tão irresistíveis quanto as metódicas manhas dos lavadores de cérebro comunistas. Quando as vítimas da brutalidade nazista se rendiam, não era a tortura, mas, freqüentemente, a ameaça de represálias contra a família que fazia com que se entregassem. O súbito e violento encontro com um problema da infância de há muito sepultado cria confusão e dúvida. Você é levado, de súbito, a cotejar afeições: seu pai ou seus amigos, seu irmão ou sua pátria, sua espôsa ou sua honra. É brutal ter que fazer essa escolha e você pode ser fàcilmente levado a render-se, quando o inquisidor faz também uso de outros dos seus conflitos íntimos. O confronto de afeições é a escolha entre uma e outra traição e isso desperta dúvidas que paralisam. Êsse calculado e malicioso ataque ao ponto mais fraco do espírito humano, da consciência de um homem e do sistema moral que lhe foi ensinado pela ética judaico-cristã, paralisa a razão e mais fàcilmente conduz a vítima à traição. O inquisidor põe à prova, ardilosamente, os arcaicos sentimentos de culpa de suas vítimas, dirigidos contra os pais, os amigos, os filhos. Explora hàbilmente as primitivas relações ambivalentes de suas vítimas com seus próprios pais. A súbita erupção de secretas culpas e de falhas morais pode levar um homem às lágrimas e à completa submissão. Êle regride para o estado de submissão e dependência da criança.

Um vigorosíssimo herói das primeiras horas da resistência holandesa, conhecido como «King-Kong» por causa de seu tamanho e de sua fôrça, tornou-se traiçoeiro instrumento dos nazistas, logo depois que teve o irmão junto de si na prisão e aquêles passaram a fazer ameaças de matar o rapaz. A rendição final de «King-Kong» ao inimigo e sua transformação em traiçoeiro instrumento dos nazistas foi psiquiàtricamente reconhecida como um mecanismo de defesa contra sua profunda culpa despertada por sentimentos secretos de agressão contra o irmão (Boeree).

Temos um outro exemplo de rendição na história de um jovem combatente da resistência que, após terem os nazistas ameaçado torturar-lhe o pai, que estava prêso com êle, acabou por romper num chôro de criança, prometendo contar tudo o que dêle quisessem saber. Depois disso, foi levado de novo para a cela, a fim de ser, no dia seguinte, novamente amaciado. Era essa a rotina dos investigadores. Os inquisidores conheciam bastante bem a eficiência de importunar o paciente repetidamente, em diversas ocasiões, durante as quais se intrometiam nos sentimentos de culpa da pessoa. Embora ambos os prisioneiros tenham sido libertados nessa noite, como conseqüência da arremetida dos Aliados através da Bélgica e do sudoeste da Holanda, o rapaz permaneceu em estado de depressão por longo tempo, torturado pela consciência de que quase traíra seus melhores amigos da resistência subterrânea, para salvar o pai, apesar de saber, desde logo, que êste não estava de fato protegido pelas promessas do inimigo. Na exploração psicológica da rendição e da depressão, a que o rapaz se submeteu depois, seus sonhos revelaram as suas de há muito sepultadas fantasias agressivas contra o pai, que, sonhando, simbòlicamente matara. A impressão de culpa relacionada com essa hostilidade infantil inconsciente pesara mais na sua consciência do que a possibilidade de vir a ser culpado diante dos partisans seus colegas. A compreensão consciente da natureza de suas dificuldades e mais a volta à atividade militar muito o ajudaram a aquietar os conflitos que o torturavam, mas outros traidores involuntários foram menos felizes. Quando, por fim, compreenderam a enormidade de sua traição, muitos dêles caíram em depressão psicótica e outros ainda se suicidaram.

A lei da sobrevivência contra a lei da afeição

Os prisioneiros de guerra na Coréia, que foram subjugados aos poucos pela pressão mental exercida pelo inimigo e que colaboraram na produção de elementos que poderiam ser usados para propaganda comunista — embora passageiramente e apenas enquanto estiveram ao alcance do inimigo — obedeceram a uma lei psicológica peculiar de defesa passiva e fraude íntimas, segundo a qual, quando não se pode combater e derrotar o inimigo, temos que aderir a êle (A. Freud). Uns poucos dêsses prisioneiros ficaram, mais tarde, tão enlevados com a propaganda dos totalitários, que decidiram ficar na China e na órbita totalitária. Alguns fizeram isso, a fim de fugirem à punição por terem traído seus camaradas.

Ninguém pode tornar-se um vira-casaca, sem que se justifique aos seus próprios olhos. Quando a Holanda se rendeu ao exército alemão em 1940, tive ocasião de ver várias pessoas, antes conhecidas como antinazistas aferradas, serem tomadas por êsse mecanismo de rendição mental. Quando viram a tremenda demonstração de fôrça dos germânicos, diziam com seus botões: «Por certo haverá algo de bom no nazismo.» As vítimas dêsse primeiro sinal de rendição mental, precisando justificar-se e não podendo parar e dizer a si mesmos: «Espere um pouco, pense melhor», tornavam-se traidores e colaboradores. Estavam completamente dominadas pela demonstração de fôrça do inimigo. Verificou-se, nos campos de prisioneiros da Coréia, o mesmo processo de justificação de si mesmo e do inimigo.

A experiência dos campos de concentração oferece-nos algumas indicações quanto ao ponto a que pode chegar essa submissão passiva ao inimigo. A profunda necessidade de afeição fazia com que muitos prisioneiros vivessem à espera de uma só coisa: uma palavra amiga dos guardas. Cada vez que a obtinham, fortificava-se a ilusão de perdão e acolhimento. Os prisioneiros acolhidos pelos guardas — principalmente aquêles que se achavam no campo há muito tempo — tornavam-se, fàcilmente, instrumentos de confiança dos nazistas. Passavam a comportar-se tal e qual seus cruéis carcereiros e tornavam-se algozes dos companheiros de prisão. Eram êsses prisioneiros colaboradores, chamados **Kapos,** ainda mais cruéis e vingativos que os guardiões oficiais. Por fôrça de necessidades íntimas incompreendidas, o lavador de cérebro e o chefe sádico de campo de concentração têm enorme precisão de colaboradores. Servem êstes, não apenas para a máquina de propaganda, mas também para exonerar de culpa seus carcereiros.

Quando um homem tem que escolher entre fome, marchas da morte e tortura ou uma submissão temporária às ilusões do inimigo, seus mecanismos de autopreservação funcionam, sob certos aspectos, como reflexos. Ajudam-no a encontrar milhares de justificações e desculpas para ceder à pressão psicológica. Um dos oficiais levados à côrte marcial por ter colaborado com o inimigo, num campo de prisioneiros coreano, justificava sua conduta, dizendo que fizera isso a fim de salvar a própria vida e a de seus homens. Não é êsse argumento, embora não necessàriamente verdadeiro, perfeitamente válido? Seu uso tem a utilidade de salientar o fato de que os mecanismos de autoproteção são ordinàriamente muito mais fortes do que a lealdade ideológica. Quem nunca tenha enfrentado êsse amargo problema de modo algum pode ter uma opinião objetiva quanto ao que faria em tais circunstâncias. Sou de opinião, como psiquiatra, que a «maioria» das pessoas se submeteria e transigiria, no momento em que a ameaça e a pressão mental se tornassem bastante fortes. Entre os rapazes do movimento subterrâneo antinazista da Segunda Guerra Mundial, havia alguns que, fisicamente fortes, pensavam poder resistir a qualquer pressão e que nunca trairiam seus camaradas. Em todo caso, êles não podiam, nem de leve, fazer idéia da insidiosa técnica do menticídio. A incessante atormentação é, por si mesma, mais destrutiva que a tortura física. A dor da tortura física, como dissemos, leva a um estado de inconsciência temporária e, conseqüentemente, ao esquecimento, mas quando a vítima desperta, começa o jôgo da expectativa. «Acontecerá de novo?» «Posso agüentar ainda?» A expectativa paralisa a vontade. A idéia de suicídio e a identificação com a morte não adiantam nada. O adversário não deixa que você morra e, ao contrário, arranca-o do refúgio do esquecimento. A expectativa de renovadas torturas faz crescer a angústia interior. «Quem sou eu para suportar tudo isso?» «Por que tenho que ser um herói?» Gradualmente vai cessando a resistência.

A submissão do espírito a seu novo senhor não surge imediatamente depois de quebrantado e exausto. No período de relaxamento temporário da opressão, durante o qual a vítima recapitulará e repetirá, de si para consigo, a tortura que sofreu — o inquisidor bem o sabe — a rendição final está sendo preparada. A tensão de espírito provocada pela ruminação e pela expectativa vai fazendo crescer o desejo profundamente oculto de render-se. A contínua repetição de perguntas estúpidas, reiteradas por dias e dias, exaure o espírito, até que êle dá a resposta que o inquisidor reclama. Êste joga com a arma da exaustão física dos sentidos, que se acrescenta à da exaustão mental. Fará uso de ruídos penetrantes, cruciantes, ou de um forte e incessante foco luminoso que cega a vista. A necessidade de fechar os olhos ou de fugir dos ruídos perturba a orientação mental da vítima. Esta perde a calma e a confiança em si mesma. Fica desesperada por dormir e nada mais pode fazer que render-se. O desejo infantil de passar a fazer parte da máquina gigantesca e ameaçadora, de unir-se a fôrças extraordinàriamente mais fortes do que êle, o prisioneiro, acabou vencendo.

É a rendição inequívoca: «Faça de mim o que quiser. De agora em diante, é como se eu fôsse você mesmo.»

Foi confirmado por Tyler, numa experiência com 350 voluntários masculinos, que a falta de dormir, por si só, é capaz de produzir várias reações anormais da mente. Ficaram sem dormir por 102 horas. Dentre êles, 44 foram excluídos logo de saída por se sentirem muito angustiados e irritados. Depois de 40 horas sem dormir, 70 por cento do total dos pacientes tinham já tido ilusões, delírios, alucinações e manifestações similares. Os que tiveram genuínas alucinações foram excluídos da experiência. Depois da segunda noite, perturbações esporádicas do pensamento foram comuns a todos os pacientes. Os participantes, quando vinham a saber como se haviam comportado, ficavam contrafeitos.

As mudanças nas respostas emotivas foram mais dignas de nota — à euforia seguia-se a depressão; desalento e inquietação; indiferença pelo comportamento desusado dos outros pacientes. A impressão que se teve da experiência é que, em prolongada vigília, alguma substância tóxica afeta o cérebro e a mente.

Sòmente uns poucos, de personalidade forte, independentes e auto-suficientes, que venceram suas necessidades de dependência, podem suportar essa pressão ou dispor-se a morrer ao pêso dela.

O ritual de auto-acusação, gestos de **mea-culpa** e rendição incondicional aos mandamentos dos mais velhos fazia parte de antigos ritos religiosos. Baseava-se numa crença mais ou menos inconsciente em uma fôrça suprema e todo-poderosa. Essa fôrça pode ser o Estado de partido monolítico ou uma misteriosa deidade. Obedece ao antigo recurso íntimo do **Credo quia absurdum** («Creio porque é absurdo»), de fiel submissão a um supermundo mais forte do que a realidade que está ao alcance dos nossos sentidos.

É questão psicológica complicada saber-se qual a razão pela qual os totalitários e a ideologia ortodoxa dogmática insistem nessa rígida atitude, proibindo a investigação de premissas básicas. A razão de ser disso, tem algo que ver com o mêdo da mudança, o mêdo do risco de mudar de hábitos, o mêdo da liberdade, o que, do ponto de vista psicológico, pode ser relacionado com o mêdo da fatalidade da morte.

A negação da liberdade e da igualdade humanas eleva o senhor autoritário acima de seus mortais semelhantes. Seu poder e onipotência temporários dão-lhe ilusão de eternidade. Pelo totalitarismo, nega a morte e a existência efêmera e do futuro toma fôrça por empréstimo. Tem que inventar e formular uma verdade final e um dogma protetor para justificar sua batalha contra a mortalidade e a temporalidade. Daí por diante, essa nova convicção fundmental tem que ser incutida no espírito de seus adeptos e escravos.

O que acontece no recesso da psique humana, quando sujeita a severas circunstâncias de assédio mental e físico, é elucidado por Anna Freud, num livro em que trata das defesas mentais gerais de que se utiliza o homem; há tempos, eu mesmo tentei analisar, em várias publicações, as diferentes maneiras pelas quais as pessoas se defendem do mêdo e da opressão.

Nas últimas fases da lavagem do cérebro e do menticídio, a submissão através da qual as vítimas se humilham a si mesmas exerce a função de recurso íntimo defensivo, que, por artes mágicas, aniquila o inquisidor que as acusa. Quanto mais elas se acusam, menor é a razão lógica para a existência dêste. Cedendo e sendo ainda mais cruéis consigo mesmas, elas tornam o inquisidor e juiz, por assim dizer, impotente, e revelam a insignificância do regime de acusação.

Podemos dizer que a lavagem do cérebro e o menticídio provocam os mesmos mecanismos íntimos de defesa que se observam nos pacientes melancólicos. Punindo-se mentalmente a si mesmos, procuram livrar-se do mêdo e evitar uma culpa de origem mais profunda. Punem-se de antemão, para superar a idéia de punição fatal por um crime oculto, desconhecido e pior. A vítima do menticídio vence seu algoz, por tornar-se ainda mais cruel consigo mesma do que o inquisidor. Dessa maneira passiva aniquila o inimigo.

O misterioso pacto masoquista

Arthur Koestler, em sua obra prima, **Darkness at Noon,** descreve tôdas as tricas e manhas, raciocínios e recursos dialéticos, que se verificam entre o inquisidor e sua vítima. O antigo bolchevista Rubashov, precondicionado por sua anterior filiação partidária, confessa conspirar contra o partido e a linha partidária. É parcialmente motivado pelo desejo de prestar um último serviço: sua confissão é um sacrifício final pelo partido. Eu explicaria a confissão, de preferência, como um elemento dêsse misterioso pacto masoquista entre o inquisidor e sua vítima, o qual encontramos também em outros processos de lavagem do cérebro. (1) É a última dádiva e o último lôgro que o torturado oferece ao torturador. É como se gritasse: «Seja bom para mim. Eu confesso. Eu me submeto. Seja bom para mim e me queira bem.» Depois de ter sofrido tôda espécie de brutalidades, hipnotismo, desespêro e pânico, ainda existe um último atrativo para a humana camaradagem, mas é ambivalente, acompanhado de profundo desprêzo, ódio e mordacidade.

O torturado e o torturador formam gradualmente uma associação peculiar em que um influencia o outro. Exatamente como nas sessões terapêuticas, em que o paciente se identifica com o psiquiatra, as sessões diárias de interrogatório e conversação provocam uma transferência inconsciente de sentimentos,

---

(1) O têrmo «masoquismo» indicava, originalmente, o prazer sexual propiciado por sofrimento e punição e, mais tarde, passou a indicar qualquer prazer conseqüente de sofrimento e abjeção.

em que o prisioneiro se identifica com os inquisidores e os inquisidores com êle. O prisioneiro, encarcerado num mundo singular, áspero e desusado, identifica-se muito mais com o inimigo do que o inimigo com êle. Pode apossar-se, sem o querer, de tôdas as normas, valores e atitudes do inimigo em face da vida. Essa rendição passiva à ideologia do inimigo é determinada por processos inconscientes. O perigo dessa espécie de comunhão é que, por fim, tôdas as avaliações morais desaparecem. Vimos isso acontecer na Alemanha. As próprias vítimas do nazismo acabaram aceitando a idéia de campos de concentração.

No menticídio estamos diante de um ritual semelhante ao da perseguição de bruxas na Idade Média, com a diferença de que hoje adquiriu forma mais apurada. Acusador e acusado se entreprestam assistência e ambos participam, como colaboradores, de um ritual de confissão e de difamação de si mesmos. Cooperando, hostilizam os espíritos dos espectadores, os quais com êles se identificam e, conseqüentemente, se sentem culpados, fracos e submissos. Os processos judiciários de expurgo, em Moscou, fazem com que muitos russos se sintam culpados; ouvindo as confissões dizem a si mesmos: «Eu poderia ter feito a mesma coisa. Eu poderia estar no lugar dêsse homem.» Quando seus heróis se tornam traidores, os pérfidos desejos que abrigam faz com que se sintam fracos e assustados.

Essa explanação pode parecer demasiado complicada e confusa e talvez, ainda, em contradição consigo mesma, mas, na realidade, ela nos ajuda a compreender o que acontece nos casos de menticídio. O torturador e o torturado são ambos vítimas da própria culpa inconsciente. O torturador projeta sua culpa sôbre algo exterior que sirva de bode expiatório e intenta expiá-la maltratando sua vítima. Esta também tem sentimento de culpa proveniente de hostilidades da infância profundamente reprimidas. Em circunstâncias normais, êsse sentimento é dominado, mas na atmosfera de implacável interrogatório e inquisição própria do menticídio, as hostilidades reprimidas despertam e se agigantam como apavorantes fantasmagorias de um passado esquecido, que a vítima percebe, mas que não pode apanhar ou compreender. É para esta mais fácil confessar a traição e a sabotagem de que é acusada, do que aceitar o apavorante sentimento de criminalidade que agora a sobrecarregam seus impulsos agressivos de há muito esquecidos. A indisfarçada auto-acusação da vítima serve como artimanha para aniquilar aquilo que a acusa lá do fundo dela mesma e também o inquisidor que a atormenta. Quanto mais eu me acuso, menor é a razão para a existência do inquisidor. Se a vítima caminha para a morte no patíbulo, o inquisidor, por assim dizer, caminha também, por causa da mútua identificação que os une: a partir do momento em que a vítima começa a acusar-se, o acusador se torna impotente e êste mesmo, amanhã, pode ser acusado e levado à fôrca.

Esta nossa interpretação dêsse estranho pacto masoquista, entre acusador e acusado, permite uma resposta bastante simples para a seguinte questão: «Por que querem as pessoas dominar o espírito dos outros e porque êsses outros confessam e se submetem? É porque não há diferença essencial entre vítima e inquisidor. São iguais. Nem um nem outro, nessas circunstâncias, exerce qualquer contrôle sôbre seus pensamentos e sentimentos criminosos e agressivos, profundamente ocultos.

Evidentemente, é mais fácil ser inquisidor do que vítima, não apenas porque o inquisidor pode safar-se temporàriamente da destruição física e mental, mas também porque é mais simples punir nos outros os crimes de que nós mesmos nos sentimos culpados, do que enfrentar o nosso próprio e oculto sentimento de culpa. A prática do menticídio é um crime de agressão menor, que encobre o crime mais profundo do ódio e destruição ocultos e não desfeitos.

Inventário dos processos psicológicos implicados na lavagem do cérebro e no menticídio

No fim dêste capítulo que descreve os vários fatôres que levam à submissão e à rendição diante da estratégia do inimigo, é proveitoso apresentar um breve inventário dos processos psicológicos nisso implicados.

Fase I. Quebrantamento e descondicionamento artificiais

O inquisidor procura enfraquecer o ego do prisioneiro. Embora originalmente a tortura física tenha sido empregada — a fome e o frio são até bastante eficientes — pode ela muitas vêzes aumentar a inflexibilidade de uma pessoa. A tortura destina-se, por excelência, a assumir, na imaginação dos espectadores (o povo) o caráter de ameaça. A estranha expectativa da tortura de que êstes são tomados torna mais fácil quebrantá-los, quando o inimigo precise tê-los fracos. (Sem dúvida, eventualmente, um inimigo sádico pode tirar prazer pessoal da tortura.)

Os inúmeros expedientes de que o inimigo faz uso incluem: sugestão intimidante, persuasão dramática, sugestão em massa, humilhação, intrigas, soledade e isolamento, interrogação contínua, atormentando o vacilante espírito, despertando mais e mais um estado de compaixão de si mesmo. Paciência e tempo ajudam o inquisidor a afrouxar uma alma obstinada.

Do mesmo modo que em muitas das antigas religiões as vítimas eram deprimidas e humilhadas, a fim de se prepararem para a nova fé são elas, neste caso, preparadas para aceitar a ideologia totalitária. Nesta fase, mesmo excluído o mero oportunismo intelectual, a vítima pode entregar-se conscientemente.

Fase II. Submissão por identificação positiva com o inimigo

Como já foi dito, o momento da rendição pode, muitas vêzes, surgir de repente. É como se a sugestibilidade negativa recalcitrante, se transformasse, num momento crítico, em atitude positiva e de rendição. O que o inquisidor chama de súbita iluminação interior e conversão íntima repentina é uma completa inversão da estratégia íntima da vítima. Dêsse momento em diante, em têrmos psicanalíticos, um superego parasita vive na consciência da pessoa e esta passa a pronunciar as palavras de seu novo senhor. Segundo a minha experiência, essa repentina rendição ocorre muitas vêzes acompanhada de ataques histéricos de chôro e riso, tal como uma criança que cede depois de teimoso acesso frenético. O inquisidor pode alcançar essa fase mais fàcilmente, quando assume atitude paternal. De fato, muitos prisioneiros de guerra na Coréia foram cortejados por uma espécie de afabilidade paternal — presentes, doces no aniversário e a promessa de coisas mais agradáveis no futuro.

Moloney compara essa repentina submissão com a teofania ou **kenosis** (conversão interna)tal como a descrevem alguns ritos teológicos. A nosso ver, é importante insistir em que a submissão constitui um processo inconsciente e exclusivamente emotivo, não mais sob o contrôle intelectual consciente da vítima de lavagem do cérebro. Podemos também denominar essa fase de fase de auto-hipnose.

Fase III. O recondicionamento para a nova ordem de coisas

O adestramento e amestramento incessantes vão gravando o novo disco de vitrola. Podemos comparar êsse processo com uma hipnose ativa para fins de conversão. Os retornos ocasionais à antiga maneira de pensar têm que ser corrigidos como na Fase I. A vítima é diàriamente ajudada a racionalizar e a justificar sua nova ideologia. O inquisidor oferece-lhe novos argumentos e raciocínios.

Êsse doutrinamento sistemático daqueles que durante longo tempo se esquivaram do doutrinamento intensivo constitui o verdadeiro aspecto político da lavagem do cérebro e é um símbolo da guerra fria ideológica, a que ainda agora estamos assistindo.

Fase IV. Libertação do encantamento totalitário

Logo depois que a vítima da lavagem do cérebro retorna à atmosfera de liberdade democrática, o encantamento hipnótico desaparece. Surgem repercussões nervosas temporárias, tais como crises de chôro, sentimentos de culpa e de depressão. A expectativa de vir a ser hostilizado na terra natal, por ter cedido ao doutrinamento inimigo, pode tornar mais forte essa reação. O período de lavagem do cérebro fica parecendo um pesadêlo. Sòmente os que eram antes rematados comunistas podem persistir como tais, mas também nesses casos, tenho visto o inimigo impor sua pressão mental bem demais e converter seus antigos camaradas em eternos e rancorosos adversários do regime.

SEGUNDA PARTE

AS TÉCNICAS DE SUBMISSÃO DAS MASSAS

O objetivo da segunda parte dêste livro é pôr em evidência os vários aspectos da estratégia política e não-política usada para modificar os sentimentos e pensamentos das massas. Começamos por um exame do simples anúncio e da propaganda, passando, depois, em revista a guerra psicológica e a atual guerra fria, para, em seguida, analisar os meios usados com o fim de modelar, no íntimo do homem, seus pensamentos e seu comportamento. Termina esta segunda parte com intrincado exame de como se usa a arma do mêdo — um dos instrumentos de fascinação e de arremetidas emotivas — e das reações que ela provoca nas pessoas.

CAPÍTULO V

A GUERRA FRIA CONTRA O ESPÍRITO

Só a ilusão dos que não querem ver pode levar a acreditar que a nossa sociedade está livre das insidiosas influências relatadas na Primeira Parte. O fato é que elas existem ao redor de nós, tanto na esfera política como fora dela, e que se estão tornando tão perigosas para um sistema livre de vida quanto o são os agressivos governos totalitários.

Tôda cultura institucionaliza determinadas formas de comportamento que comunicam e fomentam determinadas formas de pensamento e de ação, moldando assim o caráter de seus cidadãos. Na medida em que o indivíduo é objeto de constante manipulação mental, na medida em que as instituições de uma cultura tendem a enfraquecer a resistência intelectual e espiritual, na medida em que o conhecimento do espírito é empregado para amestrar e condicionar o povo e não para educar, nessa mesma medida produz a cultura homens e mulheres predispostos a aceitar um sistema autoritário de vida. O homem que não é dono de seu próprio espírito torna-se fàcilmente um joguete nas mãos de um possível ditador.

É inquietante verificar quantas vêzes homens inteligentes são incapazes de pensar corretamente por si mesmos. A padronização do espírito, orientada ou não para a conformidade e a sujeição, é condicionada desde muito cedo, na vida.

Em importante experiência psico-social realizada com estudantes, Asch descobriu, por meio de simples testes, que em mais de um têrço das pessoas examinadas havia conformidade com uma opinião errônea dominante e que 75% dos que se submeteram à prova concordaram, em vários graus, com a maioria. Para muitas pessoas, o pêso da autoridade é mais importante que a sua qualidade. (1)

Se queremos aprender a proteger nossa integridade mental em todos os níveis, temos que examinar não apenas os aspectos da cultura contemporânea, diretamente relacionados com a luta pelo poder, mas ainda certos processos de nossa cultura que, embotando o gume de nossa vigilância mental ou aproveitando-se de nossa sugestibilidade, pode conduzir-nos à morte mental — ou ao tédio — representada pelo totalitarismo. A contínua sugestão e a lenta hipnose no sentido de despertar a comunicação mecânica das massas favorece a uniformização do espírito e cria o engôdo popular da «era feliz» do ajustamento, da integração e do nivelamento, em que se estereotipa completamente a opinião individual.

Quando me levanto de manhã, ligo o rádio e ouço as notícias do dia e a previsão do tempo. Uma vez então pontifica que eu devo tomar aspirina para dores de cabeça. De vez em quando, como todo o mundo, eu tenho dores de cabeça, e como acontece com todo o mundo, as minhas dores de cabeça provêm dos muitos conflitos que a vida me impõe. Meu rádio, no entanto, não me aconselha a pensar nem nos conflitos nem na dor de cabeça. Pelo contrário, sugere apenas que eu recorra a êsse velho gesto mágico de engulir uma pílula. Embora eu ria quando ouço essa receita a longa distância, feita por um locutor que nada sabe de mim nem das minhas dores de cabeça, e embora medite por alguns instantes sôbre o humano servilismo à magia da química, já minha mão esboçou o movimento de apanhar o envelope de aspirina. No fim de contas, estou mesmo com dor de cabeça.

É extremamente difícil escapar das sugestões da vida diária, mecânicamente repetidas. Mesmo que por espírito crítico as

---

(1) No capítulo X voltarei a tratar dessa necessidade íntima de conformidade.

rejeitemos, elas nos persuadem a fazer aquilo que intelectualmente consideramos estúpido.

A mecanização da vida moderna já influiu sôbre os homens, para torná-lo mais passivo e ajustá-lo às conformações pré-fabricadas. O homem não precisa mais pensar em valores pessoais, seguindo a sua própria consciência e suas avaliações morais; pensa cada vez mais em têrmos dos valores que lhe traz o ambiente das massas. Os cabeçalhos dos matutinos lhes fornecem uma visão política do momento, o rádio insufla-lhe sugestões pelos ouvidos, a televisão mantém-no em contínua sujeição e numa fixação passiva. Conscientemente, êle pode protestar contra essas vozes anônimas; não obstante, as sugestões destas se intrometem no seu modo de pensar.

O que talvez haja de mais impressionante nessas influências, é que muitas delas não nasceram das tendências destrutivas do homem, mas de sua esperança de melhorar o mundo em que vive e de tornar a vida mais rica e mais profunda. As mesmas instituições que o homem criou para ajudá-lo, os mesmos engenhos que êle inventou para elevar sua vida, o mesmo progresso que êle fêz para dominar a si mesmo e a seu ambiente, tudo pode transformar-se em armas de destruição.

Os arquitetos da opinião pública

Está se desenvolvendo ràpidamente, hoje, em dia, a convicção de que, com uma campanha bem planejada de propaganda, quer de uma idéia política, quer de uma geladeira, se pode conseguir impingir ao público qualquer idéia ou qualquer produto que se queira que êle compre, ou qualquer personalidade política que se queira que êle eleja. Últimamente, algumas campanhas eleitorais nos Estados Unidos foram orientadas pelos chamados arquitetos da opinião pública, que usaram de tôdas as técnicas modernas de comunicação coletiva e de todos os atuais conhecimentos do espírito humano, para persuadir os norte-americanos a votar no candidato que pagava melhor salários aos técnicos de relações públicas. O perigo dessas propagandas de alta pressão está em que o homem ou o partido que puder pagar mais estará em condições de, pelo menos temporàriamente, induzir o povo a comprar ou a votar sem atender ao seu verdadeiro interêsse.

Os especialistas da arte de persuadir e de moldar o sentimento do público tentarão sovar a massa mental humana com todos os instrumentos de comunicação a seu dispor; panfletos, discursos, mensagens, cartazes, programas de rádio, espetáculos de televisão. Podem diluir a espontaneidade e a creatividade do pensamento e de idéias em chavões estéreis e insinuantes, que governam nossos pensamentos mesmo quando continuamos a ter a ilusão de estarmos sendo originais e pessoais.

Só conseguiremos saber bem o que é isso que chamamos de vontade do povo ou de vontade das massas, depois que ela se manifesta através de movimentos coletivos, depois que essa vontade popular se exprime em eleições ou em agitações e rebeliões. Isso mostra, ainda uma vez, quanto é importante aquêle que dirige os instrumentos e as máquinas da opinião pública.

Ao abrirem os olhos para essa propaganda e êsse preparo engenhoso do consentimento, os cidadãos sentem abalar-se a sua confiança em seus dirigentes e as multidões vão se tornando cada vez mais habituadas às fraudes oficiais. Por fim, quando o povo não tiver mais fé em nenhum programa e em nenhuma atitude e quando fôr de todo incapaz de formar um juízo inteligente, fàcilmente será influenciado pelo primeiro demagogo ou ditador em potencial que aparecer, cuja fôrça faça apêlo à sua confusão e à sua insatisfação crescente. O pior aspecto, talvez, dêsse hábil mercadejar de idéias é que muitas vêzes os que pagam os peritos e até os próprios peritos de opinião pública não têm consciência do que estão fazendo. Êles também são manobrados pelas palavras de engôdo «orientação da opinião pública» e se tornam incapazes de apreciar os instrumentos que contrataram para seu serviço.

O fim nunca justifica os meios; mais um bom número de passos nesse sentido e estaremos a caminho de Totalitária.

Precisamente neste momento, está sendo realizada aqui uma cuidadosa pesquisa sôbre motivação, cujo objeto é descobrir porque e o que gostam os compradores de comprar. Que é que os leva a comprar? A finalidade dessa pesquisa é contornar as barreiras de resistência do público comprador. Faz parte da paradoxal filosofia de nossa cultura estimular as necessidades humanas e estimular as exigências do povo. O conhecimento psicológico comercializado quer vender ao público, ao freguês em potencial, muito mais produtos do que êle realmente deseja adquirir. A fim de o conseguir, é preciso despertar impulsos bastante infantis, como a rivalidade entre irmãos e a inveja de vizinhos, a necessidade sempre maior de guloseimas, o fascínio das côres, a exigência crescente de luxo. O psicólogo comercial ensina ao vendedor como evitar associações desagradáveis em seus anúncios, como estimular, de maneira persuasiva, as associações sexuais, como fazer que tôdas as coisas pareçam simples, felizes, prósperas e seguras. Ensina o lojista a lisonjear o comprador, a adular o freguês. Os arquitetos de mercados descobriram que o público quer sugestões de fôrça e de virilidade nos produtos que êles vendem. Um automóvel deve ter mais cavalos para contrabalançar sentimentos de fraqueza íntima de seu possuidor. Um automóvel precisa representar a posição e a reputação social de seu dono, que sem êsse cartaz se sentiria insignificante. As agências de anúncios sonham com **universitas advertensis**, mundo de cintilantes idéias falsas, glorificação do **mundus vult decipi**, intensificação do apêlo ao esnobismo, expressão de celebridade vulgar, e, tudo isso, para impingir mais mercadorias nas bôcas vorazes de compradores infantis. No mundo dos anúncios, vendedores e compradores diligentes inventam necessidades artificiais. E vai nisso uma ameaça de se construir um mundo de falsidades que pode ter perigosa influência sôbre o mundo das idéias.

Essa situação realça bem a neurótica sofreguidão do público, a necessidade de se entregar aos caprichos pessoais, em prejuízo de uma consciência dos valores reais. O público fica condicionado segundo valores corruptos. É certo que um público livre vai aos poucos descobrindo defesas contra os **slogans**, mas a desonestidade e a desconfiança se insinuam em nossa consciência, deixando atrás de si um corrosivo sentimento de insatisfação. Afinal de contas, a propaganda simboliza a arte de tornar o povo insatisfeito com o que possui. E enquanto isso, o homem sofre, evidentemente, um ataque rasteiro e incessante contra o seu julgamento mais correto.

Em nossa época de ruídos excessivos e de muitas frustrações, não poucos espíritos «livres» desistiriam de lutar pela decência e pela individualidade. Rendem-se ao **Zeitgeist**, muitas vêzes sem o perceber. A opinião pública modela todos os dias o nosso senso crítico. Sem o saber, podemos nos tornar robots opiniáticos. A lenta coação da hipocrisia, de tradições de nossa cultura que têm um efeito nivelador, tôdas essas coisas nos transformam. Temos fome de excitação, de histórias de arrepiar cabelo, de sensação. Andamos a cata de situações que provocam um mêdo superficial para recobrir angústias profundas. Gostamos de escapar para o irracional, porque nos desagrada o convite ao estudo e à reflexão pessoais. Nossos lazeres são cada vez mais preenchidos por atividades automatizadas, em que não tomamos parte nenhuma: ouvir palavras trombeteadas e postar-se diante de telas de televisão. Corremos para baixo e para cima de automóvel e à noite vamos dormir com soporíferos. Êsse sistema de vida, por sua vez, pode abrir caminho para repetidos e sorrateiros ataques contra nosso espírito. Nosso tédio receberá bem qualquer sugestão sedutora.

A guerra psicológica como arma de terror

Tôda comunicação humana pode ser um relato de fatos reais ou uma tentativa de sugerir coisas e situações que não existem como tais. A distorção e a perversão de fatos ferem a essência da comunicação humana. A batalha verbal contra o conceito de verdade do homem e contra sua mente parece ser incessante. Por exemplo, se eu conseguir instilar, num possível futuro inimigo, mêdo, terror e sugestão de derrota iminente, antes que êle se decida a lutar já estará meio vencido.

É velha como a humanidade a tática de usar máscaras aterradoras e discursos estrepitosos para proclamar mentiras destinadas a manobrar amigos e inimigos. Os povos primitivos empregavam máscaras apavorantes, fascinações mágicas ou auto-sedução, do mesmo modo que nós usamos palavras proferidas em altas vozes para convencer a outros ou a nós mesmos. Êles lançavam mão de suas pinturas mágicas; nós, de nossas ideologias. Sem dúvida, vivemos numa época de anúncios, de propaganda e de publicidade. Mas é só sob regimes totalitários e ditatoriais que essas formações de hábitos humanos proliferam como ataque sistemático à humanidade.

As armas que o ditador usa contra seu próprio povo, êle as pode voltar, também, contra o resto do mundo. Por exemplo, as falsas confissões que distraem de seus verdadeiros problemas o espírito dos súditos de um ditador têm ainda um outro efeito: visam (e às vêzes alcançam seu intento) a aterrorizar o público do mundo todo. Fortalecendo o mito da onipotência do ditador, essas confissões enfraquecem a vontade de combatê-lo. Se puderem aproveitar um período de paz para amolentar os inimigos futuros, as armas totalitárias estarão habilitadas, em tempo de guerra, a alcançar uma vitória fácil e inglória. A guerra psicológica totalitária é francamente orientada nesse sentido. É um esfôrço para preparar o mundo para a submissão, por meio da propaganda e do hipnotismo.

Já no início do século XIX, Napoleão tinha organizado seu Serviço de Opinião Pública, com o fim de exercer influência sôbre o pensamento do povo francês. Coube, porém, aos alemães, desenvolver a manipulação da opinião pública a ponto de convertê-la numa máquina enorme e bem organizada. Sua guerra psicológica se transformou na agressiva estratégia dos tempos de paz, a chamada guerra entre guerras. Foi em conseqüência do ataque dos nazistas ao moral europeu e da guerra de nervos que êles empreenderam contra seus vizinhos, que as outras nações do universo começaram a organizar suas próprias fôrças psicológicas, sem conseguir, contudo, êxito apreciável senão na segunda metade da guerra. Os alemães levavam uma grande vantagem inicial.

A arma principal da artilharia psicológica de Hitler era o mêdo. Êle tinha, por exemplo, uma rede de cinqüenta articulistas cuja tarefa mais importante era semear rumores e suspeitas entre os cidadãos dos países que planejavam combater um dia. As pessoas ficavam transtornadas não só pelo sistema de espionagem em si mesmo, mas pelo simples boato de espionagem. Êsses cinqüenta articulistas disseminavam **slogans** de derrota e de confusão política. «Por que deverá a França morrer pela Inglaterra?» O mêdo começou a governar os atos do povo. Em vez de enfrentar a ameaça real da invasão germânica, em vez de preparar-se para ela, tôda a Europa tremia ante histórias de espionagem, discutia problemas sem importância, discorria interminàvelmente sôbre bodes espiatórios e minorias. E assim, Hítler serviu-se de temores vagos, furtivos, para encobrir a verdadeira situação e enfraquecer seus inimigos, atacando sua vontade de lutar.

Não contente com êsse ataque estratégico à vontade de cada um de se defender, Hitler tentou paralisar a Europa com a ameaça de terror — ameaças de bombardeio, de destruição, de ocupação, e, ainda, a ameaça psicológica implícita em suas jactâncias de crueldade. O mêdo de um inimigo implacável torna o homem mais disposto a render-se, mesmo antes de começar a lutar. Os atos criminosos de Hitler em sua própria terra — os campos de concentração, as câmaras de gás, os assassinatos em massa, a atmosfera de terror que dominava tôda a Europa — foram tão proveitosos para seu maquinismo de propaganda destinado a instilar mêdo quanto faziam parte de seus delírios.

Há ainda uma outra arma de que os totalitários se utilizam para impelir o mundo, pelo mêdo, à submissão. É a arma do choque psicológico. Hitler manteve seus inimigos em estado de constante confusão e de sobressalto diplomático. Nunca se sabia o que êsse louco de reações imprevisíveis iria fazer a seguir. Hitler nunca agia com lógica porque sabia que era assim que se esperava que êle se comportasse. O lógico pode ser combatido com lógica, o ilógico não — o ilógico confunde os de pensamento correto. A Grande Mentira e os despropósitos repetidos com monotonia têm mais poder de atração emotiva numa guerra fria que a lógica e a razão. Enquanto o inimigo está ainda à procura de uma refutação razoável da primeira mentira, já os totalitários o assaltam com outra.

Choques mentais estratégicos foram os instrumentos de que os nazistas se serviram quando entraram na região do Reno, em 1936, e quando concluíram um pacto de não agressão com a Rússia, em 1939. Stalin usou da mesma estratégia em 1950, quando da invasão da Coréia (que êle dirigiu), como o fizeram chineses e norte-coreanos ao acusarem os Estados Unidos de fazerem guerra bacteriológica. Agindo dessa forma aparentemente irracional, os totalitários lançam a confusão entre os seus inimigos de espírito lógico. O inimigo se sente obrigado a contradizer as mentiras de propaganda ou a explicar as coisas como realmente são e essa atitude os coloca imediatamente na posição inferior de defensiva. Pois a mentira que chega de repente nunca pode ser prevenida, apenas pode ser destruída.

A técnica do choque psicológico tem ainda um outro efeito. Confunde de tal modo o espírito de cada cidadão, que êle deixa de fazer suas apreciações por conta própria e passa a apoiar-se passivamente na opinião alheia. Destruindo Varsóvia e Roterdão — total violação da lei internacional, depois do armistício de 1940 — Hitler imobilizou a França e abalou as outras nações democráticas. Paralisadas pela indignação moral, tornaram-se psicològicamente mal preparadas para haver-se com os horrores nazistas.

Na mesma medida em que os progressos tecnológicos do mundo moderno apuraram e aperfeiçoaram as armas da guerra física, os progressos que o homem fêz, no conhecimento da manipulação da opinião pública, puseram-no em condições de requintar e aperfeiçoar as armas da guerra psicológica.

O bombardeio de doutrinação

A penetração contínua em nossos espíritos de ruídos de propaganda e de argumentos incessantemente martelados pode provocar duas espécies de reações. Pode levar à apatia e à indiferença, a reação do «não me importo», ou a um desejo mais intenso de estudar e de compreender. Infelizmente, é a primeira a reação mais popular. A fuga do estudo e da vigilância é demasiadamente freqüente num mundo que lança sôbre o indivíduo tantas concepções desnorteantes. Por amor à democracia, que se baseia na liberdade e no individualismo, temos que nos voltar, sempre e sem desânimo, para o estudo. Do contrário, expomo-nos a vir a ser prêsas fáceis de ataques bem planejados contra nosso espírito e nossas consciências.

Nunca estaremos bastante alertados contra a coação de nossos sentidos e de nossas mentes, contra os ataques sugestivos contínuos que podem atravessar as barreiras intelectuais do conhecimento. A repetição e o condicionamento pavloniano exaurem o indivíduo e podem seduzi-lo, por fim, a aceitar uma verdade de que êle próprio, inicialmente, zombou e escarneceu.

Os totalitários são muito engenhosos em despertar em nós latentes sentimentos de culpa, repetindo sem cessar quão criminoso foi o mundo ocidental contra povos inocentes e pacíficos. Ridicularizando nossos dirigentes, lançando mão de atitude crítica latente em cada um de nós, em relação a qualquer chefe, podem os totalitários atacar nossa identificação com êles: Algumas vêzes, êles usam a tática do tédio para embalar o povo e adormecê-lo. Gostariam êles de ver todo o mundo ocidental cair em sono hipnótico sob a ilusão de coexistência pacífica. Com uma tática mais refinada, gostariam de nos ver romper com todos os laços de lealdade que nos ligam ao passado, separando-nos de pais e de parentes. Quanto mais nos afastarmos dêles e de seus conceitos considerados fora de moda, tanto melhor havemos de cooperar com os que querem apoderar-se de nossas mentes. Tôda a estratégia política que visa a despertar mêdo e suspeita tende a isolar o indivíduo inseguro, até que êle capitule diante de fôrças que lhe parecem mais poderosas que seus amigos anteriores.

Lembremo-nos, por fim, sem lhe darmos, por isso, menor importância, de que, na batalha de argumentos, tem mais probabilidade de vencer quem usa de melhor e mais vigorosa estratégia verbal. Os totalitários impõem a seus súditos adestramentos dialéticos intensivos, a fim de evitar que suas dúvidas levem a melhor. Procuram fazer o mesmo com o resto do mundo, de maneira menos importuna.

Temos que aprender a combater o exaustivo bombardeio de palavras dos totalitários, com melhor formação e melhor entendimento. Se procurarmos escapar dêsses problemas de defesa mental ou negar suas complicações, a guerra fria será paulatinamente perdida, pela lenta invasão de palavras e mais palavras.

O enígma da coexistência

Será possível coexistir com um regime totalitário que não cessa de fazer uso de sua artilharia psicológica? Terá a democracia fôrças bastantes para suportar uma intrusão parasitária do totalitarismo em seus direitos e liberdades? A História nos diz que muitas ideologias que se opunham e se entrechocavam puderam coexistir debaixo de uma lei comum, garantidora da justiça e da tolerância. A Igreja já não queima seus apóstatas.

Para que os polos opostos do totalitarismo e da livre democracia possam coexistir sob o pálio de uma lei vigilante e da boa vontade recíproca, será preciso criar muito mais compreensão mútua e muito maior tolerância. A guerra fria e a guerra psicológica de nossos dias certamente não contribuem para êsse fim.

Para o totalitário, a palavra «coexistência» tem sentido diferente do que tem para nós. O totalitário pode usá-la simplesmente como engôdo ou para aquietar espíritos. O perigo está em que o conceito de coexistência pacífica pode ser um disfarce, para adormentar a vigilância sôbre as inevitáveis interações sociais, favorecendo, assim, o partido psicològicamente mais forte. Lenine referiu-se ao estratégico momento de espera (**peredyshka**), que enfraquecerá o inimigo. Um movimento de pacificação excessivamente entusiasta pode significar uma tranqüilidade superficial em tôrno dos problemas. Um apêlo dessa natureza precisa ser estudado e reestudado para não ter como conseqüência o descuido de defesas que precisam estar mobilizadas para enfrentar um inimigo cruel.

A coexistência pode significar uma subordinação sufocante, muito parecida com a coexistência de prisioneiros e carcereiros. Na melhor das hipóteses, pode reproduzir a relação simbiótica intensa ou parasitária que existe entre animais que precisam uns dos outros, ou a que se vê na criança, no período de dependência de sua mãe.

Para os que vivem livremente numa democracia, a coexistência deve implicar em liberdade e reciprocidade. O conceito totalitário de não-liberdade não pode misturar-se com o de liberdade. Há conceitos e idéias que não podem coexistir e que não se toleram.

Para coexistir e para cooperar, é preciso ter-se noções e imagens comparáveis de integração, de identidade de idéias, de co-participação, de interdependência de tôda a raça humana, a despeito da existência de diferenças raciais e culturais. Do contrário, a ideologia que estiver amparada pelo maior poderio militar estrangulará a mais fraca.

A coexistência pacífica pressupõe, de **ambos** os lados, uma alta compreensão dos problemas e das dificuldades da simples coexistência, das concessões e limitações mútuas, da diversidade de personalidades, e especialmente da coexistência de pensamentos e sentimentos contrastantes e irreconciliáveis em cada indivíduo, da ambivalência inata do homem. Isso exige uma compreensão dos direitos de ambas as partes — indivíduo e coletividade. Usando a coexistência como palavra de engôdo, podemos obscurecer os problemas que ela envolve e descobrir, afinal, que usamos a palavra como uma bandeira, a recobrir uma rendição gradual ao estrategista mais forte.

CAPÍTULO VI

TOTALITÁRIA E SUA DITADURA

Existe realmente uma técnica de lavagem do cérebro em massa. E ela pode deitar raízes num país, desde que surja um inquisidor bastante forte e sagaz. Êste pode fazer vítimas entre quase todos nós, ainda que temporàriamente.

Que é que há na estrutura da sociedade, capaz de tornar o homem tão vulnerável a essas manipulações coletivas dos espíritos? É êsse um problema tremendamente intrincado, tal qual o da lavagem do cérebro. Nos últimos anos, temos mais e mais tomado consciência da interdependência humana e de seu cortejo de dificuldades e complicações.

Sei que as pesquisas relativas à questão da coerção mental e do contrôle do pensamento tornam-se, à medida que o tempo passa, cada vez menos do agrado das pessoas. Assim é, porque essa questão pode tornar-se, para nós, uma ameaça presente no tempo e no espaço e, então, as nossas preocupações com a China e a Coréia cederão lugar a preocupações mais imediatas a entrarem pela nossa própria porta a dentro. É possível — perguntamos — que aqui se implantem tendências totalitárias? Que sintomas sociais podem abrir caminhos para êsse fenômeno? A cruel realidade leva-nos a enfrentar a universal batalha mental entre o contrôle do pensamento (e seus corolários) e os nossos padrões de decência, de poderio pessoal, de idéias pessoais e de uma consciência pessoal autônoma e digna.

Os sociólogos do futuro estarão mais habilitados para descrever as causas do advento, no homem, do pensamento e da ação totalitários. Sabemos que depois das guerras e revoluções essa degeneração mental tem ocasião mais propícia de desenvolver-se com a ajuda de personalidades psicopáticas especiais, as quais só florescem na miséria e na confusão humanas. É também verdade que a geração seguinte passa, espontâneamente, a corrigir os malefícios da precedente, por sentir-se bastante ameaçada pelo desapiedado sistema.

Minha tarefa, todavia, é descrever alguns sintomas do processo totalitário (que implica em degeneração do pensamento e da ação) tal como eu o tenho observado na época em que vivemos, tendo em mente que o sistema constitui um dos mais violentos desvios do desenvolvimento mental harmônico do ser humano. Não há lavagem do cérebro possível sem pensamento totalitário.

Os trágicos fatos da realidade política desta nossa era tornam meridianamente claro que com a técnica da psicologia aplicada é possível lavar o cérebro de nações inteiras e reduzir seus cidadãos a coisa tal como um descerebrado robotismo, que se tornará para êles um modo de viver normal. Talvez possamos compreender melhor como se passa essa coisa assustadora, se analisarmos um país fictício, o qual, por uma questão de conveniência, podemos chamar de Totalitária.

A robotização do homem

Antes de mais nada, uma palavra de advertência. Não devemos cometer o engano de pensar que exista alguma determinada nação que seja perfeitamente igual a essa terra hipotética. As características a serem examinadas poderão vir a existir aqui mesmo. Algumas das características de Totalitária se faziam presentes, naturalmente, na Alemanha nazista e podem hoje ser encontradas por trás da Cortina de Ferro, mas existem, igualmente, até certo ponto, em outras partes do mundo. Totalitária é um país em que as idéias políticas degeneram em fórmulas sem sentido, preparadas apenas para fins de propaganda. É um país em que um único grupo — da esquerda ou da direita — assume o poder absoluto e torna-se onisciente e onipotente, um país em que divergências e diferenças de opinião são crimes, em que o perfeito conformismo é o preço da vida.

Totalitária — o Estado Leviatan — é a pátria do sistema político que chamamos, eufèmicamente, de totalitarismo, do qual faz parte a tirania sistematizada. Não deriva êsse sistema de alguma honesta filosofia política, seja socialista ou capitalista. Os chefes de Totalitária podem recitar ideologias, mas estas são de fato e por excelência palavras de engôdo para justificar o regime. Se necessário, o totalitarismo pode mudar seus **slogans** e sua conduta, do dia para a noite. Para mim, o totalitarismo encarna a ânsia do poder total, a ânsia que tem um ditador de dominar o mundo. As palavras «socialismo» e «comunismo», bem como os conceitos correspondentes, podem servir, tão bem como a palavra «democracia» e seu conceito, para disfarçar a megalomaníaca intenção do tirano.

Uma vez que o totalitarismo é, em essência, manifestação social de um fenômeno psicológico comum a tôda personalidade, pode êle ser mais bem compreendido em têrmos das fôrças humanas que o criam, o alimentam e o perpetuam. O ser humano é bifronte; quer evoluir no sentido da maturidade e da liberdade, todavia, a criança primitiva de seu inconsciente anseia por gozar de proteção e irresponsabilidade integrais. Seu eu amadurecido aprende como se haver com as restrições e frustrações da vida cotidiana, mas, ao mesmo tempo, a criança que o acompanha deseja ardentemente lutar contra elas, vencê-las, destruí-las — quer sejam objetos ou pessoas. O totalitário apela para essa perplexa criança que existe em todos nós; parece oferecer uma solução para os problemas criados pelo duplo anseio dos homens. A nossa mitológica Totalitária é um Estado monolítico e absoluto, onde não se permite que se manifestem a dúvida, a perplexidade e o conflito, pois o ditador propõe-se a resolver para seus súditos todos os problemas. Além disso, Totalitária pune com sanções oficiais a manifestação dos impulsos mais anti-sociais do homem. A incivilizada criança que se oculta em nós ficará satisfeita por se libertar assim de frustrações éticas.

Por outro lado, o nosso eu livre, maduro e social não pode ser feliz em Totalitária: revolta-se contra a coerção dos impulsos individuais.

As raízes psicológicas do totalitarismo são geralmente irracionais, destrutivas e primitivas, embora disfarçadas por trás de alguma ideologia, e, por essa razão, há no sistema algo de fantástico, de incrível e mesmo de pesadelo. Há, naturalmente, uma diferença entre a experiência psíquica da elite, que pode satisfazer sua necessidade de poder, e as massas, que têm de submeter-se; contudo, os dois grupos se influenciam recìprocamente. Um ditador muito mais fàcilmente pode assumir o poder que tanto deseja, quando as suas profundas necessidades neuróticas de poder satisfazem também alguma profunda necessidade emotiva da população do país, especialmente em época de miséria ou depois de uma revolução. Se, por exemplo, uma nação foi vencida na guerra, seus cidadãos sentir-se-ão envergonhados e ressentidos. Para um povo conquistado, a desonra não é apenas uma abstração política e sim uma coisa muito real e pessoal; cada um, consciente ou inconscientemente, se identifica com sua pátria. Se um país é atingido por fome prolongada ou por severa humilhação, seus cidadãos ficam amargurados, deprimidos e ressentidos e terão a melhor boa vontade em aceitar os anelos e promessas do pretendente a ditador. Se as complicações do aparelhamento político e econômico de um país fazem com que o cidadão se sinta impotente, perplexo e inútil, se êste não tem a impressão de que participa das fôrças que governam sua vida cotidiana, ou se sente serem essas fôrças tão vastas e perturbadoras, a ponto de não poder compreendê-las bem, êle se agarra à oportunidade totalitária de incluir-se, de participar, levado por uma fórmula simples, que explica e racionaliza o que seu entendimento não alcança. E, quando, finalmente, o ditador tomou conta de tudo, fàcilmente transfere para seus súditos suas fantasias anormais, sua fúria e sua cólera. Os ressentimentos dos súditos alimentam os do ditador; a pseudo-fôrça do ditador encoraja os súditos. Desencadeia-se uma recíproca fortificação de ilusões.

O totalitarismo, como manifestação da vida em sociedade, é uma moléstia das relações inter-humanas, e, tal como em outra qualquer moléstia, pode o homem melhor resistir a seus efeitos corrosivos se estiver, pelo conhecimento e adestramento, bem imunizado contra ela. Entretanto, se êle fôr bastante infeliz para apanhar o germe totalitário, tem que reunir tôdas as fôrças positivas do espírito para derrotá-lo. Continuará a devastadora luta interna entre a criança irresponsável e o adulto maduro que nêle vivem, até que, finalmente, seja um ou outro completamente destruído. Enquanto sobrar um único vestígio de um ou de outro, a batalha continua. E enquanto houver vida no homem, prossegue a busca da maturidade.

A predileção de determinadas culturas pelo totalitarismo

Na batalha contra essa terrível moléstia, os fatôres sociais, tanto quanto os pessoais, têm um importante papel. Podemos ver isso mais claramente, se analisarmos as maneiras pelas quais os ideais de uma cultura como um todo influem na vulnerabilidade do cidadão ao totalitarismo. Os princípios éticos da nossa civilização ocidental constituem a nossa mais forte defesa contra a moléstia, uma vez que o ideal dessa ética é produzir uma categoria de homens e mulheres fortemente individualistas e que avaliem situações, antes de mais nada, segundo suas próprias consciências. Visamos a desenvolver no cidadão um senso de responsabilidade pessoal, uma inclinação para enfrentar o mundo como êle é e uma capacidade para distinguir entre o certo e o errado, apelando para seus próprios sentimentos e pensamentos.

Tais homens e mulheres são impelidos à ação por seus padrões morais pessoais e não pelo que algum grupo estranho declare que é correto. Não gostam de aceitar desde logo as avaliações do grupo, a menos que estas coincidam com suas próprias convicções pessoais ou que tenham sido democràticamente discutidas. Pessoas como essas são responsáveis perante as comunidades em que vivem, porque são primeiramente responsáveis diante de si mesmas. Se discordarem, formarão uma **leal minoria**, que, na ocasião apropriada, usará do direito de convencer os outros.

Há outras culturas que acentuam atitudes e valores diferentes dêsses. O ideal humano do Oriente, tal como o da China e de outros países orientais, é, em primeiro lugar, o da **unidade**, de ser uno com a família, uno com a terra natal, uno com o cosmos-nirvana. A psique oriental procura um contacto estético direto com a realidade através de uma empatia e de uma intuição indefiníveis. A verdade eterna está por trás da realidade, por trás do véu de Maia. O homem é parte do universo; seu ideal é a servidão passiva e a imperturbabilidade. Seu ideal de paz é o repouso e a frouxidão, a meditação, a ausência de trabalho manual ou mental. A felicidade da psique oriental funda-se no êxtase de sentir-se unido ao cosmos universal. O ascetismo, a redenção de si mesmo e a pobreza são ideais mais bem realizados na cultura oriental do que na nossa sociedade ocidental. O padrão de cultura oriental clássica pode ser acertadamente definido como um padrão de participação. Nêle, o indivíduo é visto como parte integrante do grupo, da família, da casta, da nação. Não é uma entidade separada, independente. Nessa cultura, são ideais o máximo de conformidade com as determinações coletivas e o máximo de aceitação delas. Uma criança oriental pode ser educada, desde seus primeiros dias, segundo um modêlo de submissão à autoridade e às regras do grupo. Muitas culturas primitivas também apresentam êsse padrão. Para uma pessoa crescida nessas culturas, as normas mais dignas de serem aceitas, os melhores pensamentos e ações que se pode conceber, são os aprovados pelo grupo. O mundo totalitário de ações de massa e pensamentos de massa é muito mais compreensível para os membros de uma cultura modelada segundo o princípio da participação e de limitada propensão para o individualismo, do que para os individualistas ocidentais. O que para nós é intolerável arregimentação e autoritarismo, para êles pode ser ordem e regularidade confortantes.

O antropologista E. P. Dozier (1) ofereceu-nos um exemplo de um padrão exacerbado de participação e contrôle do pensamento e de mútua espionagem. Os índios Pueblo da região do Rio Grande acreditam que as más ações ou os maus pensamentos de um membro da tribo afetam todos os demais. Êste pode alterar o equilíbrio cósmico em conseqüência de maus sentimentos que nutra contra um de seus companheiros. O código de moral da aldeia gira em tôrno do grupo. O indivíduo que o transgride põe em risco o bem estar de todos os outros. As epidemias, as más colheitas, as sêcas, são interpretadas como conseqüência de transvios de um componente do grupo. Os membros da aldeia são rigorosamente vigiados e espionados, a fim de se descobrir o criminoso ou o «bruxo». Abundam mexerico e as acusações de bruxaria e vivem os índios Pueblo a vasculhar a própria consciência, à procura de atitudes e pensamntos nocivos. E como se estivéssemos diante do ritual de expurgo do Estado totalitário. (1)

Podemos observar essa forma de **coletivismo sorrateiro e de participação** em qualquer agrupamento em que desapareça a tolerância para com o inconformismo. Onde quer que domine o partidarismo dogmático, o espírito sofre coação. Podemos igualmente descobrir essas tendências de usurpação em alguns círculos científicos em que se acentuam exageradamente as pes-

(1) **The New York Times**, 11 de dezembro de 1956; **Science News Letter**, 3 de dezembro de 1955.

(1) Ver o Capítulo Sétimo.

quisas em grupo, o trabalho em colaboração, o sistema de credenciais de competência e em que se desdenha a opinião individual.

As ações e reações que se processam entre a cultura em que uma pessoa nasceu e a sua constituição psicológica determinam a sua personalidade, quase do mesmo modo pelo qual a interação do corpo e do espírito determinam o comportamento da pessoa. A nossa cultura de liberdade individual pode atribuir-nos uma imunidade parcial à doença do totalitarismo, mas ao mesmo tempo as nossas imaturidades pessoais e selvagerias reprimidas tornam-nos vulneráveis a ela. A cultura do tipo de participação pode tornar os homens em geral mais suscetíveis ao totalitarismo, embora os esfôrços pessoais no sentido da maturidade e da individualidade possam oferecer-lhes também algum tanto de proteção contra êle.

Por causa dessa interação entre essas fôrças sociais e pessoais, nenhuma cultura se acha completamente a salvo de ser internamente atacada pelo totalitarismo e da destruição mental que êle pode produzir. Como já disse antes, a nossa Totalitária é um país imaginário, mas a verdade brutal é que qualquer país pode transformar-se em Totalitária.

Os objetivos dos governantes do nosso fictício país são singelamente formulados: despotismo, o domínio total do homem e da humanidade e a unificação do mundo inteiro sob uma autoridade ditatorial. À primeira vista, essa idéia de unificação pode ser muito atraente — a idéia extremamente simplificada de uma unificação fraternal de nações sob o mando de um poderoso órgão central. Quando o mundo fôr uno — pareceria — não haverá mais guerra, as tensões que enfrentamos serão eliminadas, a terra tornar-se-á um paraíso; mas a ingênua concepção de um ditador universal é falsa e traz consigo os perigos inerentes aos fins visados pelo totalitarismo: os homens diferem todos uns dos outros e são as diferenças entre êles que produzem a grandeza, a variedade e as inspirações criadoras da vida, bem como as tensões na convivência social. A concepção totalitária de igualamento só pode ser alcançada na morte, quando as leis químicas e físicas, que nos governam a todos nós, assumirem seu completo domínio. A morte é na verdade a grande igualadora.

Na vida somos todos diferentes. São as mais diversas as maneiras de interação dos nossos corpos com os nossos espíritos e de ambos com o mundo. Cada personalidade humana é única. Em verdade, todos nós participamos com todos os outros membros da humanidade de certas qualidades humanas básicas, mas as diferenças de personalidade são tantas e tão variadas, que não há dois homens, onde quer que seja no mundo ou mesmo em tôda a história humana, que possam ser tidos como exatamente iguais. Essa unicidade é tão verdadeira para o cidadão de Totalitária quanto para os de qualquer outro lugar. Como ser humano, não é êle apenas diferente de nós, é diferente de seus compatriotas. Portanto, criar o homem segundo a imagem totalitária, nivelando-o e igualando-o, significa suprimir o que é nêle essencialmente pessoal e humano, a unicidade e a variedade, e criar uma sociedade de robots, não de homens. O notável cultor das ciências sociais J. S. Brunner, na sua introdução ao livro de Bauer sôbre a psicologia soviética, exprimiu de modo diferente êsse mesmo pensamento: «O retrato que o homem traça da natureza do ser humano não é apenas um tema para indagação objetiva; é e sempre foi um instrumento primordial de domínio social e político. Quem quer que dê feições a êsse retrato, é com enormes conseqüências para a sociedade em que vive que o faz.»

Totalitária cria a ilusão de que cada qual é uma parte do govêrno, é um eleitor; ninguém pode ser um não-eleitor ou um anti-eleitor. Os prós e contras e as dúvidas de cada qual já não são de modo algum questões de fôro íntimo do indivíduo; seus pensamentos pertencem ao Estado, ao ditador, ao círculo de governantes, ao Partido. Seus pensamentos íntimos precisam ser controlados. Sòmente os que estão no poder sabem o que de fato está por trás da política nacional. O cidadão comum torna-se tão dependente e obediente quanto uma criança. Em troca da entrega de sua individualidade, recebe alguma satisfação especial: o sentimento de participação e de estar protegido, a impressão de alívio por terem desaparecido suas fronteiras e responsabilidades pessoais, o êxtase de quem é arrebatado e absorvido por sentimentos selvagens, incontrolados, coletivos; a segurança de quem é anônimo, de quem é um mero dente da engrenagem de um Estado onipotente.

O despotismo da moderna Totalitária é muito diferente das exuberantes e exóticas tiranias pessoais dos antigos tempos. É uma fôrça ascética, fria, mecânica, que visa ao que Hanna Ahrendt chama de «transformação da própria natureza humana». Nesse país imaginário, o homem não tem mais ego individual, nem personalidade, nem tem Eu. Funciona um sistema nivelador e tudo o que está acima do nível comum é calcado aos pés e rebaixado.

O chefe totalitário

Os chefes de Totalitária são os mais extravagantes homens de Estado. São, como os demais homens, únicos na sua estrutura mental, e, em conseqüência, não nos é possível fazer um diagnóstico psiquiátrico perfeitamente seguro da doença mental que lhes motiva o comportamento. Mas algumas generalizações nos ajudarão a compreender o chefe totalitário. Evidentemente, sofre êle de uma necessidade opressiva de dominar os outros sêres humanos e de gozar de poder ilimitado; isso, por si só, é uma aberração psicológica, que tem, freqüentemente, raízes em sentimentos de angústia, humilhação e inferioridade de origem profunda. As ideologias que êsses homens propõem são apenas instrumentos táticos e estratégicos através dos quais esperam alcançar a meta final de completo domínio dos outros homens.

Êsse domínio pode ajudá-los a compensar temores patológicos e sentimentos de desvalia, como é possível concluir pelo estudo psicológico de alguns ditadores modernos.

Felizmente não temos que nos fiar num retrato puramente hipotético da psicopatologia do ditador totalitário. O Dr. G. M. Gilbert, que estudou alguns dos chefes da Alemanha nazista durante os julgamentos de Nuremberg, proporcionou-nos uma proveitosa visão de seus emaranhados espíritos, proveitosa especialmente porque nos revela algo a respeito da interação mútua entre o chefe totalitário e os que por êles querem ser guiados.

O suicídio de Hitler tornou impossível uma investigação clínica da estrutura de seu caráter, mas o Dr. Gilbert ouviu de testemunhas oculares, de amigos e colaboradores de Hítler, relatos que apresentam um retrato espantoso do principal fautor do nazismo. Hitler era conhecido entre seus íntimos como o estraçalha-tapête, porque freqüentemente se atirava ao chão, esperneando e gritando de raiva, como num acesso epilético. Dêsses relatos pôde o Dr. Gilbert deduzir alguma coisa quanto às raízes do comportamento patológico que êsse «gênio» mórbido exibia. A hostilidade paranóide de Hitler contra o judeu relacionava-se, em parte, com os seus não resolvidos conflitos com os pais; os judeus provàvelmente simbolizavam para êle o odiado pai beberrão que maltratava Hitler e sua mãe, quando o futuro Führer ainda era menino. O pensamento obcessivo de Hitler, seu fanatismo furioso, sua insistência na manutenção da pureza do «sangue ariano» e sua derradeira mania de destruir-se e de destruir o mundo, eram evidentemente o resultado de uma psique doentia. Já em 1923, aproximadamente dez anos antes de ter tomado o poder, Hitler estava convencido de que um dia governaria o mundo e passava o tempo desenhando monumentos de vitória, que lhe eternizariam a glória e seriam erigidos em todo o continente europeu, quando o dia do triunfo fôsse chegado. Essa falaz preocupação continuou até o fim de sua vida; no entremeio da guerra que provocou e que o levou à derrota e à morte, Hitler continuava a revisão e o aperfeiçoamento de seus planos arquitetônicos.

O ditador nazista número dois, Hermann Goering, que se suicidou para fugir do enforcamento, tinha uma estrutura psicológica diferente. Seus impulsos agressivos patológicos eram encorajados pela arcaica tradição militar dos **Junker** alemães, classe a que pertencia sua família. Desde a primeira infância, fôra impulsiva e abertamente agressivo. Era um cínico autocrático e corrupto, que se agarrou à oportunidade criada pelos nazistas, para tirar proveito puramente pessoal. Seu desdém pela «gente comum» era ilimitado; não tinha, literalmente, senso dos valores morais.

Completamente diferente ainda era Rudolf Hess, o homem de passiva mas fanática devoção canina, que, por assim dizer, vivia por procuração, através do espírito de seu **Führer.** Por causa de sua debilidade mental íntima foi-lhe mais fácil viver por intermédio de um procurador, do que pondo em jôgo sua própria personalidade, tornando-se a sombra de um homem aparentemente forte, de quem podia receber fôrça por empréstimo. A ideologia nazista deu a êsse rapazelho frustrado a ilusão de identificar-se pelo sangue com a gloriosa raça germânica. Depois de seu extravagante vôo à Inglaterra, Hess revelou evidentes traços de psicose; seus delírios de perseguição, ataques histéricos e períodos de amnésia situam-se entre os bem conhecidos sintomas clínicos da esquizofrenia.

Hans Frank era um outro tipo ainda, o advogado do diabo, o protótipo do homossexual latente extremamente ambicioso, fàcilmente seduzido pela aventura política, embora isso estivesse em conflito com seus laivos de consciência. Contudo, diversamente de Goering, Frank era capaz de distinguir entre o certo e o errado.

Conta-nos também o Dr. Gilbert algo a respeito do General Wilhelm Keitel, Chefe do Estado Maior de Hitler, que se transformou em submisso e automático porta-voz do **Führer,** pondo, de mistura, a honra militar e a ambição pessoal a serviço de sua própria insignificância.

Pertence a uma outra categoria o coronel da S.S., Hoess, o assassino de milhões no campo de concentração de Auschwitz. Uma estrutura de caráter patológica é evidente neste caso. Durante tôda a vida, Hoess foi uma personalidade solitária, retraída, esquizóide, sem pingo de consciência, a chafurdar em suas próprias fantasias de hostilidade e destruição. Solitário e incapaz de afeição humana, foi intuitivamente descoberto por Himmler para a mais bárbara das emprêsas nazistas. Foi um bom instrumento para a realização das mais bestiais façanhas.

Infelizmente, não dispomos, por enquanto, de um claro retrato psiquiátrico de Stalin, o ditador russo. Revelam muitos relatos que, durante seus últimos dias de vida, foi êle tomado por tremenda fobia de perseguição e vivia constantemente aterrorizado pela idéia de que seria vítima dos mesmos expurgos que promovia.

A análise psicológica dêsses homens mostra claramente que uma cultura patológica — um mundo doido — pode ser criado por certos tipos impressionantes de psico-neuróticos. Os figurões políticos venais nem mesmo precisam compreender as conseqüências sociais e políticas do próprio comportamento. Não são impelidos por crenças ideológicas, não importa em que medida procurem, pela racionalização, se convencerem do contrário; são, isso sim, levados pelos desvios de suas próprias personalidades. Não são motivados por proclamados impulsos de servir à pátria e à humanidade, mas pela necessidade premente e pelo impulso de satisfazer os veementes desejos de um caráter de estrutura patológica. As ideologias que declamam não são metas genuínas; são expedientes cínicos pelos quais êsses doentes esperam ter de si mesmos uma impressão de valor e poder. Enganam-se a si próprios com sutis mentiras íntimas que os levam de mal a pior. Autodefraudação defensiva, embargo do discernimento, fuga da identificação emotiva com os outros, degradação da empatia — o espírito possui muitos mecanismos de defesa para com êles cegar a consciência. Tem-se um claro exemplo disso na maneira pela qual os chefes nazistas se defendiam, justificando-se e excusando-se contìnuamente, quando foram conduzidos às barras do tribunal de Nuremberg. Êsses criminosos mostravam-se ofendidos e magoados com as acusações que lhes eram feitas; eram o verdadeiro retrato da inocência injuriada.

Qualquer forma de govêrno, se não refreada por um sistema de contrôle, pode gradualmente transformar-se em ditadura. Ser condutor de homens, desfrutar de grande poder e responsabilidade em relação à existência de outras pessoas, é uma prova monumental para a psique humana. O chefe fraco é o que não pode enfrentá-la, o que simplesmente abdica de sua responsabilidade. O ditador é o que substitui progressivamente os padrões vigentes de justiça e moralidade pelo prestígio privado e pela fôrça e que, conseqüentemente, cada vez mais se isola do resto da humanidade. À medida que crescem suas suspeitas, cresce seu isolamento e vice-versa: assim começa a desenvolver-se o círculo vicioso que conduz à paranóia.

O ditador não é apenas um doente; é também um oportunista cruel. Não atribui valor a qualquer outra pessoa e não se sente grato por qualquer ajuda que tenha recebido. É desconfiado e desonesto e crê que seus objetivos pessoais justificam qualquer meio de que possa lançar mão para realizá-los. Todo tirano procura, de modo bastante peculiar, justificar-se incessantemente. Não lhe é possível viver sem êsse recurso apaziguador da própria consciência. Para êle, os outros são para serem manipulados, são meros instrumentos para proveito de seus interêsses pessoais. Rejeita a idéia de dúvida, de contradições internas, de inata ambivalência do ser humano. Nega o fato psicológico de que é às apalpadelas, por tentativa e êrro, pela ação combinada de sentimentos contrastantes, que o homem avança para a maturidade. Como não se permite ir às apalpadelas, aprender por tentativa e êrro, o ditador nunca será uma pessoa madura. Mas, quer reconheça quer não, tem conflitos interiores, é vítima, em alguns respeitos, de confusão íntima. Cuida de reprimir duramente essas «fraquezas» íntimas; viessem estas à superfície e interfiririam com a realização de seus propósitos. Contudo, nos ataques de raiva, é evidente a fraqueza de sua fôrça.

Exatamente porque o ditador tem mêdo, ainda que inconscientemente, de suas próprias contradições internas, é que êle tem mêdo das mesmas contradições internas de seus companheiros. Tem que expurgar e expurgar, aterrorizar e aterrorizar, a fim de aquietar a fúria de seus impulsos íntimos. Tem que matar um a um os vacilantes, destruir todo aquêle que cometa um engano, aprisionar todos quantos não possam provar sua integral sinceridade. Em Totalitária, a agressividade e a selvageria latentes no homem são cultivadas a ponto de explodirem em façanhas criminosas em massa, tal como a perseguição hitlerista das minorias. Por último, cai o país num verdadeiro estado patológico, sob o domínio completo de tendências de destruição e de autodestruição.

A submissão final do homem-robot

Que acontece ao homem comum nessa cultura? Como podemos descrever o cidadão de Totalitária? Talvez a mais simples resposta a esta questão seja a de que êle é reduzido à precisão mecânica própria do inseto. Não pode nutrir qualquer espécie de calorosa amizade, afeição ou fidelidade, porque isso pode ser-lhe demasiado perigoso. O amigo de hoje pode ser, no fim de contas, o inimigo de amanhã. Vivendo numa atmosfera de constante suspeita — não sòmente dos estranhos, mas também da própria família — tem mêdo de dizer o que pensa, por temer cair na goela do campo de concentração ou do cárcere. Os cidadãos de Totalitária, na realidade, não conversam uns com os outros. Quando falam, cochicham, não sem primeiro lançarem um olhar furtivo para trás, por causa do infalível espião. O silêncio de todos na intimidade contrasta fortemente com o bombardeio verbal oficial. Os cidadãos de Totalitária podem fazer barulho, pronunciar delicadas banalidades ou repetir **slogans** para os outros, mas não dizem nada. A literatura atual revela que autores de primeiro plano, dentre êles H. G. Wells, Huxley e Orwell, cada vez mais se afligem com o lúgubre futuro do homem robotizado, adestrado como máquina num padrão de conformismo. Êles nos traduzem o mêdo generalizado de uma civilização mecanizada.

Em Totalitária, o cidadão não distingue mais o âmago real de seu espírito. Não se sente mais como um **Eu**, um ego, uma pessoa. É apenas o objeto do bombardeio oficial e da coerção mental. Não tendo personalidade sua própria, não tem consciência individual, nem moralidade pessoal, nem capacidade de pensar clara e honestamente. Aprende de cor, aprende milhares de fatos inculcados e, de cada vez que puxa o fôlego, aspira dogma e **slogans**. Transforma-se num pedante dócil e o pedantismo faz das pessoas algo semelhante a vasos recheados de informação, em lugar de indivíduos com personalidade livre e desenvolvida. O avanço em sabedoria e liberdade supõe esquecimento seletivo e mudanças no espírito. Aceitamos isto e abandonamos aquilo. O ajustamento vigilante exige mudança de padrões, disposição para o descondicionamento, para esquecer e desaprender, a fim de amadurecer em novos padrões. O cidadão de Totalitária não tem oportunidade de desaprender para aprender, de desenvolver-se mediante a experiência individual, pois as supersimplificações oficiais são de molde a conduzir o escravizado auditório a aceitar passivamente e a ser doutrinado. O êxtase das massas e o fanatismo coletivo substituem o pensamento tranqüilo e a ponderação individual. Hitler ensinou seu povo a marchar e a combater e no fim não sabiam por que motivo marchavam e combatiam. O povo foi transformado em rebanho — rebanho amestrado e obcecado — intoxicado primeiro pelo entusiasmo e por felizes expectativas, depois pelo terror e pelo pânico. A personalidade individual não pode desenvolver-se em Totalitária. A enorme massa de cidadãos é amestrada para o sonambulismo pessoal e político.

Pode ter um valor científico discutível examinar fenômenos sociais por comparação com o que se sabe dos estados patológicos individuais, bem como analisar o colapso parcial do ego sob condições totalitárias por analogia com casos reais de loucura. Porém, há realmente muito de comparável entre as estranhas reações dos cidadãos de Totalitária e a sua cultura como um todo, de um lado, e, de outro, as reações do introvertido, do doente esquizofrênico. Ainda que o problema do comportamento esquizofrênico nos indivíduos e nos grupos seja extremamente complicado e não possa ser integralmente examinado dentro dos limites dêste livro, a comparação pode ser útil ao nosso esfôrço de compreensão da natureza e dos efeitos do totalitarismo.

A fuga da realidade

Esta excursão ao mundo da patologia não constitui uma descrição de semelhanças meramente incidentais entre uma moléstia e um sistema político. Servirá para assinalar que o retraimento totalitário para trás de justificações oficiais e da fantasia individual é algo que pode acontecer tanto na vida social quanto no recesso da mente individual. E muitos especialistas acreditam que haja uma relação entre a degeneração da cultura e o retraimento esquizofrênico.

Explicaremos ràpidamente a reação de completa automatização interna e de retraimento mental do esquizofrênico como um ajustamento pessoal mal sucedido, diante de um mundo percebido como inseguro e perigoso. Incidentes emotivos bastante simples podem, muitas vêzes, levar a êsse recuo esquizofrênico — por exemplo, a introdução forçada de regimes e hábitos durante a infância ou certa manhosa hipersensibilidade diante de uma cultura exageradamente ativa e exageradamente verbosa. Muitas crianças são empurradas para o retraimento esquizofrênico por um pai ou mãe muito impulsivos. Algumas vêzes, a falta de contacto com os outros pode impelir uma pessoa a um estado de completa soledade e isolamento; outras vêzes, sua própria preferência pela solidão. Uma certa tendência para o chamado retraimento esquizofrênico é inata, segundo já se demonstrou. Contudo, ela pode ser provocada em qualquer pessoa. Qualquer que seja a causa, o paciente esquizofrênico transforma-se num ser insociável, perdido na solidão. A vida de fantasia consciente ou inconsciente passa a superar o contacto atento com a realidade. Por fim, as fantasias mágicas do esquizofrênico tornam-se para êle mais reais do que o mundo real. Esconde-se cada vez mais por trás de sua cortina de ferro, no imaginário país do sonho e refúgio que idealizou para si mesmo. Êsse é o seu nirvana, onde se realizam todos os seus sonhados desejos. Alternam-se a inércia e o fanatismo. O paciente regride para uma forma de comportamento infantil, vegetativo, e rejeita tudo quanto a sociedade lhe ensinou. No seu mundo de fantasia, tudo obedece sempre ao seu comando. É onipotente. O mundo gira segundo seus divinos caprichos. A realidade, por exigir, como exige, contínuos e renovados ajustamentos e verificações, passa a ser a importuna, que põe em perigo sua ilusória fôrça divina. Toda intromissão capaz de perturbar seu mundo enganador é enfrentada pelo esquizofrênico com tremenda agressividade ou com a formação de uma ilusão secundária destinada a proteger a primeira ou, ainda, com a combinação dessas duas coisas. O esquizofrênico manifesta terrível hostilidade contra o mundo real e seus representantes; a realidade priva-o de seu delírio de onipotência e da alucinada impressão de se achar em estado de proteção completa, tal como quando estava no ventre materno.

A experiência clínica revela que a esquizofrenia é moléstia que freqüentemente começa pelo negativismo — uma defesa contra a influência dos outros, uma luta contínua contra a ingerência alheia no espírito do paciente; contra o que é por êste considerado como um assalto a seu sensibilíssimo espírito. Essa atitude de defesa em relação ao mundo transforma-se, gradualmente, em atitude de hostilidade contra tudo e não sòmente contra as influências de fora, mas também contra pensamentos e sentimentos de dentro. Finalmente, a vítima é paralisada por suas próprias hostilidades e negativismos. Comporta-se, literalmente, como se estivesse morta. Fica imóvel durante horas. Precisa ser alimentada a fôrça, vestida a fôrça. O esquizofrênico movimenta-se como um boneco de engonço e apenas quando alguém o compele a mover-se. Clìnicamente, dá-se a isso o nome de catatonia — atitude de morte.

A fuga para o automatismo

Os esquizofrênicos introvertidos preferem a vida automatizada, rotineira, do hospício à vida do mundo exterior, desde que lhes seja permitido entregar-se às suas secretas fantasias. Ficam completamente subjugados pelo autoderrotismo. Nunca se reunem em grupos, raramente se falam e, mesmo quando o fazem, jamais entram em verdadeiro contacto mútuo. Cada qual vive no seu próprio refúgio.

No mito totalitário — veja-se, por exemplo, **das Dritte Reich** — no folclore psicológico do nosso Estado mitológico, a indefinida fantasia do ventre materno tècnicamente perfeito, o nirvana ideal, tem uma respeitável função. Num mundo cheio de inseguranças, num mundo que exige contìnuamente cuidadoso ajustamento e reajustamento, Totalitária cria a falácia do Estado ideal, miraculoso, onipotente — um Estado que, na sua forma final, satisfará a tôdas as necessidades materiais. Tudo será regulado, exatamente como o era para o feto no ventre materno, a região da bemaventurança e da imutabilidade, exatamente como o é para o esquizofrênico no hospital de doentes mentais. Não há luta social nem luta mental; o mundo funciona como um relógio. Não há verdadeira influência recíproca entre as pessoas, nem conflito de opiniões ou de crenças, não há relações afetivas entre os que vivem no mesmo ventre, cada qual existe como uma entidade catalogada em separado num mesmo sistema de arquivo. Em Totalitária não se tem confiança nos companheiros, nem **caritas**, nem amor, porque não existem, tal como entre os esquizofrênicos, verdadeiras relações entre os homens. Só se tem fé no sistema-protetor e só a êle há sujeição, e todo cidadão tem um mêdo tremendo de ser expulso dêsse sistema, de ser totalmente arruinado, o que pode ser comparado com o sentimento de rejeição e o mêdo da realidade dos esquizofrênicos. No âmago da solidão e do isolamento espiritual, há o mêdo de uma solidão ainda maior, de um isolamento ainda mais penoso. Sem os regulamentos de proteção exteriores, o inferno interior pode escapar. É necessária uma vigorosa ordem mecânica exterior, a fim de encobrir o caos interno e a derrocada que se aproxima.

Temos a experiência dos anos de após-guerra, em que vários refugiados do mundo totalitário sucumbiram, quando tiveram de enfrentar um mundo de liberdade em que se exige iniciativa pessoal. O mêdo da liberdade levou-os a um estado de pânico. Não tinham mais ego suficientemente forte para preparar e manter suas defesas contra as exigências de competição da livre realidade democrática. Tal como na esquizofrenia, um ego individual e flexível não pode existir em Totalitária. O ego míngua, na esquizofrenia, como resultado do retraimento; em Totalitária, como resultado de constante imersão em sentimentos coletivos. Se êsse ego minguado desenvolvesse uma atitude crítica sua própria, uma necessidade de verificação dos fatos e de compreensão, êle seria tido como desleal e rebelde e, por isso, arrazado.

Totalitária exige de seus cidadãos uma completa sujeição ao chefe e total identificação com êle. É êsse domínio exercido pelo chefe que deixa as pessoas quase sem ego, como na esquizofrenia. Pode, além disso, provocar a perda do contrôle de impulsos hostis e destrutivos. Isso tem sido inúmeras vêzes observado pelos psicólogos no estado que podemos chamar de psique de campo de concentração. Quando, pela primeira vez, as vítimas chegam ao campo — dedicado a exterminá-las — a maioria manifesta uma completa perda do eu e uma integral despersonalização, combinada com apatia e perda de vivacidade. As mesmas observações foram feitas entre os prisioneiros de guerra na Coréia. Algumas vítimas de campo de concentração melhoraram imediatamente depois de voltarem à sociedade normal; em outras, como já dissemos, permaneceu a reação esquizofrênica de ausência do ego, evoluindo, em certos casos, para uma verdadeira psicose.

O Estado, ventre materno

O totalitarismo é a fuga do homem das realidades amedrontadoras da vida para o ventre materno virtual do chefe. As atividades dos indivíduos são dirigidas por êsse ventre — pelo sagrado asilo interior. O centro místico tudo domina; o homem não precisa mais assumir responsabilidade por sua própria vida. Reinam a ordem e a lógica do mundo pré-natal. Há paz e silêncio, a paz da submissão integral. Os membros do Estado ventre na realidade não se comunicam; reina entre êles o silêncio, o silêncio da possível traição, não o sazonado silêncio da reticência e da discrição. Em Totalitária, é maior a distância existente entre aquilo que demonstramos e que dizemos aos outros e aquilo que em segrêdo sonhamos e pensamos no recesso profundo de nossas mentes. Surge uma inclinação artificial para a dissociação, que se manifesta pelo silêncio político. Um pouquinho que reste do sentimento e da opinião individuais é cuidadosamente escondido. Não há, no mundo esquizofrênico de Totalitária, livre intercâmbio, nem conversação, nem exclamação, nem desafôgo da tensão emotiva. É um mundo de conspiradores silenciosos. Na verdade, a atmosfera de desconfiança é a grande inimiga da liberdade mental, porque faz com que as pessoas se agarrem umas às outras para conspirarem contra inimigos misteriosos — primeiro estranhos, depois do próprio grupo.

Em Totalitária, todo cidadão é contìnuamente vigiado. Êsse Estado imaginário molda a consciência do indivíduo. Êste nada tem de exclusivamente seu. É vigiado por seus vizinhos, pelo carteiro, pelos filhos, todos êsses representando o Estado punidor; e êle também pode representar o Estado e vigiar os outros. Não traí-los é um crime.

A necessidade de descobrir conspirações, perseguidores e criminosos é uma outra manifestação esquizofrênica. Relaciona-se, psicològicamente, com uma necessidade infantil — o sentimento de onipotência. Os sentimentos megalomaníacos medram melhor numa atmosfera de misterioso segrêdo. O segrêdo e a conspiração aumentam a ilusão de poder. É por isso que tantas pessoas gostam de escrutar a vida dos outros e de fazer o papel de espião.

Êsse sentimento de conspiração fundamenta, também, a luta patológica contra perseguidores imaginários, luta que é própria dos doentes mentais e da nossa mitológica Totalitária. «Ei-lo aí!» «Está nos perseguindo!» Os temores íntimos de perder a nirvânica ilusão do ventre materno crescem cada vez mais. Fantasmas e abutres misteriosos expulsam o infeliz do nirvana e do paraíso.

Nessas fantasias, o patriarca, o ditador, o ídolo, passa a ser, ao mesmo tempo, o perigo universal e o salvador onipotente. Não que os cidadãos de Totalitária realmente amem êsse cruel gigante. A suspeita contra o seio que amamenta e a mão que guia e proíbe é freqüente na fantasia de crianças esquizofrênicas, que vêem na nutriz um inimigo, um ogre dominante, a subornar o jovem espírito com o fim de subjugá-lo.

O ódio profundo que o indivíduo doente devota à figura de seus pais não pode manifestar-se diretamente contra êstes e, por isso, é deslocado contra o eu ou contra os bodes espiatórios. O sistema do bode espiatório faz parte também da estratégia totalitária. Como já vimos, o bode espiatório absorve temporàriamente tôda a fúria e o ódio secretos do indivíduo. Kulaks, negros, judeus, comunistas, capitalistas, aproveitadores e traficantes de guerra — qualquer um dêles ou todos podem exercer êsse papel. Talvez o maior perigo para o espírito totalitário seja o uso do intelecto e da consciência vigilante, bem como os reclamos de pensamento livre e verificador dos «cabeçudos». Os cidadãos de Totalitária, como os internados dos manicômios, preferem a aberração e a perversão ao maçante exercício do contrôle pela inteligência.

Os mêdos e fantasias totalitários têm como cerne um deus e ídolo antropófago, deus e ídolo invencível, que se aproveita do ajustamento, o maior dom do ser humano, para levá-lo à escravidão. O âmago profundo dos sentimentos e pensamentos de cada criatura tem que ser entregue ao chefe.

O cidadão de Totalitária toma consciência disso? Provàvelmente, não. A psicologia moderna nos ensinou como é grande o poder do mecanismo mental de rejeição da realidade. A vista se desvia de ocorrências externas, quando o espírito não quer que elas aconteçam. Formam-se justificações e fantasias secundárias com o fim de sustentar e de explicar essas rejeições. Em Totalitária, observa-se o mesmo menosprêzo da realidade dos acontecimentos, que se nota na esquizofrenia. De que outro modo é possível explicar o fato de continuar Hitler a movimentar no papel os seus exércitos, depois de terem sido derrotados?

A estratégia totalitária oculta o caos e o conflito íntimos através da ordem rigorosa do Estado polícia. É o que faz o paciente esquizofrênico compulsivo, por meio de suas rotinas e regimes anteriores. Essas rotinas e regimes constituem defesas contra ocorrências penosas na realidade externa. Essa robotização interna pode conduzir à negação das realidades internas e das necessidades interiores também. O cidadão de Totalitária, reprimindo e rejeitando suas necessidades íntimas de liberdade, pode até mesmo ver no cativeiro uma liberação. É possível que avance também um passo mais — ansioso por fugir da própria vida, tem a ilusão de que, destruindo tudo, se tornará onipotente. Os soldados da S.S. chamavam a isso de mágica de **Blutkitt**, o laço do crime sangrento que ata uns aos outros e os prepara para o **Valhalla.** Por fôrça dessa unificação mágica, podiam êles morrer com coragem e determinação. Alternavam-se nêles o desespêro anárquico e a necessidade de engrandecimento, tal como nas vítimas de psicose. Da mesma maneira, procuram os cidadãos de Totalitária um «heróico» pôsto na História, ainda que à custa da própria ruína e aniquilação.

Muitos soldados — enjoados da austeridade da vida normal — consideravam os brutais momentos de suas experiências de guerra, a despeito da fome e do terror, como os monumentais acontecimentos culminantes de suas vidas. Nêles, no **Brunderbund** dos combates, haviam sido felizes pela primeira e única vez na vida (Dicks).

Tudo isso parece uma amarga comédia, mas a fantasia dos esquizofrênicos nos ensinou como pode recuar o espírito para o delírio, quando teme a existência cotidiana. Nessas circunstâncias, a fantasia passa a preponderar sôbre a realidade e ganha logo um sentido genuíno que a realidade nunca tivera. O espírito totalitário é semelhante ao esquizofrênico — desdenha a realidade. Pense-se, por um momento, na teoria de Lysenko e na sua negação da influência da hereditariedade. O espírito totalitário não observa e verifica suas impressões de realidade; determina como deva esta comportar-se, compele-a, isso sim, a conformar-se com suas fantasias.

A comparação entre o totalitarismo e a psicose não é incidental. O pensamento delirante inevitàvelmente se insinua em tôdas as formas de tirania e despotismo. Fôrças inconscientes involuídas entram em ação. Ressurgem fôrças maléficas do passado arcaico. Desenvolve-se uma compulsão automática para caminhar no sentido da autodestruição, para justificar um êrro por outro novo êrro; alargar e aumentar o círculo vicioso patológico torna-se o objetivo dominante da vida. O homem apavorado, oprimido por uma cultura que não compreende, regride para a fantasia da fôrça sem limites, própria dos brutos, a fim de disfarçar o vácuo que tem dentro de si mesmo. Essa fantasia começa com os chefes e depois arrebata as massas que êles oprimem.

Que resta ao homem fazer quando é apanhado por essa tremenda máquina chamada Totalitária? O pensamento — e o próprio cérebro — tornou-se supérfluo, isto é, reservado exclusivamente para a elite. Tem o homem que renunciar à sua unicidade, à sua personalidade individual e tem que submeter-se aos padrões igualitários e homogeneizadores da chamada integração e padronização. Isso provoca nêle o grande vazio interior da criança selvagem, o vazio do robot, que, sem o saber, anseia pela grande destruição.

CAPÍTULO VII

A MENTALIDADE TOTALITÁRIA COMO FORMA DE INTRUSÃO

Na investigação das fôrças sociais que solapam o livre desenvolvimento individual do espírito humano, temos que considerar múltiplos aspectos da vida política. Como clínico e como polipragmatista, não quero restringir-me a determinado estado ou a uma corrente política, mas pretendo descrever o que pode ocorrer na vida social em qualquer parte. Onde quer que os pensamentos e os hábitos humanos estejam em processo de remodelação, estarão êles sujeitos a tremenda agitação política. Se num dado país essa agitação se pode verificar da noite para o dia, noutros será mais demorada. A tarefa do psicólogo consiste em observar e descrever o efeito dêsses processos no espírito humano.

Quando uma nação está sob o jugo do totalitarismo; quando seu povo sucumbiu às supersimplificações e às blandícias de um aspirante a ditador, como procede o chefe totalitário para manter seu poder? De que técnicas usa êle para fazer, de seus concidadãos, dóceis sequazes de seu sanguinário regime?

O homem amadurecido resiste ao totalitarismo; o ditador, por isso, precisa agir e planejar constantemente, para conservar seus súditos na linha e paralisar suas veleidades de desenvolvimento individual, de rebeldia e de crescimento sadio. O exame das técnicas ditatoriais nos conduzirá a uma melhor compreensão do totalitarismo e da interação dos métodos do ditador e das personalidades de seus súditos. Temos necessidade premente dessa compreensão, porque somos obrigados a reconhecer que as fôrças que, em Totalitária, transformam homens livres em robots inanimados, também podem desenvolver-se, embora não deliberadamente, nas chamadas sociedades democráticas livres.

A estratégia do terror

Desde tempos muito remotos, os tiranos têm usado a arma do terror para fazer do homem um instrumento dócil. Em Totalitária, o uso dessa arma é elevado ao grau de uma ciência capaz de varrer tôda oposição e tôda dissidência. Os chefes de Totalitária governam por intimidação; preferem a lealdade do mêdo à lealdade da confiança. O mêdo e o terror congelam o espírito e a vontade; podem provocar uma paralisia psíquica generalizada. Em meio do pânico despertado pelo terror totalitário, os homens se sentem separados uns dos outros por um vácuo intransponível e cada um vem a ser uma alma solitária e apavorada. Até a aglomeração resultante do pânico pode ser tida como conspiração contra o estado. Afastado, pelo seu próprio isolamento interno, de qualquer contacto emotivo com seus concidadãos, o habitante de Totalitária se torna progressivamente incapaz de lutar contra suas influências desumanizantes.

Totalitária está constantemente à espreita dos infratores da ordem social, dos que criticam o regime, e uma acusação de divergência equivale a uma condenação aos olhos do público. Insinuações, calúnias e denúncias são os bens de transação da estratégia totalitária. A nação inteira se apega à tese de que cada homem é um inimigo potencial do regime. Ninguém é excluído do terror. Qualquer pessoa pode ser vítima dêle, por alta que seja a sua posição.

A polícia secreta infunde respeito e pânico dentro do país, enquanto, por seu lado, o exército infunde pânico e respeito fora dêle. O simples pensamento de uma explosão de terror — até de um possível futuro terror — basta para tolher, nos homens, a vontade de exprimir suas opiniões e de expor-se. Tanto são afetados por êsse mêdo generalizado os cidadãos de Totalitária como os dos países vizinhos. Exemplo evidente de como opera, na realidade, a paralisia do mêdo, deram os europeus do Ocidente, quando, pressentindo desde 1948, a ameaça da ocupação totalitária, julgaram mais prudente criticar e atacar seus amigos americanos do que encontrar defeitos num inimigo totalitário que podia cair sôbre êles de repente e sem aviso.

Em Totalitária, cárceres e campos de concentração se constroem para infundir mêdo e respeito à população. Podem êles chamar-se campos de «punição» ou de «correção», mas isso não passa de fraca justificação da verdade. Nesses centros de terror, ninguém é realmente corrigido; é, isso sim, por assim dizer, expelido da humanidade, consumido, morto, — mas não tão depressa demais para que não se reduza a influência aterrorizadora. A verdade é que essas prisões não se erguem para criminosos reais, mas em vista do efeito aterrador que produzem sôbre os circunstantes, os cidadãos de Totalitária. Os cárceres representam uma ameaça permanente, um perigo contínuo. Exercem uma pressão quase insuportável sôbre a empatia e a imaginação dos que estão, pelo menos temporàriamente, do lado de fora do arame farpado. Além do mêdo de vir a sofrer o mesmo cruel tratamento, mêdo de aviltamento, de humilhação e de morte, o conceito mesmo de campo de concentração desperta o mêdo que jaz nas camadas mais profundas de todo ser humano, mêdo de ser expulso da comunidade, de estar só, de vagar no deserto, malquisto e desprezado.

Existem várias formas mais brandas de terror coletivo, como por exemplo, a **estratégia da contínua agitação política.** Em Totalitária, o homem está sempre envolvido nalgum empreendimento oficial. Tem sempre a impressão de ser fiscalizado e vigiado, de espionagem, de fôrças secretas à espreita, para apanhá-lo e puni-lo. Mesmo nas horas de folga e nos feriados há algum programa oficial, alguma coisa a aprender, um comício político ou uma parada. Tranqüilidade e solidão não existem mais. Não há tempo para meditação, para reflexão, para recordar. A mente é emaranhada numa teia de pensamentos e de empreendimentos oficiais. Mesmo as delícias de um silêncio espontâneamente procurado são proíbidas. Cada cidadão de Totalitária deve participar de cantorias e da repetição de **slogans** em altos brados. E fica de tal modo enredado em constante atividade, que perde a capacidade de perceber o que lhe está acontecendo.

A importância que se dá ao aumento de produção individual, de fábricas e de emprêsas agrícolas pode também tornar-se uma arma de terror e de domínio crescentes. O movimento estacanovista na Rússia, exigindo constante aumento de produção, tornou-se, para muitos, uma ameaça. Ou o operário acelera o ritmo de trabalho e de produção, ou é severamente punido. A ênfase que se põe no ritmo e na rapidez transforma o homem cada vez mais num dente inanimado da engrenagem totalitária.

Raramente se pode deter o terror; êle medra na submissão e cresce num vácuo. O terror como meio, a pouco e pouco se transforma em terror como fim. Mas o terror, na realidade, é uma estratégia autodestruidora. Os homens finalmente se revoltarão, mesmo debaixo de uma ditadura absoluta. Quando tiverem sido reduzidos, por Totalitária, à condição de títeres, tornar-se-ão imunes a tôdas as ameaças. O mágico encantamento do terror acabará por perder sua fôrça. Primeiro, os cidadãos de Totalitária se tornarão invulneráveis ao terror e nem mesmo a morte considerarão como um perigo. Depois, uns poucos iniciarão a revolta final, pois o govêrno, pelo mêdo e pelo terror, característico de Totalitária, fomenta a rebelião interna entre os raros que não podem ser abatidos. Até na **gleichgeschaltet** Alemanha nazista estava em curso um movimento de resistência.

Rituais de expurgo

Fazer uma limpeza nos mais altos escalões do govêrno é prática histórica antiga. A luta entre pais e filhos, entre velhas e novas gerações, assumiu características de ritual já nos tempos pré-históricos. O clássico «The Golden Bough», de Frazer, revela-nos muita coisa a êsse respeito. O sacerdote dos bárbaros primitivos conquistava seu alto pôsto assassinando seu predecessor. Mais tarde, na história, os reis recém-proclamados, no dia em que eram ungidos, ofereciam criminosos aos deuses, à guisa de sacrifícios.

Em Totalitária, o ritual de morte e de expurgo faz parte do mecanismo de govêrno e desempenha, para o ditador, uma função não apenas simbólica, mas muito real. Êle precisa eliminar todos aquêles que êle deixou de lado ou que traiu, em sua implacável ascensão ao poder, de mêdo de que venham a explodir ressentimentos e cólera reprimida, pondo assim em perigo sua posição ou até sua vida.

O expurgo reflete ainda uma outra característica da vida em Totalitária. Dramatiza a ficção de que o partido está sempre alerta em se conservar puro e limpo. Demonstra-se em psiquiatria que, em indivíduos neuróticos, a compulsão para a limpeza é de fato uma deslocação da defesa contra os próprios sentimentos íntimos de ódio e de hostilidade. Nas comunidades, ela desempenha o mesmo papel e quando elevada ao nível de ritual oficialmente sancionado, faz a população regredir à infância. Leva os habitantes de Totalitária a se sentirem como criancinhas, esforçando-se por adquirirem hábitos de limpeza, ouvindo de seus pais repetidas recomendações: sejam limpos, sejam limpos, sejam limpos; sejam bons, sejam bons, sejam bons; sejam leais, sejam leais, sejam leais. A constante repetição dessas ordens reforça em cada cidadão o sentimento de culpa, de puerilidade e de vergonha.

O expurgo totalitário é sempre acompanhado de minucioso cerimonial de confissão, em que o acusado se arrepende pùblicamente de seus pecados, muito nos moldes do que faziam as feiticeiras da Idade Média (Lea). Esta é a fórmula geral: «Confesso minhas dúvidas; graças às críticas dos camaradas, pude purificar meus pensamentos. Curvo-me humildemente à opinião de meus camaradas e do partido e agradeço-lhes a oportunidade de corrigir meus erros. Tornastes-me capaz de rejeitar meus extravios. Reconheço minha dívida para com o devotado chefe e para com o govêrno do povo».

A tática de dar-se pública expressão à vergonha tem dois efeitos; serve, como os próprios rituais de expurgo, para provocar sentimentos de infantil submissão entre o povo e, ao mesmo tempo, proporciona a cada cidadão uma defesa contra problemas psicológicos e sentimentos de culpa e de indignidade que jazem nas camadas profundas do espírito de cada um. Lá bem no fundo, o cidadão de Totalitária sabe que se despojou de sua maturidade e de sua responsabilidade; purgações públicas aliviam seu sentimento de vergonha. «São os outros que são sujos e culpados, não eu», pensa êle. «São êles que estão constantemente a conspirar e a conluiar». Mas as mesmas coisas que êle suspeita dos outros são verdadeiras para êle também. Receia que os outros o traiam porque não pode estar seguro de que os não trairá êle próprio. Assim, sua tensão íntima aumenta e o expurgo lhe proporciona uma periódica oblação de sangue a seus próprios temores e ao deus da ameaça.

O fato mesmo de precisar êsse ritual de confissão coerciva e de expurgo ser constantemente repetido é uma demonstração de que o homem desenvolve uma defesa mental interna contra êle e de que, quanto mais repetido, menos se torna eficaz como meio de despertar culpa e terror. Da mesma forma que o cidadão de Totalitária acaba por se enrijecer e se embotar contra o mêdo da constante intrusão oficial em sua vida particular, se torna êle quase imunizado contra os clamores de traição e de sabotagem.

Do mesmo modo, à medida que o expurgo se torna menos eficaz como instrumento de amestramento, o tirano passa a usá-lo mais freqüentemente para aplacar seus próprios temores. A História é rica em exemplos de revoluções que acabaram por mergulhar num mar sangrento de terror e de expurgo. Alguns dos chefes e heróis mais dedicados da Revolução Francesa encontraram a morte na guilhotina da república que êles ajudaram a criar.

Acusação infundada e magia negra

A acusação infundada e a magia negra, como todos os instrumentos de amestramento de Totalitária, nada têm de novo; mas nas civilizações primitivas e nos tempos pré-históricos a arte da magia negra era mais simples. Bastava ao shaman destruir ou mutilar uma estatueta representativa do acusado, apontar ou lançar contra êle em pessoa uma varinha mágica, amaldiçoá-lo ou exprobá-lo com palavras e gestos furiosos, para levá-lo ao colapso e à morte. Aceitando cegamente o ritual mágico, a vítima ficava dominada pelo mêdo e não raro sucumbia ao encantamento e morria (Malinowsky).

Essa mágica destruição do inimigo tem várias implicações psicológicas. A vítima do encantamento mágico era muitas vêzes considerada como representante do deus da tribo, isto é, da autoridade interiorizada e do pai. Deve ser morta porque a sua simples existência desperta sentimentos de culpa e de remorso entre seu povo. Sua morte fará calar em todos os homens as vozes interiores que anunciam ruína próxima. Às vêzes, a vítima provém de tribo diversa daquela a que pertencem seus acusadores. Neste caso, o estrangeiro é um bode espiatório mais cômodo e sua punição contribui para acalmar, nos membros da tribo que mata, o entrechoque dos sentimentos ambivalentes.

O ódio ao forasteiro reprime e desvia o ódio e a agressividade que cada indivíduo dirige contra seu grupo e contra si mesmo. Quanto maior o mêdo que exista numa sociedade, maior o sentimento de culpa de cada membro em particular e maior a necessidade de bodes espiatórios e de inimigos externos. A perturbação interna procura descarregar-se em guerras externas.

Em Totalitária, o ar é impregnado de intrigas, de calúnias, de boatos. Qualquer acusação, embora falsa, tem maior efeito sôbre a população que a sua subseqüente comprovação. Fabricam-se completos e minuciosos róis de denúncias contra inocentes, principalmente contra antigos líderes que tenham despertado estima pessoal e lealdade entre amigos e correligionários. As acusações forjadas contra nós sempre reavivam sentimentos de culpa inconscientes e nos fazem estremecer. Vimos, ao analisar as fôrças psicológicas que induzem os prisioneiros de guerra e outras vítimas políticas a confessar e a trair, com que fôrça os ocultos sentimentos de culpa e de dúvida existentes em todo indivíduo o impelem, quando submetido a pressão, a render-se às exigências e à ideologia do inimigo. Mecanismo semelhante opera constantemente entre os cidadãos de Totalitária. As acusações contra os outros lhes lembram suas rebeldias e hostilidades íntimas, que êles não ousam manifestar à luz do dia, e assim o acusado, mesmo quando inocente, passa a ser o bode expiatório de seus sentimentos de culpa pessoais. A covardia leva os outros cidadãos dêsse país imaginário a se afastarem da vítima, não venham êles também a serem acusados por sua vez.

O simples fato de ser possível o assassínio do caráter revela a fragilidade e a sensibilidade da empatia e da simpatia humanas. Mesmo nas livres sociedades democráticas, as campanhas políticas se efetuam numa atmosfera de acusações descabidas e de contra-acusações mais descabidas ainda. No momento em que começa a tática da acusação falsa, com todo o seu cortejo desagradável de vitupérios e de calúnias, esquecemos a intenção estratégica que se oculta por trás das palavras e acabamos por nos deixar influenciar pelas invectivas e pelos insultos. «Deve haver alguma verdade nessa história tôda», pensamos conosco. E isto, é claro, é exatamente o que deseja o caluniador. Na mentalidade dos políticos, ainda perdura a ilusão de que o fim justifica os meios. Mas as campanhas de difamação produzem resultados paradoxais porque o fato mesmo de ter sido feita uma acusação sem fundamento enfraquece o senso moral tanto de quem acusa como de quem lhe dá ouvidos.

Mania de espionagem

Em Totalitária, êsse círculo vicioso de difamação atinge o seu máximo florescimento. Mergulhado num mar de suspeitas, o cidadão de Totalitária sofre de um terrível delírio de perseguição — «espionóia» — a mania de espionagem. Está continuamente alerta, a observar seus companheiros. Seu melhor vizinho pode a qualquer momento se transformar num sabotador ou num traidor. O cidadão de Totalitária raramente vê suas próprias falhas e perturbações; projeta-as sempre em bodes expiatórios, até que venha êle mesmo a ser vítima da espionóia de alguém. Todos estão sempre buscando descobrir os mais secretos pensamentos alheios. E porque cada um projeta no vizinho os seus pensamentos ocultos, o próprio pensamento é que passa a ser o inimigo. Êsse pavor dos pensamentos secretos dos que nos cercam se prende a um processo geral de paranóica reavaliação do mundo, resultante do mêdo e da mentalidade totalitária. Na negação da lealdade humana e no constante delírio de traição e de sabotagem, se revelam tôda a infantil mitologia de Totalitária e a seu repúdio das relações humanas amadurecidas.

Por meio de interrogatório, de assassínio de caráter, de humilhação, de terror mental e de corrupção — tal como acontece na lavagem de cérebro individual e coletiva — o homem pode ficar tão completamente desmoralizado que aceita qualquer regime político. Se êle já não é mais nada, por que se oporia a qualquer coisa? Em Totalitária não há policiamento aberto, discussão livre, divergência honesta de opiniões; há apenas intriga e denúncia a amedrontar as massas.

A estratégia da acusação descabida não se usa apenas contra os cidadãos de Totalitária; usa-se contra o resto do mundo também. Totalitária precisa da figura de inimigos externos — cruéis monstros imaginários que espalham pragas e moléstias — para justificar suas perturbações internas. Os últimos vestígios de consciência individual dos cidadãos se acalmam e se contêm com o ataque paranóico ao resto do mundo. «O inimigo está envenenando nossos alimentos, lançando pragas e germens em nossas plantações». Êsse mito de imaginária conspiração mundial visa a reunir os apavorados cidadãos de Totalitária numa defesa organizada contra perigos inexistentes. Ao mesmo tempo, disfarça falhas internas de que resultam a diminuição das colheitas e a carência de alimentos. A projeção de culpa em outros robustece em cada cidadão o sentimento de participação na comunidade totalitária e impõe silêncio à importuna voz interna que exige que êle proceda como um indivíduo responsável. O mito de conjuração externa também aumenta o sentimento individual de dependência e de imaturidade. Chegado a êsse ponto, só o seu ditatorial dirigente é capaz de protegê-lo contra o daninho mundo exterior — mundo que lhe pintaram como um enorme jardim zoológico, habitado por dragões atômicos e monstros de hidrogênio.

A estratégia da Criminalização

Como dissemos atrás, o cidadão de Totalitária pode auferir alguma satisfação de suas necessidades instintivas irracionais a trôco da submissão à escravidão totalitária. A Alemanha de Hitler revelou-nos o padrão de comportamento adequado. O cidadão (e membro do partido) é incentivado a trair seus pais e amigos, coisa que a criança enraivecida e frustrada existente nêle muitas vêzes desejou fazer. Pode externar em atos os desejos de vingança e de agressão profundamente reprimidos. Já não precisa abafar ou rejeitar alguns de seus impulsos primitivos. O regime assume todo o pêso de suas culpas e fornece-lhe uma lista já preparada de milhares de justificações e desculpas pela liberação de seus impulsos sádicos. Belas palavras de engôdo, como «necessidade histórica», por exemplo, auxiliam-no a racionalizar a imoralidade e o mal, para transformá-los em moralidade e bem. É isso o máximo de corrupção das normas civilizadas.

Com a estratégia da criminalização, o ditador totalitário destrói a consciência de seus sequazes, tal como destruiu a sua própria. Pensemos nos médicos nazistas, profundamente instruídos e cultos, que iniciaram sua vida profissional com o juramento hipocrático, prometendo auxiliar o homem em seus sofrimentos, e que, mais tarde, a sangue frio, infligiram as mais horríveis torturas às suas vítimas dos campos de concentração (Mitscherlich). Sacrificaram inocentes aos milhares para descobrir os limites estatísticos da resistência humana. Infectaram outros tantos como cobaias, porque o **Führer** o queria. Perderam completamente suas normas pessoais de comportamento e seus princípios morais e justificavam todos os crimes pela vontade do **Führer.** Por meio de palavras de engôdo de caráter político, eram instigados a submeter completamente sua consciência ao ditador. O processo de criminalização sistemática exige a **deculturação** do povo; e assim pôde dizer um dos sequazes de Hitler: «Quando ouço a palavra «civilização», preparo meu fuzil». Isto se faz para despertar constantemente o instinto da crueldade. Ensina-se o povo a não acreditar em verdades inteligíveis e objetivas, a ouvir apenas as imposições subjetivas do Estado Moloch, de Hitler, de Mussolini, de Stalin.

Criminalização é o condicionamento do povo para rebelar-se contra as frustrações da civilização. Mostrem-lhe sangue e mostrem-lhe bodes expiatórios sangrentos, e êle perderá milhares de anos de aculturação. Isto implica em impregnar o povo de histeria, em sublevar as massas, em homogeneizar as emoções, tudo tendendo a acordar, no indivíduo, a psique selvagem do homem de Neanderthal. Justifique alguém o crime com a doutrina atraente da superioridade racial e pode estar seguro de que o povo o seguirá.

Hitler sabia muito bem o que estava fazendo quando franqueou os campos de concentração alemães aos apetites desenfreados de seus turbulentos soldados. Seu estratagema era deixar matar e assassinar. «Já que foram tão longe comigo, agora hão de ir até o fim». A estratégia da criminalização não tem apenas por finalidade esmagar as vítimas do regime totalitário mas se destina, também, a dar à nata dos carrascos — a quadrilha do govêrno — êsse venenoso sentimento de poder que os aparta sempre mais de qualquer sentimento humano; suas vítimas tornam-se sêres sem identidade humana, meras máscaras falantes, robots sem ego. A estratégia da criminalização é a organização sistemática das mais vis paixões do homem, principalmente daqueles homens em quem o ditador precisa depositar confiança, como seus auxiliares diretos.

Sob a pressão da mentalidade totalitária, quase todos os cidadãos se identificam com a quadrilha dominante e muitos terão que demonstrar sua fidelidade matando e assassinando, ou, pelo menos, manifestando que aprovam mortes e assassínios. O tédio resultante dos padrões automáticos de vida, em Totalitária, induz os cidadãos desiludidos a acolher de bom grado a aventura da guerra, do crime e da própria destruição. Cada novo ato de tortura e cada crime estabelece novos laços de fidelidade e de inescrupulosa obediência, principalmente entre os cabeças da quadrilha. Por fim, arrastados pelo crime e pela culpa, os dirigentes têm que se sustentar mùtuamente, porque a queda do regime arrastaria a queda de todo o bando, chefes e sequazes. Isto é válido, também, no mundo do crime. No momento em que o homem dá o primeiro passo, rejeita as leis da sociedade e se incorpora à quadrilha de criminosos, entra em luta com o mundo exterior e suas avaliações morais. A partir de então, a quadrilha pode suborná-lo e dominá-lo.

Em Totalitária, o círculo vicioso de criminalização dos cidadãos, no qual os meios são tomados como fins em si mesmos, se transforma em cínica conspiração, recoberta por cínica bandeira de decência e idealismo. Os dirigentes do país usam palavras simples como «a campanha universal da paz», e os cidadãos se rejubilam e se enchem de orgulho com essas palavras. Só uns poucos sabem que tristes feitos se escondem por trás de tão belas frases.

Essas perversões também se incorporam em grandes mitos nacionalistas — o Terceiro Reich, o Novo Império, a República do Povo — e o desejo do cidadão de fazer algo heróico se identifica com fazer algo de violento e criminoso. O sangue vem a ser um fluido mágico e o derramamento de sangue alheio, uma façanha virtuosa e vivificadora. A matança ilimitada, como se pratica nos regimes totalitários, relaciona-se com temores profundos e inconscientes. O fraco e o doente emotivo de qualquer sociedade mata por mêdo, a fim de se apossar, por algum passe de mágica, da fôrça e da felicidade do morto e ainda, bem entendido, de seus bens materiais. A morte de milhões nas câmaras nazistas de gás fazia parte dessa antiga mitologia do assassinato. Pensavam talvez os membros da raça superior que o extermínio dos judeus garantiria aos alemães suportar o sofrimento por tantos séculos quanto o suportavam as suas vítimas.

Segundo um velho mito primitivo, o assassino fortifica-se e prolonga sua própria vida. Não nos esqueçamos de que as fôrças da razão e da compreensão humanas são bem fracas. Uma vez acesas, é difícil dominar as chamas de impulsos explosivos.

O totalitarismo precisa matar, exterminar, fazer guerra. Totalitária prega o ódio e o porta-voz totalitário é um «super-homem» solitário, desiludido e duro, a pedir ódio e injustiça e a suscitar um fanatismo crescente que nenhum remorso atalha, nem nenhum sentimento moral. Seu grito de guerra aperta as garras do ditador sôbre seus súditos, porque cada cidadão, nos atos criminosos e através dêles, aprende a odiar a vítima, cujo sofrimento ainda mais desperta os sentimentos de culpa profundamente sepultados na alma do criminoso.

Verbocracia e nevoeiro semântico — Impelindo o povo à sujeição através da palavra

Depois da Primeira Guerra Mundial, tomamos mais consciência da nossa atitude diante das palavras. Essa atitude estava mudando aos poucos. Reduzia-se nossa confiança nas palavras de engôdo oficiais, nas frases feitas, nos rótulos ideológicos. Percebemos cada vez melhor que o importante são as questões que os grupos e poderes escondem por trás das palavras, são suas secretas intenções. Mas na nossa displicência, não raro nos esquecemos de formular essas questões, e somos todos mais ou menos sensíveis à influência de palavras estrondosas e freqüentemente repetidas.

A formulação de vastas mentiras de propaganda e as palavras de engôdo fraudulentas têm, em Totalitária, propósitos muito bem definidos; as palavras adquiriram, a serviço do poder, uma função especial, que podemos chamar de verbocracia. A Grande Mentira e a irradiação de **slogans** a princípio confundem, depois entorpecem o ouvinte, tornando-o disposto a aceitar todos os mitos de felicidade que lhe forem sugeridos. A tarefa do propagandista totalitário é compor imagens apropriadas no espírito da população, de forma a que, por fim, ela não enxergue e não ouça com seus olhos e com seus ouvidos, mas apenas veja o mundo através do nevoeiro das palavras de engôdo oficiais, desenvolvendo respostas automáticas ajustadas à mitologia totalitária.

O uso multiforme de palavra com **duplo sentido** funciona como um ataque à nossa lógica, isto é, como um ataque ao conhecimento que temos do que a ditadura monolítica realmente é. Ouçam, ouçam o disparate: «Paz é guerra e guerra é paz! Democracia é tirania e liberdade é escravidão! Ignorância é fôrça! Virtude é vício e a verdade é uma mentira.» Assim se exprime o Ministro da Verdade, na terrível novela de George Orwell, **1984**. E vimos realizar-se essa fantasia de pesadelo, quando nossos soldados, que tinham passado longos anos nas prisões da Coréia do Norte, voltaram à pátria aplicando à China totalitária a enganosa frase feita «democracia do povo». O condicionamento pavloniano a determinadas palavras força as pessoas a uma forma de **pensamento automatizado,** ligada a essas palavras. As palavras que usamos influem em nosso comportamento cotidiano e determinam os pensamentos que temos.

Em Totalitária, os fatos se substituem por fantasias e por falsas interpretações. O povo é sistemática e intencionalmente ensinado a mentir (Winokur). Reconstrói-se a História e elaboram-se novos mitos com dupla finalidade: fortalecer e adular o chefe totalitário e lançar a confusão entre os desventurados cidadãos do país. Todo o vocabulário é um rol de **slogans** que hipnotizam lentamente. No nevoeiro semântico que enche a atmosfera, as palavras perdem sua função de comunicação direta. Passam a ser meros sinais de comando a provocar reações de mêdo e de terror. São gritos de guerra e sinais pavlonianos e já não representam o pensamento livre. **A palavra, tida, outrora, como o primeiro indício da capacidade de livre criação do homem, se transforma em instrumento mecânico.** Em Totalitária, as palavras podem ter um poder sedutor que deleita e fascina os ouvintes, mas não lhes é dado ter sentido intrínseco. São condicionadores, provocadores de emoção, que servem para imprimir nos ouvintes o padrão de reação desejado.

A preguiça mental do homem, sua resistência ao laborioso trabalho de pensar, torna relativamente fácil para o ditador de Totalitária levar seus súditos a aceitarem a Grande Mentira. A princípio, dirá o cidadão: «Tudo isto não passa de absurdo, é só jôgo de palavras». Mas já no simples ato de tentar sacudi-las, êle está se expondo ao poder de sugestão que elas encerram. É esta a armadilha das frases dúbias; se o homem descura de as analisar e verificar sua validade, perde-se nelas e torna-se incapaz de distinguir a diferença entre o racional e a racionalização. No fim, não pode mais acreditar em nada e recolhe-se em amarga indiferença. No momento em qua aceita a «lógica» de seus chefes, o cidadão de Totalitária renuncia a discutir e a argumentar. Infelizmente, no mundo ocidental, deparamos muitas vêzes com essa falta de clareza semântica. Não nos esqueçamos de que a batalha de palavras também faz parte da guerra fria ideológica de nossos dias.

No nosso sistema mecanizado de comunicação se insinuou alguma coisa que provocou a deterioração de nossa maneira de pensar. Só muito por acaso adquire o povo idéias e conceitos. Não se esforça mais por conseguir uma compreensão clara das coisas. Fórmulas popularizadas substituem o entrechoque de prós e contras de argumentos. Em vez de ter em mira a verdadeira compreensão, o povo presta ouvidos a repetições sem sentido, que lhe dão a **ilusão de compreender.**

A comunicação verbal tem, para o cidadão de Totalitária, um caráter ainda mais infantil e mágico. As palavras não representam, apenas, idéias ou significados inteligíveis. Servem para prendê-lo a uma completa dependência de seu chefe, assim como a criança fica prêsa às configurações verbais de seus pais.

Logocídio

Byfield assinala, em seu panfleto sôbre logocídio, que as palavras são comumente usadas como armas de revolução social.

Os políticos que aspiram ao poder precisam forjar novos rótulos e novas frases de conteúdo emotivo atraente, «permitindo ao mesmo tempo que as velhas práticas e as velhas instituições continuem como dantes... A arte consiste em substituir a imagem desagradável, permaneça embora a mesma, a substância. Em conseqüência, os totalitários têm que fabricar uma linguagem de ódio para excitar as emoções das massas. Já todos nós verificamos pràticamente que a palavra **paz** não significa mais paz, mas que se transformou num artifício de propaganda para **apaziguar** as massas e disfarçar a agressão».

A **verbocracia,** no pensamento totalitário, e a verbosidade oficial dos demagogos, servem para perturbar e sufocar o espírito livre dos cidadãos. Pode-se dizer que a verbocracia os transmuda no que a psicologia chama de agnósticos simbólicos, pessoas só capazes de imitação, incapazes do senso indagador de objetividade e de perspectiva, que leva a interrogar, a compreender e a formar idéias individuais. Noutras palavras, cada cidadão se transforma num papagaio, a repetir **slogans** pré-fabricados e frases de propaganda, sem compreender o que êles realmente significam e que fôrças se escondem por trás dêles.

Êsse papaguear, no entanto, pode proporcionar ao cidadão de Totalitária certo prazer emotivo infantil. **Heil! Heil!** — **Duce! Duce!** — são cânticos rítmicos que lhe causam o mesmo tipo de prazer auditivo que a criança experimenta ao chalrar, ao resmungar, ao dar gritinhos.

O abuso da palavra, o culto da propaganda são mais evidentes em Totalitária que em qualquer outro lugar no mundo. Mas êsse mal existe em tôda a parte. Encontram-se dêle exemplos de sobra, na conversação de hoje. Muitos locutores usam verdadeira ostentação verbal para recobrir o vácuo de idéias, para excitar emoção e despertar admiração e adoração por coisas essencialmente vazias e destituídas de valor. O alto-falante ameaça tornar-se o ideal de nossos dias.

O nevoeiro semântico em Totalitária é adensado ainda pela regulamentação das informações. O cidadão dêsse país fictício não tem acesso às fontes dos fatos e das opiniões. Não tem liberdade de verificar o que ouve e o que lê. É vítima da «rotulomania» do chefe — seus julgamentos são determinados pelos rótulos oficiais apostos a tôdas as coisas e a tôdas as pessoas.

Rotulomania

O impulso para atribuir demasiado valor ao rótulo aposto a um objeto ou a uma instituição, considerando-se apenas acidentalmente seu valor intrínseco, é característico de nossos tempos e parece que vai crescendo. Chamo a isso rotulomania; é o respeito exagerado pelo nome de aparência científica — o pergaminho, a escola, o grau, o diploma — com surpreendente desprêzo pelo valor intrínseco. Em tôda parte, ao redor de nós, vemos pessoas a cata de fórmulas fixas, de distintivos, de honrarias, posições e títulos, porque crêem que se alguém quer ter fama e prestígio precisa dêsses sinais distintivos. Para terem aceitação, as pessoas estão dispostas a passar por curso de aprendizados os mais inúteis e formais, — sem falar nas despesas — em escolas e instituições que atribuem títulos, diplomas e fachadas sofisticadas.

Não há muito tempo, um colega meu, psiquiatra, trabalhava numa clínica em que se usava uma terminologia diferente da sua e só por serem expressas em têrmos diversos dos usados na clínica, as idéias de seus antigos professôres eram criticadas e até vilipendiadas. Meu colega era um bom terapeuta; contudo chegou a precisar êle próprio de uma psicoterapia, para desfazer a profunda confusão resultante do contato diário com agressivos adeptos de uma terminologia diferente, tal e qual como alguns de nossos soldados libertados dos campos de concentração coreanos.

Há algo de profundamente desagradável na necessidade de exprimir e de avaliar, por meio de frases feitas e de rótulos, tôdas as opiniões e todos os juízos. Importa isso numa desvalorização do labor que êles supõem ou da idéia que recobrem, e, ainda, em desconhecer as diferenças humanas existentes entre as pessoas e entre os fenômenos que suas palavras descrevem. Em Totalitária, o homem é tão arrastado pela angústia, tão temeroso de qualquer desvio das opiniões e das maneiras de pensar que lhe são impostas, que êle só ousa exprimir-se nos têrmos que o ditador lhe fornece. Para o cidadão de Totalitária, o título pùblicamente reconhecido se torna mais importante que a eterna variação que caracteriza a vida.

Quando as palavras perdem sua função própria, de comunicar, adquirem progressivamente uma outra, de amedrontar, de regular, de condicionar. A palavra oficial deve ser acreditada e deve ser obedecida. A dissenção e o desacôrdo se tornam um luxo ao mesmo tempo físico e emotivo. A injúria, com todo o poder que ela encobre, é a única lógica permitida. Suprimem-se e deturpam-se os fatos contrários à linha oficial; qualquer forma de compromisso mental é traição. Em Totalitária, não há procura de verdades, mas apenas aceitação de dogmas e de frases feitas totalitárias. O que mais amedronta em tudo isso, é que, à medida que aumentam nossos meios de comunicação, nossa compreensão mútua diminui. Uma confusão babélica se apossou dos espíritos políticos e não políticos, como resultado da desordem semântica e de demasiado fragor verbal.

O crime de apostasia em Totalitária

Totalitária faz do ser pensante um criminoso, pois nesse país imaginário, o cidadão tanto pode ser punido por erros de pensamento quanto por erros de ação. Como estão por tôda a parte os olhares perscrutadores da polícia secreta, quem critica o regime é levado a adotar métodos de conspiração, se quiser manter uma conversa mesmo inocente com alguém de sua confiança. O que costumávamos chamar de «gesto nazista» era um cuidadoso relancear de olhos ao redor, antes de começar uma conversa com um amigo.

O criminoso em Totalitária pode ser um fortuito bode expiatório, usado para descarga da hostilidade oficial e é freqüente a necessidade de bodes expiatórios. De um dia para outro o cidadão passa a herói ou a vilão, segundo as conveniências estratégicas do partido.

Quase todos os ideais maduros da humanidade são crimes, em Totalitária. Liberdade e independência, compromisso e objetividade, — tudo pode ser perfídia. Em Totalitária há ainda um novo crime — o crime de apostasia — que se pode definir como a recusa obstinada em admitir uma culpa imputada. Por outro lado, o herói, em Totalitária, é o pecador convertido, o traidor que bate no peito, o criminoso que se denuncia, o delator, o alcagüete.

O cidadão comum, cumpridor das leis, longe de ser herói, é potencialmente culpado de centenas de crimes. Será criminoso se fôr pertinaz em defender uma opinião. Será criminoso se se recusar a se deixar confundir. Será criminoso se não participar com alarde e com vigor de todos os atos oficiais; reserva, silêncio, restrição mental ideológica são perfídias. Será criminoso se não **aparentar** felicidade, porque então é réu do que os nazistas chamam de insubordinação fisionômica. Pode ser criminoso por associação e por dissociação, como bode expiatório ou por projeção, por intenção ou por prevenção. Será criminoso se recusar a ser delator. Pode ser julgado e considerado criminoso por todos os **ismos** imagináveis: cosmopolitismo, provincialismo; transviacionismo, mecanicismo; imperialismo, nacionalismo; pacifismo, militarismo; objetivismo, subjetivismo; chauvinismo, igualitarismo; pragmatismo, idealismo. É criminoso de cada vez que é alguma coisa.

O único salvoconduto seguro para o cidadão de Totalitária reside na completa abdicação de sua integridade mental.

CAPÍTULO VIII

OS PROCESSOS DE JULGAMENTO

O Tribunal de Inquérito do Corpo Especial da Marinha de Washington, que devia julgar um dos casos de lavagem do cérebro, perguntou-me, como perito que eu era no caso, se eu podia explicar porque alguns oficiais norte-americanos tão fàcilmente se deixaram subjugar pela pressão mental exercida pelo inimigo.

Estávamos nos dias de mais intensa agitação das investigações do Congresso norte-americano. Tive que responder, com tôda a honestidade, que as sugestões coercitivas subjacentes a essas investigações poderiam exercer, sôbre espíritos suscetíveis, pressão constrangedora. Na nossa atmosfera política cotidiana, as pessoas são condicionadas por meio de numerosos processos psicológicos.

Embora estejamos prevenidos quanto aos efeitos das técnicas totalitárias sôbre o espírito, é justo que fiquemos alarmados diante da possibilidade de que algumas das nossas dificuldades específicas venham a produzir uma derrocada de valores.

O ditador totalitário foi bem sucedido na transformação de seu aparelhamento de «justiça» em instrumento de ameaça e domínio. No mesmo país em que um equilibrado senso de justiça já fôra reconhecido como o mais nobre ideal do homem civilizado, êsse ideal passava a ser escarnecido por cínicos tais como Hitler e Goebbels e a ser apelidado de emoção artificial, que apenas serve para impressionar e apaziguar o povo. Assim, nas mãos de inquisidores e juízes totalitários, a justiça transformou-se em farsa, em peça de propaganda para adormentar a consciência do povo. Abusa-se do poder de investigar, para despertar preconceitos e animosidades nos espectadores que tenham ficado suficientemente perturbados, para não poderem distinguir entre o certo e o errado.

Ensinaram-nos os totalitários que os tribunais e o Poder Judiciário podem ser usados como instrumentos de contrôle do pensamento. É por essa razão que devemos procurar saber como podem as nossas instituições ser usadas, intencionalmente ou inadvertidamente, para perverter os nossos conceitos de liberdade democrática.

A degradação da justiça

Para um psicólogo, o mais interessante aspecto dos processos judiciais de expurgo, em Moscou, entre 1936 e 1938, foi provàvelmente, o profundo abalo moral sofrido pelo povo em todo o mundo, cuja confiança no processo judicial foi abalada nos seus próprios fundamentos, como efeito dessas perversões da justiça. As discussões a propósito dêsses julgamentos referiam-se, sempre, menos à questão da culpa ou da inocência do acusado do que à horripilante paródia de justiça que os julgamentos representavam. Lá bem no fundo da alma humana jaz a convicção de que um juiz é, por definição, um homem reto e imparcial, de que um apêlo aos tribunais é o caminho da verdade, de que a lei paira acima da corrupção, da degradação e da perversão. Reconhecemos, naturalmente, que os juízes são sêres humanos como nós mesmos, que êles podem se enganar como nós nos enganamos, e de boa vontade aceitamos a injustiça temporária, por acreditarmos numa eventual reparação e por crermos que a norma de lei e justiça acabará por triunfar. Quando, porém, o processo judicial se transforma numa farsa, num espetáculo para intimidar o povo, alguma coisa na alma humana é profundamente atingida. Quando a justiça não é mais cega, mas volta suas vistas para interêsses pessoais, ficamos assustados e alarmados. A quem deveria recorrer o homem que não recebesse justiça dos tribunais?

No decurso de uma psicoterapia, um dos meus pacientes foi chamado para servir no júri. A experiência o perturbou profundamente, porque parecia, nesse caso, que o promotor estava mais interessado em transmitir uma convicção do que em descobrir a verdade. Embora coubesse ao júri a última palavra e, por seu veredicto, houvesse condenado a estratégia do promotor, o nosso jurado ficou profundamente transtornado: «Que acontece — perguntou-me — em outros casos? Suponha que os jurados não percebam os sofismas dos advogados? Suponha que se deixem levar pela incessante sugestão e insistência dêles?»

Na verdade, qualquer julgamento pode ser usado como arma de intimidação; pode, sem que se perceba, intimidar os jurados, as testemunhas, o público todo. Em Totalitária, algumas altas côrtes existem sòmente para levar avante essa função de intimidar; seu objetivo é demonstrar, aos cidadãos e ao mundo todo, que o govêrno está sob o contrôle de uma fôrça que pune e ameaça, e que essa fôrça pode usar o judiciário para realizar seus fins.

Uma investigação oficial aparentemente objetiva pode transformar-se em arma de contrôle político, simplesmente através das sugestões que inevitàvelmente a acompanham. O homem sujeito a investigação é quase que automàticamente estigmatizado e acusado, porque contra êle se voltam as nossas suspeitas. O simples fato de estar sujeito à investigação o torna suspeito. Assim, mesmo o chamado «poder democrático de investigar» pode transformar-se no poder de destruir. Devemos acautelarnos contra êsse perigo! O modo de interrogar, aprovando ou desaprovando, já basta para mudar o pensamento de um homem a propósito dos fatos.

Qualquer ação judicial, para fins de julgamento ou de simples investigação, que seja objeto de altissonante publicidade, exerce certa pressão mental sôbre o público todo. Não são apenas os participantes da ação que arriscam palpites quanto aos eventuais resultados; os cidadãos como um todo podem ser emotivamente envolvidos na questão. Qualquer investigação oficial pode ser tanto uma simples demonstração de fôrça quanto um ato de probidade. Quando não passa de uma demonstração de fôrça de um govêrno totalitário ou de um demagogo sem escrúpulos, pode ter espantosas conseqüências. O caso do incêndio do **Reichstag** alemão, os julgamentos para expurgo em Moscou e os processos judiciais movidos contra os nossos prisioneiros de guerra na China, são ótimos exemplos de ações «judiciais», que, servindo para a consolidação do poder político de homens desalmados, tinham como objetivo lançar na confusão uma população desamparada. Tinham ainda a intenção adicional de abalar a opinião pública do mundo todo.

Se observarmos um inquérito judicial do ponto de vista de cada um de seus participantes, veremos ainda com mais clareza quais são os perigos de que precisamos resguardar-nos.

O demagogo como acusador e hipnotizador

Acontecimentos recentes neste próprio país indicam claramente que os métodos usados para atender à ânsia de poder apresentam um padrão universal. As máscaras mágicas que antigamente se usavam para assustar o povo terão sido substituídas por uma atrevida demonstração de fôrça física levada a efeito por um «herói» ardilosamente preparado, a fim de constituir, para espíritos infantis, objeto de admiração e de identificação, acrescendo que, entre nós, o ruído da propaganda é mil vêzes aumentado pelo rádio e pela televisão, servindo para intimidar e hipnotizar os nossos menos avisados contemporâneos. Um público de amplitude mundial, vendo e ouvindo o demagogo representar seus diversos papéis — o acusador honrado, a vítima martirizada, a voz da consciência — é temporàriamente lançado, por fôrça da monótona repetição de ameaças, acusações e chavões, num estado de semi-espanto, como que de transe, de exaurida distração.

O demagogo, tal como o ditador totalitário, bem sabe como fascinar o povo, como criar uma espécie de sugestão em massa, de hipnose em massa. Não há diferença intrínseca entre hipnose individual e em massa. Na hipnose — a forma mais intensa de sugestão — o indivíduo se torna, por algum tempo, física e mentalmente automatizado. Êsse estado clínico de completa submissão mental instala-se com bastante facilidade nas crianças e nos primitivos, mas pode ser criado também em adultos civilizados. Alguns dos prisioneiros de guerra norte-americanos foram, nos campos de prisão coreanos, reduzidos exatamente a essa condição.

Quanto mais o indivíduo se sente como integrante do grupo, mais fàcilmente pode tornar-se vítima da sugestão em massa. É por isso que as comunidades primitivas, que apresentam um alto grau de integração e identificação social, são altamente sensíveis a sugestões. Feiticeiros e mágicos conseguem, muitas vêzes, submeter uma tribo tôda a seu encantamento.

A maioria das multidões são influenciadas e hipnotizadas com bastante facilidade, porque as expectativas e anseios comuns fazem crescer a sugestibilidade de cada membro do grupo. Cada pessoa tende a identificar-se com o resto do grupo, do mesmo modo que com o chefe, e isto facilita para êste ter o povo sob suas garras. Conforme disse Hitler em **Meim Kampf,** o chefe pode contar com a crescente submissão das massas.

O susto, o mêdo e o terror são antigos métodos para produzir hipnose, ainda usados por ditadores e demagogos. Ameaças, acusações inesperadas, bem como os longos discursos e o enfastiamento, podem abismar o espírito e levá-lo ao estado hipnótico.

Outra técnica corrente é trabalhar com palavras especialmente sugestivas, repetindo-as monòtonamente. Desperte autocompaixão! Diga ao povo que êle foi «traído» e que foi abandonado por seus chefes. De vez em quando, o demagogo ajuntará gracejos, mas poucos. O povo gosta de rir. Gosta também de horrorizar-se e tem especial atração pelo macabro. Conte-lhe histórias sangrentas e deixe-o engolfar-se no tumulto de sensacional tensão. Ficarão todos, provàvelmente, tomados de um enorme respeito pelo homem que os assusta e que está disposto a oferecer-lhes a oportunidade de libertá-los do terror emotivo. No anseio de se libertarem de um mêdo, de boa vontade submeter-se-ão integralmente a outro.

O rádio e a televisão aumentaram o poder hipnotizante de sons, imagens e palavras. A maioria dos norte-americanos lembra-se muito bem dêsse terrível dia de 1938, em que a irradiação da invasão dos marcianos feita por Orson Welles impeliu centenas de pessoas a saírem correndo de suas casas, à procura de abrigo, como animais em pânico tentando fugir do fogo da floresta. A irradiação de Welles é um dos mais vivos exemplos do enorme poder hipno-sugestivo dos vários meios de comunicação em massa e do tremendo abalo que uma irradiação absurda, feita em tom sério pode provocar em pessoas inteligentes e normais.

Não é sòmente o poder sugestivo dêsses meios de comunicação que lhes confere o efeito hipnotizante que têm. Os meios de comunicação produzidos pela nossa técnica fazem do povo uma vasta massa participante. Mesmo quando estou só com meu rádio, estou tècnicamente unido a uma enorme massa de outros ouvintes. Vejo-os com os olhos do espírito, identifico-me inconscientemente com êles e, enquanto estou ouvindo, sou uno com êles. Contudo, não tenho com êles contacto emotivo direto. É em parte por essa razão que o rádio e a televisão tendem a eliminar as relações de ativa afeição entre os homens e a destruir a capacidade de pensamento, ponderação e reflexão pessoais. Agarram diretamente o espírito, não dando às pessoas tempo para a conversação calma e dialética com seus próprios espíritos, com seus amigos, com seus livros. As vozes do eter não permitem a libertadora recìprocidade da livre conversação e discussão e, assim, provocam o máximo de aceitação passiva — como na hipnose.

Muitas pessoas são hipnófilas, ansiosas por devanear e sonhar acordadas dia e noite; essas pessoas são prêsas fáceis da sugestão em massa. O discurso prolongado ou o sermão enfadonho ou debilitam os ouvintes e os predispõem para se submeterem ao enfeitiçamento das massas ou os tornam mais ressentidos e mais rebeldes. Os discursos longos constituem um recurso primordial do doutrinamento totalitário, porque o fastio acaba por romper as nossas defesas. Cedemos. Hitler usou, com enorme proveito, dessa técnica de hipnose em massa através da monotonia. Falava indefinidamente e incluia longas e tediosas enumerações estatísticas em seus discursos.

O estrépito de uma incessante intimidação verbal do público é um valioso instrumento da estratégia totalitária. O demagogo também usa essa técnica de sugestão, bem como a manobra ainda mais fraudulenta de acusar adversários geralmente considerados como acima de qualquer suspeita. Essa manobra é freqüentemente combinada com repetido apêlo à autocompaixão. «Quatorze anos de desgraça e vergonha» era o **slogan** que Hitler usava para difamar o período realmente criador entre o armistício de 1918 e o ano em que êle tomou o leme nas mãos. «Vinte anos de traição», um **slogan** usado em nossa terra não há muito tempo, tem o tom suspeito daquele, que é muitíssimo familiar a qualquer um que tenha observado a ascenção e a queda de Hitler.

O mito da punhalada pelas costas reconduz os que se deixam dominar por êle ao nível da infância desconfiada. A oratória inflamada visa a despertar nos outros reações caóticas e agressivas. O demagogo não dá importância aos passageiros ataques verbais que lhe são dirigidos — mesmo a calúnia pode deleitá-lo — porque êsses ataques o fazem figurar na primeira página dos jornais e aparecer aos olhos do público e ajudarão a aumentar o mêdo que lhe tem o povo. É melhor ser odiado e temido do que esquecido! O demagogo se beneficia das prolongadas e confusas discussões a propósito de seu comportamento; estas servem para paralisar o espírito das pessoas e para velar de todo o que realmente se passa por trás do engôdo. Quando isso dura o tempo suficiente, as pessoas se enfartam, amolecem, só querem dormir e de boa vontade deixam que o grande «herói» tome conta de tudo. O que vem depois pode ser o totalitarismo. De fato, o nazismo e o fascismo jogaram no mêdo do comunismo, para ganharem o poder que almejavam.

O que aconteceu recentemente neste país, ainda que indubitàvelmente sem intenção preconcebida, é terrìvelmente semelhante à primeira fase do deliberado ataque totalitário ao espírito, por meio de slogans e suspeitas. O barulho áspero e violento provoca fortes reações emotivas e destrói o contrôle mental. Quando o demagogo começa a esbravejar e a tresvariar, suas explosões tendem a ser interpretadas pelo público em geral como prova de sua sinceridade e dedicação. Mas essas manifestações, na sua maior parte, provam justamente o contrário e não passam de um elemento da estratégia demagógica da luta pelo poder.

Existe um «Documento sôbre o Terror» de origem totalitária, que discute minuciosamente o uso de **ondas de terror** bem planejadas e sucessivamente repetidas, para levar o povo à submissão. Cada onda de guerra fria aterrorizadora alcança seus efeitos mais fàcilmente — depois de um intervalo para respiração — do que a precedente, porque as pessoas ainda estão perturbadas pela experiência anterior. O moral cada vez mais se abate e o efeito psicológico de cada nova campanha de propaganda se torna mais forte; atinge um público já amaciado. Os dissidentes ficam cada vez mais com mêdo de serem descobertos. Aos poucos, as pessoas não mais se dispõem a participar de qualquer espécie de discussão política ou a exprimir suas opiniões. No íntimo, já se renderam às aterrorizantes fôrças ditatoriais.

Precisamos aprender a tratar o demagogo e o candidato a ditador do meio em que vivemos do mesmo modo que trataríamos os nossos inimigos do exterior numa guerra fria — com a arma do ridículo. O demagogo é quase incapaz de fazer humor de qualquer espécie e o tratamento humorístico que lhe dermos será o princípio de sua ruína. O humor depende, antes de tudo, de certo senso de perspectiva. Se somos capazes de ver como as coisas deveriam ser, somos capazes de perceber como se tornariam ridículas e de reconhecer as distorções ao topar com elas. Ponha as afirmações do demagogo em perspectiva e verá como são distorções totais. Como podemos levá-las a sério ou dar-lhes respostas sérias? Temos mais de que cuidar, de questões de vida e de morte para nós mesmos como indivíduos e para a nossa pátria como um todo. O demagogo fia-se, para alcançar sucesso, em que as pessoas tomarão a sério as acusações fantásticas que faz e discutirão, como se fôsse realidade, o noticiário que êle difunde pelo rádio, ou em que serão atiradas, por suas acusações e imputações, a um tal estado de pânico, que nada mais farão do que abdicar do direito de pensar e verificar por conta própria.

Fato é que o demagogo não faz apêlo ao que há de racional e evoluído no homem; apela, isso sim, para o que nêle é irracional e imaturo por excelência. Tentar responder com lógica aos seus tresvarios é tentar o impossível. Tentando isso, aceitamos, antes de mais nada, o embate segundo as premissas que êle propôs e caímos na armadilha de uma discussão cujos têrmos foram por êle escolhidos. É sempre mais fácil derrotar o inimigo no nosso próprio campo e quando somos nós a escolher os têrmos da disputa. Além disso, o demagogo é ou finge ser inacessível a uma lógica que possibilite a discussão e o esclarecimento. É um mestre em mudar de assunto. É mais do que um verdadeiro crime contra nós mesmos deixarmo-nos envolver em discussões sem fim nem direção e inevitàvelmente ultrajantes, com um homem menos preocupado com a verdade, o bem social e problemas reais, do que com obter para si mesmo ilimitada atenção e poderio.

Para se defenderem dos ataques psicológicos contra a sua liberdade, precisam as pessoas, em primeiro lugar, de humor e bom senso. A aprovação firme ou a muda aceitação de qualquer estratégia provocadora de terror pode ter como único resultado a ruína do nosso sistema democrático. A confusão solapa a confiança. Num país como o nosso, em que cabe ao público votante discernir a verdade, é absolutamente necessário um conhecimento geral dos métodos usados pelos demagogos para enganar e embair o povo.

O julgamento como um instrumento de intimidação

Observada ainda sob outro importante ângulo de visão, pode a sugestibilidade humana representar, para o homem e para a sua liberdade democrática, um grave risco. Mesmo quando não existe intenção deliberada de manipular a opinião pública, a livre discussão de questões judiciais, tais como julgamentos políticos ou criminais, nos cabeçalhos dos jornais e nas colunas partidárias, propiciam o desenvolvimento de uma atmosfera de emoção coletiva. Isso torna difícil, para as pessoas diretamente envolvidas na questão, manter a indispensável objetividade e proferir um veredicto de acôrdo com os fatos, mais do que com sugestões e impressões subjetivas.

Além disso, a ampla publicidade de qualquer processo judicial exerce pressão mental sôbre o público todo. Assim, não sòmente os participantes diretos, mas a população tôda pode vir a ficar emocionalmente envolvida na ação judicial. Qualquer julgamento pode ser um ato de fôrça ou um ato de probidade. Um inquérito de aparência objetiva pode tornar-se uma arma de domínio, simplesmente por causa das sugestões que inevitàvelmente o acompanham. Como um ato de fôrça de um govêrno totalitário, o julgamento pode ter espantosas conseqüências. Os julgamentos para expurgo de Moscou e o caso do incêndio do Reichstag alemão são exemplos primos.

É evidente que não temos neste país essas horripilantes mascaradas de justiça, mas a tendência de transformar processos judiciais em campo de exploração para a imprensa, o rádio e a televisão enfraquece nossa capacidade de alcançar a justiça e a verdade. Melhor seria se deixássemos a discussão dos méritos de um caso judicial, qualquer que fôsse, para depois de lançado o veredicto.

Como já vimos, qualquer homem pode ser forçado a confessar. O processo cruel do menticídio não é o único meio para atingir êsse objetivo; um homem pode ser tido como culpado pelo simples fato de ter sido objeto de acusação, especialmente quando êle é demasiado fraco para resistir ao impacto da ira coletiva e da opinião pública.

Em circunstâncias de mêdo e preconceito anormais, os homens sentem, mais fortemente do que em outras ocasiões, a necessidade de um bode expiatório. Conseqüentemente, as pessoas podem deixar-se enganar mais fàcilmente por falsas acusações que satisfazem a necessidade de ter alguém para censurar. Neste país, as vítimas de linchamento, bem como alguns chamados traidores e colaboradores, têm sido assim sacrificadas à paixão das massas. Para a opinião pública, o julgamento por si só assume o caráter de veredicto de «culpa».

O inquérito parlamentar

Afirmo, antes de mais nada, crer firmemente que o direito que tem o Congresso de investigar e de legislar com base em tais investigações é uma das mais importantes salvaguardas de nosso regime democrático. Mas o direito que tem o Congresso de investigar pode ser, como qualquer outra instituição humana, objeto de abuso e de perversão. O poder de investigar pode transformar-se no poder de destruir — não sòmente a pessoa atacada, mas também a integridade mental daqueles que, de qualquer modo, prestam testemunho na investigação. A presente onda de investigações do Congresso pode ter, sem que se perceba, um efeito coercitivo sôbre os cidadãos. Alguns personagens de inclinações ditatoriais vivem obcecados pela necessidade mórbida de investigar e as investigações do Congresso são encomendadas por êles. Qualquer um que não concorde com êles, que não se curve e submeta, é suspeito e fica sujeito a uma onda de aviltamento e de vitupérios. A tendência do público é para não acreditar em nada que os oponentes do demagogo digam e para engulir, sem qualquer crítica, as afirmações dos que se rendem à arrogância dêste ou dos que o acompanham por acreditarem nos objetivos que êle pretende atingir.

Do ponto de vista psicológico é importante compreender que o simples fato de uma pessoa ser objeto de inquirição ou de investigação tem uma influência coercitiva. Quando um homem é submetido a interrogatório pode ser paralisado pelo processo e acabar confessando atos que nunca praticou. Num país em que se vulgariza a premência de investigar, a suspeita e a insegurança aumentam. Fica todo mundo infectado pelos sentimentos de onipotência do inquisidor. A interceptação de mensagens, por exemplo, tem idêntico poder; é apoderar-se dos segredos dos outros.

Nos círculos psicológicos, tem-se devotado, agora, bastante atenção ao impacto das entrevistas e interrogatórios sôbre as pessoas. O próprio entrevistador psicológico deve tomar tento dos vários processos interpessoais implicados nessa espécie de comunicação; do contrário, não será capaz de descobrir onde está a verdade. Em lugar desta, colherá respostas que estão implícitas nas suas próprias perguntas, respostas que poderão ter quase nenhuma relação com a verdade genuína. Isso não acontece apenas quando o entrevistador e o entrevistado revelam má fé. Pode acontecer também a despeito das melhores intenções de ambos. As pessoas tôdas comparecem a uma entrevista com a soma total de suas anteriores experiências de relação interpessoal. Nos primeiros tateios verbais, espaço de tempo que podemos chamar de período de farejamento, cada uma das partes põe todo o empenho em descobrir o que a outra está querendo e onde estão os pontos fracos desta, ao mesmo tempo que tenta ocultar as suas próprias debilidades e acentuar suas fôrças. O homem da rua, inesperadamente abordado por um entrevistador, tende a dar a resposta que pensa estar sendo esperada por quem o interroga.

Tôda conversação, todo intercâmbio verbal repete, ao menos até certo ponto, o padrão dos primeiros intercâmbios verbais entre a criança e os pais. Para um homem ou uma mulher submetidos a investigação, o interrogador passa a ser o progenitor bom ou mau, diante de quem manifestamos suspeita ou submissão. Uma vez que o próprio inquiridor, freqüentemente, não se apercebe dêsse processo inconsciente, pode-se ter como resultado uma confusa disputa entre tendências inconscientes e semiconscientes, em que as palavras que se dizem não passam, muitas vêzes, de um mero disfarce para uma conversação pejada de suspeita e que se trava entre os mais profundos estratos de ambas as personalidades.

Tôdas as pessoas sujeitas a interrogatório sistemático, seja num tribunal, num inquérito parlamentar, ou mesmo como candidato a um emprêgo ou quando se submete a exame médico, sentem-se expostas. O interrogatório em si mesmo provoca atitudes mentais defensivas peculiares. Essas atitudes podem ser úteis e protetoras, mas, às vêzes, podem prejudicar o indivíduo. Quando uma pessoa se candidata a um emprêgo, por exemplo, pode ficar muito excitada e, cuidando de «dar boa impressão», de «avançar com o pé direito», pode dar má impressão e despertar suspeita. Não é o que dizemos, mas a maneira de o dizer que indica a nossa honestidade e ponderação. Sons ou gestos nervosos, pausas, momentos de silêncio ou gaguejamentos podem pôr-nos a perder. O zêlo agressivo pode levar-nos a dizer mais do que é necessário. A inibição pode impedir-nos de falar o que seria preciso.

O que tem que se defender, numa ação judicial ou num inquérito, assume atitude defensiva, não sòmente em relação às acusações contra êle levantadas ou às questões a que tem que responder; ainda mais se coloca na defensiva contra sua própria culpa inconsciente, contra suas dúvidas e contra suas próprias capacidades. Muitos dos meus colegas em medicina e psiquiatria, que têm servido como peritos em ações judiciais, têm-me contado que, no momento em que são submetidos a interrogatório pela parte contrária, costumam sentir-se julgados e quase condenados. Êsse interrogatório parece-lhes, muitas vêzes, menos um modo de alcançar a verdade do que uma forma de coerção emotiva, com grande prejuízo para os fatos e para a verdade. É essa a razão pela qual o poder de investigar, qualquer que êle seja, pode tão fàcilmente transformar-se em poder de coerção. Fazer com que os acusados e as testemunhas se sintam fortemente nervosos e acanhados costuma ser uma arma sórdida do totalitarismo.

Dada a importância que os psicólogos e psiquiatras atribuem a êsses fatos, há entre êles, agora, uma forte tendência para o uso do que podemos chamar de técnica passiva da entrevista. Quando as perguntas do entrevistador não supõem uma resposta específica, o interrogado é levado a responder segundo sua própria iniciativa, por fôrça de seu próprio desejo de comunicar. A pergunta neutra «Que é que você fêz depois?» provoca uma resposta mais livre e mais honesta do que a pergunta «Depois disso você foi para casa?»

O testemunho subjetivo da testemunha

Assistimos, neste últimos anos, a uma longa parada de comunistas abjurantes, que livre e abertamente têm feito declarações a propósito de seus próprios passados. No presente, estamos assistindo ainda a uma outra parada: os que abjuram da abjuração. Como é possível distinguir o verdadeiro do falso nêsse pântano todo de testemunhas em conflito? Como é possível evitar sejamos confundidos pelo testemunho contraditório de homens e mulheres cujas palavras podem influir no curso de ação do nosso país? Como aprender a avaliar o que dizem? Em que medida, do ponto de vista psicológico, é o testemunho que oferecem digno de confiança, seja êle favorável ou desfavorável?

Podemos dizer que, em geral, aquêles cujas afirmações são mais cheias de exprobações são, usualmente, os menos dignos de confiança. São, na maioria, homens e mulheres que, no passado, abraçaram a ideologia totalitária por se sentirem, no íntimo, profundamente inseguros. Chegou depois o momento em que perceberam que a ideologia escolhida não lhes satisfazia as expectativas. Embora houvessem ficado, durante longo tempo, com o espírito inexoràvelmente aprisionado por ela, estão, agora, habilitados a se despojarem completamente do sistema. E o fazem através de um rearranjo íntimo de velhas observações e convicções. Entretanto, o que abandonam é meramente um determinado conjunto de regras ideológicas rígidas. A maioria dêles não abandona, com essas regras, seus ódios ocultos e sua antiga insegurança. Podem ter abandonado a ideologia política que lhes oferecera defesas e justificações, mas continuam com seus ressentimentos.

É exatamente comum procurarem essas pessoas um pronto refúgio em alguma outra instituição rìgidamente organizada. Por verem agora as coisas sob uma luz diversa, os velhos fatos e conceitos adquirem diferente significado. Todavia, o impulso de autojustificação e de auto-exculpação sempre presente, que está em todos os homens e que, nesses casos, havia motivado a anterior filiação ao comunismo, não pára de agir. Agora precisam provar a própria inculpabilidade e a lealdade que devotam às idéias recentemente adotadas. Suas emoções, em novos trajes, têm ainda como objetivo a autojustificação.

Aos olhos do convertido, a aparência recém-tomada — essa nova disposição dos reclamos íntimos e dos meios de satisfazê-los — é tão exatamente lógico e racional quanto o era o conjunto anterior de expectativas e satisfações. Reedita agora várias experiências de um remoto passado. Seus antigos amigos tornam-se seus inimigos; considera alguns dêles como conspiradores, quer o sejam quer não. Não é capaz de distinguir entre a verdade e a fantasia, entre fatos e reclamos subjetivos. Em conseqüência, pode dar-se uma completa perversão de percepções e lembranças. É possível que reproduza erradamente suas próprias recordações e êsse processo é, na sua maior parte, um dos de que o próprio convertido não se apercebe. Tenho bem vivo na memória um exemplo de comportamento dessa espécie durante a Segunda Guerra Mundial. Um antigo nazista passou a ser um corajoso membro da resistência secreta anti-nazista. Procurava corrigir seu comportamento do passado, não sòmente combatendo os nazistas, mas também espalhando tôda espécie de boatos alarmantes a respeito de seus antigos companheiros. Pensava que, fazendo-os parecer mais cruéis, êle mesmo pareceria mais leal.

Do mesmo modo, as contradições e declarações falsas apresentadas pelos conversos, diante dos tribunais ou das comissões do Congresso, são, com freqüência, não tanto falsidades conscientes quanto produtos do novo arranjamento íntimo. Cada acusação que se faz contra o passado do converso pode ser por êle modificada em novo instrumento a ser usado no seu processo de autojustificação. Pouquíssimos dêsses homens têm a coragem moral de admitir que, no passado, tenham cometido verdadeiros erros. A distância que vai de uma mentira sem malícia à repressão e ao esquecimento seletivos é, freqüentemente, muito curta. Descobri isso por mim mesmo, quando promovia investigações sôbre membros da resistência que haviam estado nas mãos dos nazistas. Notei que era quase impossível obter dêles informações objetivas quanto ao que tinham revelado ao inimigo depois da tortura. Ao relatarem suas traições forçadas, de pronto coloriam suas histórias com mentiras inocentes e torções secundárias. Ou se acusavam demasiado ou não descobriam falha alguma no próprio comportamento, o que dependia dos sentimentos de culpa de cada um.

O direito de silenciar

Resultou das atividades das comissões de inquérito do Congresso uma séria investida legal contra o direito de silenciar, desde que repugne à consciência de quem está depondo prestar a informação. Essa investida pode vir a ser uma perigosa invasão do segrêdo e da discrição dos homens. É tão perigoso para a preservação da democracia solapar o valor da personalidade humana e da consciência privada quanto o é a ameaça de agressão totalitária.

Devemos compreender que, para uma testemunha, é muitas vêzes difícil escolher entre desrespeitar o Congresso e desrespeitar as virtudes humanas. É admissível que os governantes consigam descobrir alguns alegados «traidores», compelindo as testemunhas a trairem seus amigos de outros tempos, mas, fazendo isso, obrigam as pessoas a trairem relações de amizade. Esta é um dos mais preciosos bens do ser humano. Quálquer govêrno ou órgão que, escudado no «desrespeito do Congresso», possa forçar confissões e delações, pode forçar também a traição de antigas amizades. Não é isso comparável com o que fazem os coercitivos totalitários? E a que preço? O pseudo expurgo que se consegue resulta da fraquéza de caráter e da angústia da vítima. Além disso, violamos um dos princípios básicos da democracia — o respeito pela firmeza de caráter dos homens. Sempre se acreditou que é melhor deixar em liberdade dez culpados do que enforcar um inocente — o que se contrapõe diretamente ao conceito totalitário de que é melhor enforcar dez inocentes do que deixar um culpado em liberdade. Com êsse estratagema de compelir um homem a falar, quando sua consciência o manda calar-se, podemos punir o culpado, mas com a mesma segurança arruinamos um inocente, por destruir-lhe a consciência. Os juízes da Suprema Côrte, Douglas e Black, em voto discordante a propósito da constitucionalidade da Lei de Imunidade de 1954 (1) põem em evidência o direito de silenciar como um direito constitucional estabelecido pela Quinta Emenda — uma proteção da consciência individual, da dignidade pessoal, bem como da liberdade de expressão. O Congresso não tem poderes para compelir alguém a confessar seus crimes, mesmo quando a êsse alguém seja assegurada imunidade.

A necessidade de que o indivíduo **não** traia suas amizades do passado — mesmo quando tenha cometido um êrro de julgamento político numa idade de menor entendimento — é moralmente e tão importante quanto a necessidade de prestar auxílio ao Estado na descoberta de revolucionários. Não nos esqueçamos de que a traição da comunidade tem suas raízes na autotraição. (2) Se forçarmos um homem a trair seus próprios sentimentos e a si mesmo, tornamos-lhe efetivamente mais fácil trair algum dia a comunidade em geral. Se a lei força as pessoas a traírem seus próprios sentimentos morais de amizade, ainda que se baseiem êstes em afeições da juventude, essa mesma lei solapa, em conseqüência, a integridade da pessoa e, então, começam a coerção e o menticídio. A consciência do indivíduo exerce uma função muito importante na escolha entre uma oposição leal e um conformismo passivo. A lei deve proteger o indivíduo também contra a violação de seus padrões de moral pessoais; do contrário, a consciência humana será derrotada na luta entre a consciência individual e o poder legal. As avalia-

---

(1) The New York Times — 27 de Março de 1956.
(2) Ver Capítulo XIV.

ções morais têm o indivíduo como ponto de partida e não o Estado.

Extorsão mental

O conceito de lavagem do cérebro já tem tido conseqüências judiciais e estas têm atribuído novas facetas à questão do crime imaginado. A lavagem do cérebro praticada pelos comunistas em prisioneiros de guerra na Coréia e na China, por ter sido amplamente divulgada pela imprensa, provocou aflições entre os leigos. Conforme se mencionou no Capítulo Terceiro, alguns pacientes esquizofrênicos e fronteiriços passaram a usar o conceito bastante recente de lavagem do cérebro para justificar uma espécie peculiar de delírio — o delírio de estar sendo influenciado. Algumas dessas pessoas têm a impressão de que, por assim dizer, suas mentes foram postas à mostra, de modo a terem o pensamento orientado de fora, através de ondas de rádio ou de alguma outra forma de comunicação misteriosa.

Nos últimos anos, recebi várias cartas de tais pacientes a se queixarem de suas impressões de incessante lavagem do cérebro. O novo conceito de coerção mental política encaixou-se no sistema de delírios dessas pessoas. Fui consultado por diversos advogados que pretendiam informar-se a respeito de clientes que queriam processar imaginários lavadores de cérebro.

O mesmo conceito, que, como se viu acima, foi usado para arcar com a responsabilidade de suspeitas patológicas, pode ser maldosamente usado para acusar e processar todo aquêle que, por encargo profissional, aconselhe pessoas ou procure influenciá-las. Agora mesmo (outono de 1955) vários processos judiciais estão em curso, em que os querelados estão sendo processados por terceiros, pelo crime de lavagem do cérebro. São acusados de terem, na qualidade de profissionais, aconselhado alguém a fazer alguma coisa contrária aos interêsses dos querelantes. O advogado chicanista dispõe agora de meios para investir contra as mais delicadas relações humanas, impondo-lhes o cunho de coisa corrupta. É o velho defeito de usar a empatia não para simpatia, mas para antipatia e hostilidade. Assim procedendo, o acusador pode abusar do receio que se tem de revelar pùblicamente tais relações humanas; o acusador se serve também duma estranha situação observada nos Estados Unidos, pela qual mesmo o inocente que ganha uma causa no judiciário tem que pagar as custas do processo. Isso significa que, na prática, numa questão judicial intrincada, êle tem que pagar pelo menos trinta mil dólares antes de alcançar a Suprema Côrte — se fôr caso de Suprema Côrte — e de apelar para a mais alta instância de justiça do país.

Por causa dêsse novo ângulo de visão da lavagem do cérebro desenvolvido nestes últimos poucos anos, a profissão de psiquiatra tornou-se mais vulnerável a desarrazoadas investidas. Em certo caso, terceiros sentiram-se prejudicados pelo tratamento psicológico que tornou o paciente, antes bastante submisso, mais independente diante de uma situação comercial desagradável. Em outro caso, o médico foi processado por ter libertado o paciente de uma atitude submissa num caso de amor e de uma ambígua promessa de casamento. Num terceiro, o paciente, durante o tratamento, abandonou uma agência de negócios que o maltratara. Em todos êsses casos, a parte contrariada conseguiu mover processo com base na chamada lavagem do cérebro e influência mal intencionada. Em vários casos dêsse gênero de extorsão, foi pedida à justiça uma elevada indenização para, dêsse modo, tornar o processo judiciário muito mais dispendioso.

O psiquiatra assim atacado sofre não só a pressão financeira imposta pela parte queixosa e por um advogado malicioso como também, em vários Estados da União norte-americana, não consegue que as côrtes de justiça reconheçam seu juramento de segrêdo profissional. Diz o juramento hipocrático:

> Tudo quanto, relacionado com a prática de minha profissão ou não relacionado com ela, eu venha a ver ou a ouvir a propósito da vida das pessoas, que não deva ser revelado a estranhos, não divulgarei, considerando que tudo isso deve ser mantido em segrêdo.

Julgam alguns tribunais que sòmente o exame e o tratamento físico valem como tratamento médico que não deve ser divulgado; a conversação pessoal — a quintessência do tratamento psiquiátrico — não é considerada como atividade médica. Ocultá-la como segrêdo profissional é considerado desrespeito à Justiça. Uma dificuldade adicional é que a acusação de abuso ou êrro profissional feita por terceiros — não pelo próprio paciente — não se acha protegida pelo seguro usual do abuso ou êrro profissional.

Essa pérfida investida contra o trato psicológico tem importância — embora seja pequeno atualmente o número de casos — porque abre caminho para outras muitas formas de extorsão mental. Isso quer dizer que as mais delicadas relações pessoais podem ser objeto de investidas e ações judiciais, simplesmente porque terceiros se sentem excluídos, negligenciados ou financeiramente prejudicados. Não posso processar meu corretor de negócios por me aconselhar errôneamente em matéria de finanças, mas posso processar por abuso ou êrro profissional o orientador psicológico que tenha «lavado o cérebro» de um meu cliente.

Que novas possibilidades se abrem para a extorsão mental e a acusação ardilosa! Aos poucos chegaremos a considerar puníveis as más intenções e as previsões, o conselho e a orientação não conformistas e, por fim, a influência e a originalidade humanas, ainda que honestas e simples — coisas essas que já são tidas como crimes nos países totalitários.

A palavra inglêsa **blackmail** — extorsão — foi originàriamente usada na contenda de limites entre a Inglaterra e a Escócia. **Blackmail** era o acôrdo que faziam os flibusteiros de não pilhar ou molestar os agricultores — em troca de dinheiro ou gado. A palavra vem do Inglês Médio maille, que significa fala, renda ou taxa.

A palavra francesa equivalente, chantage, aproxima-se ainda mais do conceito de coerção mental. Significa forçar o outro a «cantar», a confessar coisas contra a própria vontade, por meio de ameaça de violência física ou de divulgação de um segrêdo. É, em última análise, coerção mental.

Podemos chamar de extorsão mental a crescente tendência de invadir os limites da reserva e da dignidade humanas. É a tendência para abusar do conhecimento do que se passa no recesso das almas, a fim de ferir e perturbar um nosso semelhante. A extorsão mental aparece onde quer que a presunção de culpa tome o lugar da presunção de inocência. Assistimos, freqüentemente, a uma verdadeira caça de coisas vis e sensacionais, levada a cabo pela imprensa amarela, com o fim de causar embaraços a uma vítima. E isso não só é uma indecência, como também, e ao mesmo tempo, põe em perigo a opinião e o julgamento humanos. Êsse sensacionalismo atrapalha e prejudica a justiça dos tribunais.

O que a criancinha fraca consegue com lágrimas e amuos pode ser alcançado pelo acusador queixoso, lamuriante, através de suas fantasias relativas a influência maliciosa ou lavagem do cérebro. O paciente suicida pode exercer a mesma espécie de pressão.

Estou convencido de que, no futuro, a Suprema Côrte terá que baixar normas destinadas a controlar essa nova forma de acusação; contudo, o cerne da questão está na crescente suspeita que vai no coração dos homens, nesta nossa era de transição. Praticamos a extorsão contra os espíritos firmando-nos em muitos pontos de apoio — em arquivos secretos, no mexerico, em pressões habilidosamente exercidas no seio de grupos de pressão política, por meio de figuras influentes entre as quais figuras influentes das antecamaras palacianas e parlamentares e também renegando a amizade.

O juiz e o júri

Que acontece com as pessoas que são chamadas a separar a verdade da mentira, a fim de pronunciar veredictos justos e imparciais? Mesmo o juiz e o júri são influenciados e atingidos pelos aspectos externos e pelas necessidades internas que estão por trás do comportamento dos outros interessados no caso. Contudo, espera-se dêles que cada um se coloque acima de seu próprio patrimônio de pensamentos e sentimentos, de suas necessidades e anseios pessoais e que ofereça um veredicto estritamente baseado nas provas dos autos, sem qualquer influência de preconceitos ou de anseios subjetivos. Lembremo-nos de que as decisões sôbre um caso não são proferidas apenas por aquêles que oficialmente têm que se haver com êle, mas por todos os que dêle têm conhecimento. Você, eu e o público, somos também juiz e juri.

O juiz e o júri enfrentam a difícil tarefa de julgar e indagar com base apenas nos fatos; contudo, nêles mesmos se pode processar, em conseqüência de fortes emoções coletivas, um rearranjo emotivo dos fatos recordados.

Os juízes e jurados são influenciados pela atmosfera de emoção coletiva que envolve as questões controvertidas, sendo-lhes difícil manter a indispensável objetividade. O jurado mediano, mesmo antes do início do julgamento, fica sujeito aos reclamos da emoção popular, conforme ficou provado em diversos julgamentos por perseguição racial.

Nos últimos tempos, duas autoridades em matéria de direito investiram contra o sistema de julgamento pelo júri, uma por causa de seu efeito dilatório no processo judicial (Peck) e a outra por considerá-lo um meio antiquado de administrar justiça (Newman). O julgamento pelo júri é uma relíquia do século treze e é destinado a tomar o lugar do julgamento mágico pela ordália — os deuses e a coincidência decidiam da culpa; e a tomar o lugar do julgamento pelo combate — a habilidade e a fôrça física decidiam qual das duas partes era culpada. O julgamento pelo júri de pares, por quantos conheciam o acusado e as circunstâncias do crime alegado, por muito tempo atendeu aos seus propósitos, em comunidades de organização bastante simples. Mas, na nossa complexa sociedade, em que as pessoas pouco sabem a respeito de cada uma das outras e em que comunicações aos milhares invadem o nosso espírito, as coisas mudam. «O jurado mediano é levado pela emoção e pelos preconceitos de seu patrimônio hereditário e educacional» (Newman). Os nossos júris nem sempre são capazes de acompanhar as complicações dos prós e contras da interpretação dos fatos. Mais ainda, muitos dos advogados sabem como fascinar os jurados, como capturar-lhes o espírito e influenciar-lhes o julgamento. Além disso, a seleção de jurados retarda cada vez mais o processo de justiça.

Como um exemplo simples de como o condicionamento individual, pessoal e social pode influenciar as reações normais de um jurado, analisemos as perturbações íntimas causadas usualmente pela palavra «traidor». Temos aí uma palavra carregada de emoção, que funciona como um gatilho disparador. Se alguém é acusado de ser traidor ou revolucionário, com base em fatos inegáveis, qualquer tentativa de dar ao comportamento dessa pessoa uma explicação científica, psicológica, é considerada desde logo como refalsado intelectualismo. Concordam todos em que o traidor deve ser punido; êle representa a escória da sociedade e é melhor que morra. Mesmo o advogado que o defende no tribunal pode ser acusado de colaboração e traição.

Todos nós conhecemos muitas outras palavras que funcionam como gatilho, que produzem imediata confusão na percepção e no julgamento objetivos, por tocarem em sentimentos inconscientes não resolvidos. Palavras tais como «comunista» e «homossexual», por exemplo, podem tornar-se palavras-gatilho, que causam perturbação de espírito e põem em ação um punhado de sentimentos tenebrosos. Os demagogos gostam de usar essas palavras para excitar sentimentos coletivos, que, embora não possam dominar, acreditam ser convenientes para a estratégia do momento. Isso, entretanto, pode vir a ser coisa semelhante a brincar com dinamite. Qualquer um de nós pode ser arrastado por chavões alusivos tais como «Onde há fumaça, há fogo» e «Cesteiro que faz um cêsto, faz um cento». Tive ocasião de ver isso certa vez sob aspecto dos mais interessantes, num caloroso debate, em que alguém foi censurado por ser um «sórdido monógamo». Imediatamente a opinião pública voltou-se contra o acusado.

Mesmo um juiz pode ser dominado por seus próprios problemas emotivos, especialmente pelo depoimento vesgo de testemunha que esteja procurando despistar. Na Grã-Bretanha os tribunais dão mais atenção aos efeitos de uma atitude nociva por parte dos jurados. Aí, o processo de julgamento é amplamente protegido, principalmente evitando-se discussão e deliberação anteriores ao julgamento, não importa qual o grau de impopularidade do acusado.

Interrogatório televisionado

Um interrogatório oficial público influencia os assistentes — e o fato de serem êstes influenciados pode ter efeito sôbre o resultado. Neste país, por exemplo, algumas audiências criminais foram postas ao alcance do público por meio de televisão. Os cidadãos, refestelados em seus lares e longe da cena, podiam ver como os advogados de defesa manobravam os fatos ou instruiam seus clientes (entre os quais estavam conhecidos capitãos do crime) de modo a apresentá-los sob luz favorável. Embora a atuação dos causídicos não passasse de evidentes artimanhas, com aparência de disputa firme e impetuosa, tinha-se como resultado que as vítimas dos criminosos, com aparência menos jovial, se tornassem ridículas, enquanto que êstes, calmos, seguros, senhores de si, pareciam mais dignos de admiração. As vítimas muitas vêzes não sabem como enfrentar a ribalta; sentem-se desajeitadas e acanhadas. Os criminosos, por seu lado, ou rejeitam tôdas as acusações em tom de justa indignação ou fazem confissões que degeneram em rogos histéricos de piedade. O efeito mágico exercido por observadores anônimos — por imaginarem a testemunha e o acusado a aprovação ou a reprovação dêsses observadores — tem influência nos resultados da audiência. E nós todos, os assistentes, levamos para essas audiências nossas próprias expectativas subjetivas, que esperamos ver confirmadas.

A televisão transforma uma audiência dessa espécie em julgamento pelas massas e, inadvertidamente, são os sentimentos mutáveis do público, e não a justiça, que compõe a atmosfera da sala do tribunal. Cada trecho do depoimento, nessas audiências, é sublinhado por rumores e emoção e os assistentes, abalados, ficam cheios de suspeitas e profundamente receiosos de que a audiência não tenha evidenciado os fatos incriminatórios.

Em busca de imparcialidade

O sentimento de justiça do homem apresenta aspectos muito sutis. Quando a **Justitia** se põe a namorar amigos poderosos ou se torna completamente submissa, o povo se sente inseguro e crescem suas angústias. Mas o sentimento de justiça do homem necessita, para sua satisfação e confôrto, de mais coisas do que a simples segurança. O sentimento de justiça é uma atitude íntima que visa à efetivação de normas de direito ideais, capazes de inspirar a comunidade e de elevá-la a um alto nível moral. Isso exige, não só êsse mínimo de decência no comportamento que é imposto pelas leis, porém, mais do que isso, um máximo de iniciativa pessoal e de respeito mútuo. Requer justiça pessoal e social, limitação mútua de exigências, a serviço da reciprocidade das relações entre os homens e entre os homens e seu govêrno. Todo sentimento ideal de justiça requer sacrifício e implica em autolimitação. O sentimentalismo é o seu inimigo. Êsse ideal de justiça não é sòmente válido para os indivíduos, mas deve também governar as comunidades e as nações. Sòmente nessa atmosfera de livre e recíproco sacrifício de poder, em favor de crescente justiça, pode a democracia desenvolver-se.

Podem as pessoas aprender a ver as coisas objetivamente e sem interferência de seus sentimentos pessoais? Sim, podem. Os modos preconcebidos de ver e de testemunhar podem ser mudados. Muitas pessoas percebem o prejuízo que causam a si mesmas e aos outros, quando se entregam a paixões e preconceitos coletivos. Então, por meio de investigação e observação avisadas, essas pessoas aprendem a ser menos preconcebidas, a observar os eventos reajustando constantemente o espírito e a visão e buscando a realidade.

Os reclusos dos campos de concentração ou dos campos de prisioneiros de guerra são constantemente bombardeados por boatos e sugestões e suas observações são a tal ponto pervertidas por uma necessária autodefesa, que dificilmente são capazes de fazer um relato objetivo concernente ao comportamento de seus companheiros. A atitude coletiva do momento orienta suas opiniões. O companheiro que se transformou em bode expiatório, cuja função é aliviar a ira geral de seus camaradas de prisão, jamais conseguirá neutralizar os efeitos de tudo o que venham a dizer dêle mais tarde, simplesmente porque está contra êle um grande número de testemunhas ditas objetivas. É muito difícil separar os boatos dos fatos e neutralizar preconceitos incrustrados na mente. Há no homem uma instintiva necessidade de tomar o partido da maioria, de aceitar a opinião do mais forte. Essa necessidade tem suas raízes num impulso biológico para a procura de segurança. É por isso que se desenvolveu entre os soldados dos campos de prisioneiros de guerra um forte sentimento de participação. O resultado disso é uma total falsificação inconsciente do que aconteceu. A observação individual se perdeu sob o forte impacto da opinião coletiva.

Quando, no futuro, estivermos na era da psicologia e uma visão segura do comportamento humano fôr mais generalizadamente compreendida e aplicada, teremos consciência mais clara da importância que têm as testemunhas fidedignas. Cada depoimento e cada peça do testemunho pró ou contra serão examinados e ponderados à luz de seus fundamentos históricos e psicológicos. O cidadão do futuro há de rir-se, quando, voltando-se para o passado, ficar sabendo do tempo que então se perdia nos julgamentos, porque fatos evidentes não eram revelados de um lado para serem confrontados com fatos igualmente evidentes do lado oposto. Os cidadãos do futuro compreenderão que o nosso comportamento revelava apenas as nossas mútuas hostilidades e sentimentos de mêdo e insegurança, sentimentos que nos levavam compulsiva e insensìvelmente à recomposição subjetiva de nossas lembranças e impressões. Assinalarão que, nos dias atuais, o pensamento objetivo estava na sua infância.

TERCEIRA PARTE

A COERÇÃO INADVERTIDA

No decurso de nossas indagações relativas ao contrôle do pensamento, ao menticídio e à lavagem do cérebro, ficou evidente a necessidade de prestar-se mais atenção aos meios pelos quais se cria uma predisposição interior para a submissão mental. Fatôres de formação pessoal e várias influências culturais podem, inadvertidamente, tornar o homem mais vulnerável à sugestão e às arremetidas ideológicas. Nesta terceira parte chamo a atenção do leitor para a tecnologia e a burocracia como instrumentos de invasão sorrateira dos nossos espíritos e para o modo pelo qual certas formas de preconceito e de delírio das massas podem, sem que disso tomemos consciência, apossar-se de nossas mentes. No capítulo final, em que se investigam os problemas da traição e da lealdade, dirigimos de novo a atenção para a tremenda influência que tem o pensamento das massas sôbre o conceito que cada um de nós faz da lealdade.

CAPÍTULO IX

O MÊDO COMO INSTRUMENTO DE TERROR

O mêdo de viver

Na atualidade, o mêdo despertado pelas relações entre os homens é tão forte, que muitas vêzes a inércia e a morte do espírito parecem mais atraentes que a vivacidade mental e a vida. A psicologia clássica atribuia com freqüência, ao mêdo da morte e do grande desconhecido, a causa de muitas angústias, mas os modernos estudos psicológicos demonstram que o mêdo de viver é ainda muito maior, mais profundo e mais assustador.

Viver nos parece muitas vêzes acima de nossas fôrças. Passar de uma dependência infantil relativamente segura, para a liberdade e a responsabilidade é arriscado e perigoso. Viver exige espontaneidade e atividade, tentativa e êrro, dormir e despertar, competição e cooperação, adaptação e reorientação. Viver importa em múltiplas relações, abrangendo, cada uma, milhares de implicações e complicações. Viver nos rouba a ilusão de estarmos protegidos e nos obriga a expor diàriamente fraquezas e virtudes aos olhares hostis ou benevolentes do próximo. Exige a formação de defesas apropriadas a certos fins e a certas relações e, em seguida, a substituição dessas defesas por outras, porque fins e relações tiveram que mudar-se. Quer-nos sòzinhos, a fim de que cooperemos com liberdade. Pede-nos submissão e conquista, ajustamento e rebeldia. Priva-nos do torpor infantil conseqüente à satisfação e das fantasias mágicas e onipotentes da infância. Viver exige reciprocidade no dar e no receber. Acima de tudo, viver é amar. Mas muitas pessoas têm mêdo de assumir a responsabilidade de amar, de empenhar sua afeição em alguém. Querem apenas ser **amadas** e ser protegidas; têm mêdo de serem magoadas e repelidas.

Percebe-se isso claramente ao ver-se tanta gente acolher com fervor tôdas as limitações e frustrações que se lhe oferecem — as neuróticas limitações dos preconceitos correntes ou as limitações totalitárias impostas por políticos poderosos. Erich Fromm, em seu livro **Escape from Freedom,** mostra claramente como podem as pressões da liberdade, quando não contrabalançadas pela responsabilidade e pela compreensão, impelir os homens a se enquadrarem na conformação totalitária do espírito, e a abrirem mão de liberdades duramente conquistadas. Essa rendição é nada mais, nada menos, que uma lenta morte mental.

Os dirigentes totalitários, da esquerda ou da direita, sabem, melhor do que ninguém, como tirar proveito dêste mêdo de viver. Êles medram no caos e na confusão. Sentem-se perfeitamente à vontade nos períodos de agitação da política internacional. A estratégia do mêdo é uma de suas táticas mais proveitosas. A crescente complexidade de nossa civilização e dos meios de administrá-la torna mais sensível que nunca o embate das fôrças políticas. Quando os totalitários acrescentam às suas táticas todos os sagazes estratagemas que já discutimos — condicionamento pavloniano, sugestões repetidas, descondicionamento por meio do tédio e da degradação física — então, estão em condições de ganhar a batalha pelo domínio do espírito humano.

Nos primeiros capítulos dêste livro, descrevemos com certa minúcia as técnicas com que se pode transformar o homem num robot, a serviço do totalitarismo, e algumas das tendências que, mesmo nos países livres, contribuem para despojar o homem de sua integridade mental. É importante compreendermos, também, que a exaltação da conformidade e o mêdo de viver livremente podem ter um efeito quase tão devastador quanto o deliberado assalto totalitário ao espírito humano. A conformidade e o mêdo de viver privam o estilo liberal de vida de seu maior recurso na luta contra o totalitarismo.

A fôrça humana reside na diversidade e na independência do pensamento, na aceitação da divergência, na disposição para discutir e ponderar opiniões contraditórias. Recusando-nos a admitir as diversidades da vida e a complexidade e individualidade do espírito humano, pregando dogmas inflexíveis e rigidez de princípios, começamos a adotar aos poucos a atitude totalitária que condenamos. O delírio nunca foi privilégio exclusivo dum país, duma classe ou dum grupo, e o delírio totalitário, que fomenta, por si mesmo, o menticídio, pode acometer-nos de vários lados, vindo da direita ou da esquerda, dos ricos ou dos desprotegidos, dos conservadores ou dos revolucionários.

O mêdo e a intimidação têm sido não apenas resultantes, mas também instrumentos da coação mental. Conquanto não haja, até agora, uma teoria unificada do mêdo e da angústia, e não se saiba, por conseguinte, exatamente, porque e como leva o desenvolvimento dêsses sentimentos a tão terríveis conseqüências, é importante que se compreenda quão poderosos instrumentos são o mêdo e o pânico e que se veja, descrevendo-os, os efeitos que essas opressoras emoções podem causar nas pessoas.

Muita gente pensa que as reações de mêdo são expressões histéricas de desespêro. Como veremos, porém, claramente, neste capítulo, mêdo e pânico apresentam também manifestações paradoxais de indiferença e de apatia, reações que, exatamente por serem menos freqüentemente identificadas como resultantes do mêdo, podem ser muito mais perigosas para o indivíduo que um bom chôro histérico. São os temores ocultos e silenciosos que exercem essa influência sôbre o nosso comportamento político e social.

O mêdo e o pânico não são apenas reações contra o perigo e a ameaça evidentes; são reações contra a lenta e sorrateira intrusão da propaganda inquietante e contra as ondas incessantes de sugestão a que estamos todos expostos. O mêdo nos rodeia por todos os lados e freqüentemente lança sua sombra onde menos esperamos encontrá-lo. Podemos estar agindo por mêdo sem o perceber; consideramos perfeitamente normal e racional nosso comportamento quando, na realidade, nos diz a psicologia que um mêdo disfarçado já começou a operar em nós.

O mêdo e a calamidade fortalecem a necessidade de identificação com um chefe poderoso. Levam as pessoas a se aglomerarem e a desistirem da pretensão de constituírem, cada uma, uma unidade individual; preferem fazer parte de uma enorme e misteriosa organização social, que as protege contra a ameaça e a aflição, em unidade com o chefe. Essa reação instintiva de busca de proteção dirige-se, também, contra a discordância e o individualismo, contra o ego individual. Vemos nisso uma regressão a um estágio mais primitivo de participação da massa. Sem dúvida, êsse processo de retração do ego constitui o aspecto negativo da reação de retôrno à massa. Mas essa reação, por outro lado, estimula o reconhecimento da necessidade de maior cooperação e de maior auxílio mútuo. Durante a última guerra, e nas emergências por que todos passaram, muita gente tomou consciência, pela primeira vez, dos laços afetivos que os uniam a seus vizinhos. Ao mesmo tempo, a angústia pode inspirar desconfiança e necessidade de se procurar um bode expiatório. O paradoxo do mêdo está em que propaga, ao mesmo tempo, fria suspeita e tépidos sentimentos de imatura afetividade.

Embora se verifique, no mundo todo, uma tendência consciente para superar o mêdo e os sentimentos de insegurança, há também, menos consciente, uma contracorrente que provoca novos mêdos, novas angústias, novas inseguranças. Quer o reconheça, quer não, o homem moderno vive numa atmosfera de mêdo — mêdo de guerra, mêdo da bomba H, mêdo de totalitarismo, mêdo de divergência, mêdo de dissenção. Quando damos acôrdo dêle, já está atuando em nosso comportamento. No momento em que êle penetra no espírito e estimula a fantasia, passa a dirigir nossos atos, quer o queiramos, quer não. Não é possível eliminarem-se as incontáveis pressões e situações que geram o mêdo, no mundo moderno, mas pode-se aprender a identificar e a compreender algumas das formas mais comuns das reações de mêdo. Dêsse modo, pode-se aliviar parcialmente as tensões que elas provocam e aprender a lidar com elas de maneira mais eficiente.

Nossas fantasias em tôrno do perigo

Lembro-me com nitidez de uma bela tarde de sol, durante a Segunda Guerra Mundial, quando estava ainda na Holanda. Estava jogando tênis com alguns amigos e desfrutávamos todos o prazer do esporte. Êsse prazer, no entanto, estava sendo, até certo ponto, prejudicado pelos jogadores da quadra vizinha. Êles falavam a língua do invasor odiado e, embora trajados, como nós, de esportivas roupas brancas, eram sem dúvida oficiais nazistas esquecidos, por um pouco, de seus delírios de conquista do mundo, que buscavam distrair-se, como qualquer ser humano normal. De repente, ouvimos o ronco de aviões e, à distância, o apito das sereias de defesa anti-aérea. E passou zunindo, voando baixo, um grupo de **Spitfires**, amigos nossos, vindos da Inglaterra. Meus amigos e eu interrompemos o jôgo, sacudimos as raquetas para saudá-los e ficamos observando as manobras dos aviões. Nossos vizinhos reagiram de modo inteiramente diverso. Tomaram-se de pânico; um dêles atirou longe a raqueta e fugiu, os outros lançaram-se de rosto no chão, num fôsso que circundava a quadra. Objetivamente, todos nós corríamos o mesmo risco de sermos bombardeados pelos aviões inglêses; para os alemães, porém, tratava-se de aviões inimigos, enquanto que para nós, eram amigos.

Não preciso acrescentar que, depois dessa ocorrência, proibiu-se aos meus amigos, cidadãos holandêses, jogar tênis nessa quadra.

Quando, um ano depois, tive a sorte de chegar a Londres, notei que, de cada vez que os aviões alemães sobrevoavam a cidade, à noite, eu experimentava o mesmo sentimento de desconfiança que devia ter-se apoderado dos alemães, naquela tarde. Parecia que cada bala e cada bomba me estavam destinadas. É tão grande o papel da fantasia, no mêdo, que uma bomba inimiga tem um sentido e uma bomba amiga tem outro.

O mêdo pode definir-se muito simplesmente como uma reação interna ao perigo. Esta definição é simples apenas na aparência, porque mal a formulamos, defrontamo-nos com um problema: que se entenderá por perigo? Bombas, incêndios, tremores de terra e epidemias fàcilmente se identificam como tais. Da mesma forma, a tortura física, o ataque totalitário direto a uma súbita crise económica. Mas há também muitos perigos emotivos sutis, que despertam fantasias e expectativa amedrontadoras, não raro combinadas com visões de ruína e desastre. Como o demonstrarão os exemplos que vamos apresentar, êsses perigos são enfrentados diferentemente por pessoas diferentes. Nossa atitude pessoal diante da vida e da humanidade é que determinará se, para nós, uma situação dada representa um desafio que aceitamos de bom grado ou um perigo invencível. Algumas pessoas sentem-se bem com o domínio rigoroso e com o condicionamento mecânico de suas vidas. Para elas, o totalitarismo e o contrôle do pensamento não constituem perigo; proporcionando-lhes uma espécie de perpétuo sonambulismo, sem responsabilidades. Para elas, a liberdade é que é perigosa, ao passo que a dependência é deleitosa segurança. Outros detestam qualquer intrusão em sua liberdade e integridade pessoais e estão sempre prontos a defender-se contra tôda pressão exterior, real ou imaginária.

Mêdo paradoxal

Mesmo quando as pessoas estão bem preparadas e exercitadas para defrontar uma desgraça iminente — prisão ou lavagem de cérebro, por exemplo — o encontro efetivo do perigo pode provocar tôda a sorte de comportamentos defensivos. Um preparo excessivo pode até enfraquecê-las, porque a expectativa muito longa favorece o fluxo ascendente de uma multiplicidade de fantasias ocultas. Nalguns poucos, isso se manifesta através de reações patológicas de mêdo, tais como completo colapso nervoso ou paralisia total. Cada pessoa tem um diferente limiar de resistência mental ao perigo e êsse limiar pode variar de dia para dia, na dependência de nossa fortaleza física ou mental. Em regra, as tropas sem experiência não demonstram, desde logo, mêdo patológico no primeiro combate; tal comportamento leva algum tempo para desenvolver-se. Por paradoxal que o pareça, as reações de mêdo e os momentos de fraqueza surgem muitas vêzes depois de passado o perigo real. Cessada a tensão do combate ou a pressão diária da vida num campo de prisão, e não havendo mais nenhuma necessidade de disfarçar o mêdo ou de vigiar o comportamento, muitas pessoas se entregam totalmente e dão livre vasão a tôdas as suas angústias.

Em Dover, na Inglaterra, no ano de 1944, quando, depois de uma tensão de quatro anos de contínuo bombardeio germânico, se fêz completo silêncio, a população sofreu uma espécie de colapso nervoso coletivo. Depois que as tropas aliadas varreram vitoriosamente as costas da Bélgica, cessou, de repente, todo bombardeio; nesse momento, muitas pessoas em Dover, entregaram os pontos. Foi como se o silêncio inesperado as tivesse posto em estado de choque.

É importante compreendermos essa reação paradoxal de mêdo, depois de passado o pergio. Os estrategistas totalitários sabem que durante um período de passageira tranqüilidade e de afrouxamento de tensão, as pessoas relaxam a vigilância e podem mais fàcilmente ser vítimas de opressão mental totalitária. Na sua estratégia de terror, fazem uso deliberado da ação psicológica da pausa para respirar. No momento em que nos abandonamos e deixamos cair as defesas preparadas contra o perigo, podemos ser induzidos a absorver qualquer sugestão forte. Em seu «Documento sôbre o Terror» os totalitários chamam «estratégia do mêdo fracionado», à técnica de tirar partido dêste momento de distensão. Num período de calma entre tensões agudas, fàcilmente condicionam êles o espírito de suas vítimas. Hitler usou o período de apaziguamento de Munich exatamente nesse sentido. Nesse tempo, seu bombardeio de propaganda foi duplamente eficaz.

Quer seja imediata ou retardada a reação ao mêdo e ao perigo, a maioria das pessoas manifesta, sob pressão, um comportamento que se enquadra num dos seguintes padrões:

1. **Regressão** — perda do comportamento adquirido.
2. **Camuflagem e disfarce** — as reações ditas de dissimulação ou desmaio.
3. **Pânico explosivo** — defesa através de «ataque ou fuga».
4. **Condicionamento psicossomático** — o corpo sofre as conseqüências.

Regressão

Não obstante estejam mais ou menos familiarizados com o conceito de regressão — recuar os ponteiros do relógio da cultura — muitas pessoas surpreendem-se ao verem homens e mulheres de comportamento comedido, perderem, nas ocasiões de catástrofe e de pânico, os hábitos de civilização.

Tratei uma vez de um engenheiro que tinha sido vítima de um tremor de terra num país estrangeiro. Depois do terremoto, êle comportava-se tal e qual uma criancinha. Experimentaram-se com êle todos os tipos de tratamento mas nenhum foi eficaz; não se conseguiu modificar sua conduta infantil. Nunca mais êle voltou a encontrar as formas normais e adequadas de comportamento. Desde êsse dia fatídico, ficou êle como que entrincheirado no esconderijo em que se refugiou. Dir-se-ia que, com um sôpro, se tinha apagado a lembrança de tudo o que aprendera.

Não era mais um homem adulto, um profissional da ciência. Era uma criancinha. Balbuciava como criança, tinha que ser alimentado como criança. Uma outra vítima de terremoto que conheci, um professor de matemática, foi encontrado no jardim, depois de cessado o abalo, a brincar, semi-nu, com os seus brinquedos de criança. Afastou completamente tôda lembrança da real situação de emergência por que tinha passado e regrediu a um período de infantil irresponsabilidade.

Encontra-se em todo o reino animal êsse comportamento regressivo como forma de defesa. Quando um organismo está em perigo, abandona a complexidade e recua para formas mais simples de existência. Se as condições de vida se tornam muito perigosas, alguns organismos multicelulares mais expostos transformam-se em sêres monocelulares simples, bem protegidos. Êsse processo regressivo, chamado enquistação, verifica-se, por exemplo, quando o organismo está exposto a condições anormais de temperatura e de umidade.

O homem está sujeito à mesma regra biológica de defesa. Quando a vida se torna, para êle, demasiado complexa, é comum que êle recue no tempo e volte a ser um primitivo. Pode ocorrer, então, uma repentina desintegração e um colapso de funções. Essa forma de comportamento regressivo é freqüente nas crianças. Quando amedrontadas, muitas vêzes revertem à linguagem de bebê e voltam a urinar na cama. Nas áreas bombardeadas, na Segunda Guerra Mundial, muitas moças de quase 20 anos recomeçaram a brincar com bonecas. Mesmo homens e mulheres aparentemente amadurecidos e hipersofisticados, quando o mêdo os acomete, podem apresentar milhares de sintomas dêsse retôrno ao infantilismo. Seus sintomas não serão tão dramáticos quanto os exemplos acima; não obstante, são sempre sintomas de mêdo. Quando pessoas adultas começam a gaguejar e a perder sua compostura habitual, quando fazem questão de exibir atrativos especiais para se protegerem, quando inventam histórias a propósito de sua simulada invulnerabilidade, quando blasonam demais, comem mais doces e mais açúcar, assobiam mais, falam mais, choram mais e perdem seu aprumo formal e a seriedade de comportamento, estão agindo sob a influência do mêdo.

Durante a Segunda Guerra Mundial, nos campos de prisão e nos abrigos antiaéreos, as pessoas realmente procuravam conhecer-se umas às outras, como, nos parques infantis, o fazem as crianças, sêres que têm o dom intuitivo e simples de reconhecer aquêles em que podem confiar. Nesta época de angústia, sentimo-nos envolvidos pelas mesmas sombras aterradoras que outrora perseguiam o homem da Idade da Pedra e é possível procurarmos reagir contra elas, procedendo da forma mais aproximada à dos nossos antepassados menos complicados.

Camuflagem e disfarce

Um outro padrão de comportamento diferente é o da camuflagem e do disfarce — brincar de esconde-esconde com o destino. Essa eficiente artimanha protetora é usada com freqüência por animais inferiores que tomam, por tempo passageiro, a forma e a côr do ambiente. É a mesma coisa que a camuflagem militar. Todos conhecem o camaleão e suas mudanças de côr e êsse não é o único animal dotado de capacidade para mudar a côr da pele ou a forma do corpo, em ocasiões de perigo. Todavia, muita gente não se apercebe de que a pele humana também faz tentativas rudimentares de camuflagem. O arrepio da epiderme se assemelha à reação do gato assustado e eriçado; o embranquecimento repentino do cabelo ou a descoloração da pele, que tècnicamente se denomina melanose do mêdo, modificam nossa côr externa.

Durante a Segunda Guerra Mundial, fui uma vez a Roterdão, com um grupo de primeiros assistentes, depois de um pesado bombardeio. Nossa primeira impressão, ao olharmos para as pessoas, era de que todos estavam usando máscaras. Tinham a pele encarquilhada, demonstrando uma reação típica de camuflagem. Estavam ainda profundamente amedrontadas e parecia que procuravam esconder-se do tremendo inferno de fogo que fôra lançado sôbre elas.

Há um paralelo psicológico para essas reações físicas; é o chamado padrão de «dissimulação ou desmaio». Para a psicologia moderna, essas duas reações — dissimular ou desmaiar — correspondem a afastar-se passivamente da realidade. Essa reação é comparável ao choque de bombardeio ou à neurose de guerra, cujo estudo constitui um dos capítulos mais fascinantes da medicina. Soldados e civis podem igualmente entrar em estado de paralisia mental. Nesse estado, a vítima torna-se apática; é incapaz de falar ou de mover-se. Nenhuma realidade perigosa existe mais para ela. Parece morta; só vive o seu olhar ardente e apavorado. Essa atitude de morte, ou reação cataléptica, tem freqüentemente sôbre os circunstantes um efeito profundamente aterrador. Nada é mais contagioso do que desmaiar em lugar apinhado de gente.

É importantíssimo que se compreenda até que ponto as pessoas se podem tornar passivas, paralisadas, indiferentes e submissas, em circunstâncias que exigiriam a mais intensa atividade. É desta passiva reação humana ao terror que se aproveitam os totalitários, quando colocam seus prisioneiros em enormes campos de concentração, sob vigilância de uns poucos guardas apenas; confiam em que a reação de passividade os impedirá de rebelar-se ou de tentar fugir. Como o passarinho que fica têso e imóvel à aproximação da serpente, o homem pode entregar-se passivamente àquilo de que se apavora e tem mêdo, a fim de livrar-se da tensão da expectativa. O ladrão que se entrega à polícia porque já não pode mais suportar a tensão e a insegurança de não saber quando será apanhado, também é um exemplo evidente disso.

É a reação psicológica de camuflagem que já por trás do desfalecimento emotivo e do pânico silencioso — a paralisia mental que sobrevém a algumas pessoas quando não lhes é mais possível fazer face às circunstâncias em que se encontram. Render-se passivamente ao que êle próprio teme é uma das reações ao perigo iminente mais comuns no homem, e que não se limita às personalidades patológicas. Ocorre muito mais freqüentemente que o pânico selvagem e manifesto revela-se em inúmeros mecanismos sutis de comportamento. Podem as pessoas procurar a escapatória de queixas de males físicos. Podem encontrar refúgio em falsas obrigações e em distrações «importantíssimas». Podem negar a existência do perigo real, comprazendo-se numa aparente segurança de si mesmo. Tornam-se obstinadas e apáticas; nada as pode espertar. Afirmam que não se interessam por política. Alguns tentam impingir a si mesmos e a outros a entorpecente teoria da desesperança e da fatalidade do destino. Não se fale, porém, em bomba atômica! Haverá quem procure o esquecimento na bebida excessiva ou se esconda por trás de infindáveis e fastidiosas discussões.

Todo homem tem sua própria linha Maginot psicológica — uma fortaleza mental que êle acredita invulnerável. É o que costumamos chamar de política do avestruz — e a política do avestruz é uma das estratégias mais perigosas do mundo. Cuidado com o totalitário que prega a paz; sua intenção pode ser impelir o mundo a render-se passivamente àquilo mesmo que êsse mundo teme.

O culto da passividade e do chamado relaxamento de tensão é uma das mais perigosas ocorrências de nossa época. Em essência, pode representar também, um padrão de camuflagem, o duplo desejo de não ver os perigos e as provocações da vida e, ao mesmo tempo, de não ser visto. Não podemos fugir a tôdas as tensões que nos rodeiam; elas fazem parte da vida e temos que aprender a enfrentá-las de maneira adequada e a empregar nossos lazeres em atividades mais criadoras e satisfatórias. Distrações solitárias e silenciosas, com bebidas, guloseimas, televisão e histórias de crimes misteriosos, podem amolentar o espírito, desenvolvendo uma passividade que o tornará aos poucos vulnerável às ideologias sedutoras de algum inimigo que se teme. Recusar, por passividade, a admitir o perigo do totalitarismo, pode levar gradualmente aquêles que de início o temiam a render-se às suas blandícias.

Pânico explosivo

As reações motoras explosivas, que chamamos pânico e debandada, são muito mais familiares à maioria das pessoas que as demais reações de mêdo. São elas o que chamamos de histeria de massa, a reação do **chacun pour soi.** A criança tem seus acessos de raiva; e os mais velhos, explosões de furor incontido e reações de «ataque ou fuga». Embora quando se fale em pânico, geralmente se pense em fenômenos tais como a debandada histérica dum teatro em chamas, ou a fuga de populações inteiras tomadas de terror, há muitos graus mais atenuados de pânico, desde os primeiros sintomas da inquietação que se apodera de nós quando alguma coisa nos ameaça, até as grandes explosões de chôro, as correrias e as atropelos que se verificam nos grandes pânicos. O homem apresenta muitas formas de comportamento pânico e frenético: ataques epiléticos (na epilepsia de trincheira ou de guerra), fúria, raiva, autodestruição, agressão criminosa, ataques de amock, (1) deserção militar, motins, impulsividade irreprimível, dirigir veículos com velocidade desenfreada. Um soldado em estado de pânico pode comportar-se como uma criança enraivecida. Pode atacar seus inimigos ou disparar contra seus próprios companheiros. Em pânico, os civis se põem a chorar, a gritar e a andar sem rumo, retorcendo as mãos. Ou bradam, berram e chamam por socorro.

---

(1) NOTA DOS TRADUTORES — **Amock** é um violento ataque de mania homicida comum entre os malaios; de repente e aparentemente sem razão, sai a pessoa a correr pelas ruas, armada de punhal ou outra arma, a distribuir golpes em quantos encontre, até que acaba sendo morta por alguém.

A pessoa em pânico espalha o pânico; de cada vez que grita, incita os outros a correr. O pânico nunca é uma questão de fôrça bruta ou de falta de energia; é, antes, uma deficiência de estrutura íntima, uma falta de capacidade para organizar. O dirigente em pânico hesita em fazer uso dos poderes que lhe foram confiados.

Subsiste lá bem no fundo de cada um de nós a criança que tem acessos de raiva; quanto mais misterioso e inexplicável o perigo, tanto mais primitivas serão nossas reações.

Os motins, os movimentos de fúria das massas, os surtos de criminalidade contribuem para aumentar o mêdo e o pânico, podendo, por isso, ser aproveitados para aprofundar o sentimento de insegurança do homem e, em conseqüência, favorecer a sua rendição passiva ao ambiente totalitário. Qualquer regime terrorista obriga suas vítimas a reprimirem as reações de rebeldia e de cólera. E essas reações, quanto mais reprimidas, tanto mais desenvolvem tremendas reações de raiva íntima, que devem aguardar até que lhe seja permitida alguma forma de explosão socialmente sancionada. A guerra costuma ser êsse pânico generalizado, a válvula de descarga em massa de raiva acumulada nas pessoas. Ainda aqui os temores íntimos da humanidade se desafogam por meio de destruição em massa.

O corpo sofre as conseqüências

As reações psicossomáticas, que constituem um grande grupo. embora não sejam um mistério, são mais difíceis de explicar. Consideremos um exemplo que pode tornar mais claro êste fenômeno. Em minha cidade natal, na Holanda, depois de uns poucos bombardeios durante a Segunda Guerra Mundial, apareceu, com caráter epidêmico, uma moléstia da bexiga — pelo menos de acôrdo com as primeiras interpretações. As pessoas sofriam, com tal freqüência, de necessidade de urinar, que não podiam dormir tranqüilas; pràticamente, ninguém tinha uma noite inteira de descanso. Durante certo tempo, abarrotaram-se os consultórios de urologia. Foi então que os psiquiatras explicaram êsse impulso para urinar como uma das primeiras reações de mêdo. Bastava às vítimas pensar em sua infância e lembrar de suas reações orgânicas nos tempos de exames escolares, para compreenderem o que estava acontecendo. Explica-se o aumento de micção como um estratagema do corpo para reduzir a tensão.

O corpo pode reagir ao mêdo e ao pânico com uma multiplicidade de sintomas físicos. Transpiração, urina freqüente, palpitações do coração, diarréia, alta pressão arterial, são alguns dêles. Sabemos que muitas dessas reações decorrem da mobilização, pelo corpo, de defesas específicas contra perigos iminentes. As maneiras específicas pelas quais as enfermidades corporais se relacionam com o mêdo e com o desenvolvimento da angústia são, em grande parte, condicionadas pela história de vida pessoal do indivíduo, principalmente pelo seu desenvolvimento na infância. A criança cujas primeiras tensões e aflições foram afogadas em leite e comida, se transformará num adulto que buscará encher a boca de novo, de cada vez que ocorra um perigo. Comer em excesso veio a ser, para êle, um artifício para aliviar o mêdo. No processo de educação dos filhos, os pais, inadvertidamente, exercitam determinados órgãos da criança a reagir contra as tensões da vida.

Como o corpo humano tem muitos órgãos, o homem pode apresentar uma enorme variedade de reações físicas e emotivas às ameaças internas ou externas. A medicina psicossomática distingue diferentes tipos característicos, segundo os diferentes órgãos que respondem à pressão externa ou ao perigo. Há os tipos de úlcera, de asma, de colite, de falhas do coração. Cada um dêsses tipos enfrenta com uma reação diferente a mesma batalha — a batalha contra o mêdo. Os sentimentos provocados pelas tensões sociais podem manifestar-se por várias formas de enfermidades orgânicas. Contudo, no mêdo agudo, alguns órgãos reagem com mais freqüência que outros. A necessidade repetida de urinar é pràticamente uma reação universal de mêdo. «Estômago embrulhado» é outra reação de mêdo também quase universal.

Durante a Segunda Guerra Mundial, um grupo de médicos procurou em vão o vírus causador de uma desconhecida moléstia intestinal, que atacou os soldados americanos que se preparavam para desembarcar numa das ilhas inimigas do Pacífico. Médicos e biologistas pesquisaram e pesquisaram; nada encontraram. A doença misteriosa desapareceu, tão repentinamente quanto surgira, depois que a invasão começou e os soldados puderam descarregar, na ação, a tensão de expectativa em que se encontravam. Êsses homens não eram, de forma nenhuma, singulares ou anormais. Ainda quando se aceita conscientemente o desafio do perigo e se está preparado para enfrentá-lo, as fôrças de reação do corpo podem derrotar a coragem mental. O espírito quer ser valente, mas o corpo se refugia na doença. Solidez de educação na infância, segurânça emotiva no lar, condicionamento permanente para aceitar as várias provocações da vida — são os fatôres determinantes da forma de nossa reação, quando formos postos à prova.

Ao tratar dos soldados em pânico, durante a última guerra, os psiquiatras dedicaram parte de seu tempo a explicar-lhes essas diversas reações ao perigo. No momento em que as vítimas começavam a compreender suas reações, e viam como elas eram comuns, estava dado o primeiro passo, e o mais decisivo, para a cura. Deixavam de ficar assustadas com o próprio mêdo e já não tinham tanto pavor da covardia. Para êles, era muito importante saber que o que os reduzia ao nível de crianças desamparadas, fazia parte de um padrão universal de comportamento defensivo. Uma vez compreendido isto, ficavam menos assustados e menos envergonhados com os seus temores íntimos. Sabiam que seu corpo estava reagindo como muitos outros e conseguiam novamente aceitar suas obrigações com tranqüilidade e com domínio mais seguro. O vigor e a energia dependem do conhecimento de si mesmo, tanto quanto da ajuda e do apoio que recebemos dos outros.

Em tempos de aflição e de calamidade, as pessoas entram a sondar os pontos vulneráveis e as fraquezas de amigos e de inimigos. Essa prova se processa constantemente durante uma guerra ativa, mas se verifica, também, nas guerras frias. A guerra fria exerce pressão contínua sôbre a imaginação humana e sôbre a fortaleza mental e é causa de muitas reações orgânicas, peculiares às reações de fuga.

Sempre que enfrenta o mêdo e o perigo, o homem tem que fazer uma escolha: entregar-se à fúria irreprimida, cuidar exclusivamente de sua proteção pessoal ou aceitar as responsabilidades. As reações de mêdo descritas acima mostram que o impulso primordial para a autodefesa (ainda que seja mal dirigido), pode romper tôdas as defesas do homem civilizado. Só o adestramento e o preparo deliberado para enfrentar o perigo, quer externo, quer interno, são capazes de dar ao homem a fôrça necessária para conter essas reações. Êsse preparo começa no seio da família e é reforçado pelo exemplo de uma comunidade livre e pacífica. São êstes os primeiros mestres na batalha constante entre mêdo interior e perigo externo.

O simples fato de estarem familiarizados com os acontecimentos, pode ser de grande ajuda para os que correm risco de serem submetidos à lavagem do cérebro. O conhecimento antecipado tem uma função protetora parcial, que constitui a melhor segurança que se lhes pode proporcionar. Desfaz a influência debilitante da angústia e da expectativa do desconhecido. Com êsse auxílio, sua vulnerabilidade mental poderá encontrar apoio na fortaleza interna inata, no exemplo de uma boa educação e nos ensejos e oportunidades que a sociedade lhes oferece.

CAPÍTULO X

A CRIANÇA É O PAI DO HOMEM

É chegada a oportunidade de indagarmos se existirá alguma coisa no nosso próprio crescimento e desenvolvimento que nos possa tornar mais vulneráveis à intrusão mental e, por fim, à lavagem do cérebro. Existirá, por exemplo, em cada um de nós, necessidades coercitivas especiais? Que coisa existe que, transmitida e ensinada à criança, faz com que ela fique prisioneira espiritual de seu ambiente?

Essas questões são importantes e requereriam uma completa investigação filosófica e pedagógica. Não obstante, para fins práticos, podemos limitar nossa atenção a dois diferentes aspectos do desenvolvimento: a influência dos pais e a influência de certos hábitos sociais. O último já foi analisado na segunda parte dêste livro. Em verdade, devo repetir que, segundo a minha experiência, todos os que são educados ao imperativo de regras de muito estrita obediência e conformidade cedem mais fàcilmente, quando sujeitos a opressão. Durante a Segunda Guerra Mundial, os chamados rijos oficiais da S.S., quando depois de presos, eram interrogados, entregavam sem demora seus segredos militares. Tendo vivido durante anos sob o comando totalitário, nada mais faziam do que obedecer às novas vozes de comando. Às vêzes tínhamos apenas que imitar a voz explosiva de seus senhores e trocavam seus antigos patrões por um novo. Qualquer ordem se tinha tornado, para êles, o disparador automático de nova e conformada obediência.

Lidando, neste país, com membros do Partido Comunista, tivemos experiência similar; eram pollticamente submissos e mudavam de uma estratégia partidária obstrutiva para um conjunto de táticas opostas, desde que Moscou baixasse ordens para isso.

Como podem surgir totalitários

Têm sido objeto de atenção cada vez maior os vários motivos psicológicos que conduzem ao extremismo político e à mentalidade totalitária homens e mulheres criados em atmosfera democrática e que, de livre vontade, deliberaram ligar-se a uma ideologia totalitária. Os psicólogos que puderam observar a atitude totalitária e que estudaram os que por ela são fàcilmente influenciados concordam plenamente em que, nos países democráticos livres, a opção pelo totalitarismo é quase sempre determinada por um fator íntimo de personalidade — frustração, se quiserem. Usualmente, não é nem a pobreza, nem o idealismo social que faz de um homem um totalitário, mas principalmente fatôres internos, tais como extrema submissão e masoquismo, de um lado, ou o apetite de poder, de outro. As rivalidades não resolvidas entre irmãos têm aí também o seu papel; tratei de muitos colaboradores dos nazistas cujo comportamento político era, até certo ponto, motivado pelo fato de serem filhos mais velhos e por julgarem insuportável a competição com os irmãos mais jovens. Todos êsses fatôres ajudam a explicar porque é que os totalitários podem usar, onde quer que seja, sua propaganda de violência para explorar o ressentimento, o ódio, o racismo e a turbulência política. Sabem que lhes basta manejar êsses imaturos sentimentos de privação e insatisfação, para enfeitiçar pessoas.

A minha própria experiência deixou-me perplexo ao ver como, de modo geral, a escolha de orientação política não tem base na realidade. Raramente tenho encontrado pessoas que hajam escolhido um determinado partido político de qualquer espécie — democrático ou totalitário — através de estudo e comparação de princípios. A escolha de filiação política é, com bastante freqüência, determinada por apatia, por tradição de família, por esperança de vantagem financeira ou por outros fatôres irrelevantes. É essa falta de motivação racional que pode tornar as pessoas mais suscetíveis às lisonjas totalitárias, mesmo numa comunidade democrática. Lembro-me muito bem, por exemplo, de um médico holandês, meu colega de faculdade, que, tendo se enamorado da filha de um comunista, com ela se casou. No comêço, perturbou-se com os conflitos entre os seus princípios e a sua adoração, mas, aos poucos, seus princípios cederam e êle começou a justificar a linha do partido. Depois disso, de tempos em tempos, nos víamos. Era um excelente médico e um colega jovial e recebia com benevolência as minhas um tanto sérias zombarias a respeito de suas idéias políticas. Mas, no momento em que empreendemos uma discussão realmente séria, entrincheirou-se no seu canto oficial de defesa, tornou-se diferente, mal humorado, mecânico, a sacar argumentos pré-fabricados. Durante a guerra eu o encontrava freqüentemente, no decurso de nossas atividades comuns de resistência subterrânea. O pacto de Stalin com os nazistas deixou-o completamente atônito, mas quando a Rússia foi invadida e se tornou uma nossa aliada, retomou seu agressivo robotismo. Êle não era apenas um resoluto lutador antinazista, mas insistia em que o único modo de lutar era o seu. Perdeu a vida numa perigosa missão da resistência secreta e sempre tive a impressão de que, de certo modo, foi essa morte bem acolhida por suas latentes tendências para o suicídio.

Vi, em outros nazistas e comunistas, dramáticos exemplos de como ressentimentos pessoais, independentemente de ter a pessoa sofrido uma injustiça de fato, podem levar um homem a tomar o partido dos rebeldes. Algumas dessas pessoas eram dêsses que simplesmente se submetem passivamente a um movimento mais forte do que êles mesmos — homens e mulheres cuja ideologia indicava qual a ala que os apanhou primeiro;

outros eram motivados pela necessidade de descarregar ódio e ressentimentos pessoais em qualquer direção e usaram a atividade política para satisfazer a essa necessidade.

Mas, se quisermos chegar a uma real compreensão dos fatôres internos que levam uma pessoa a adotar uma ideologia totalitária, precisamos aprofundar-nos um pouco mais e dedicar nossa atenção a algumas das raízes básicas dêsse problema.

O poder modelador dos primeiros cuidados

Uma das coisas mais importantes que aprendemos da moderna psicologia é que muitas das nossas atitudes e problemas da idade adulta têm suas raízes no passado remoto dos nossos anos de amamentação e de infância, aparentemente tranqüilos. A vida da criança pode parecer plácida e sem incidentes, mas desde que nasce ouve o ressoar longínquo de milhares de ruídos, uns vindos de dentro de seu próprio espírito e outros do mundo exterior. No ventre materno não conhecia nem frio nem calor; agora recebe pela epiderme essas sensações. Quando protegida nas entranhas maternas, não tinha que respirar, comer ou excretar; agora cabe-lhe fazer essas coisas por sua própria conta. Precisa de ajuda para fazê-las, precisa de proteção e, para essa proteção e ajuda, tem que fiar-se nesses enormes gigantes, pai e mãe. Ela é total e completamente dependente, incapaz de encontrar por si mesma respostas adequadas para as suas necessidades. Aí está ela, com seus meios de adaptação lamentàvelmente limitados, com um mínimo de padrões de reação inatos. Calor, alimento e amor, coisas de que precisa para sustento da vida, vêm até ela quando faz o que é «correto» e o que é correto é o aprendido e o civilizado, não o instintivo e o primitivo. Os gigantes, seus pais, fazem-lhe exigências — começam a moldá-la de acôrdo com seus próprios hábitos e a criaturinha tem que submeter-se a tôdas essas exigências externas, a fim de obter o que quer e o de que precisa. Tem que obedecer a centenas de regras de educação vagas e incompreensíveis, para que lhe retribuam com a afeição e a proteção de que tanto depende. Tudo isso a transforma num ser mais ou menos conformista. É absorvida, por assim dizer, pela moralidade dos pais, que se torna uma fôrça sempre presente no interior da criaturinha. Imprimem-lhe tôda espécie de hábitos que servem para condicioná-la à forma de adaptação específica, que seus pais e a sociedade a que pertence acreditam ser boa para ela. As formas que tomará seu comportamento de adulto são representadas pelas de comportamento de seus pais. A mãe paciente inculca paciência no filho, a mãe ansiosa, impulsiva, inculca-lhe tensão de espírito.

A criança educada num ambiente carinhoso trará, no íntimo, imagens de amor e afeição e será capaz de aceitar tôdas as restrições impostas à sua liberdade pelos pais, tôdas as normas baixadas por êstes. Aceitará horários, iniciação nas regras de higiene, irritações dos pais, sem excessivos protestos íntimos, mesmo quando as suas necessidades estejam em oposição a essas exigências sociais. Poderá querer que a alimentem, quando, de acôrdo com o horário que lhe marcaram, não deve ter fome. Poderá querer dormir, quando os pais acham que deve estar acordada. A sociedade exige que aprenda a protelar a satisfação de suas necessidades e ela reagirá a essas exigências, de acôrdo com o senso de segurança que tem da afeição de seus pais. Tem que aguardar a hora de alimentar-se, não lhe é permitido mamar mais, tem que controlar suas dejeções — tudo isso impõe à criança novas e difíceis adaptações. O impulso de satisfação imediata e incondicional de suas necessidades tem que ser transformado em algo muito mais complicado — um padrão integrado de respostas aprendidas.

Não tem importância, nesta oportunidade, a descrição dos diferentes modos pelos quais a criança enfrenta essas primeiras obrigações impostas pela cultura. Mas é importante compreender que o berço e os primeiros cuidados mudam e recondicionam as respostas naturais inatas da criança insocial e primitiva, para moldar nela um adulto, que poderá ter recebido na infância um legado de frustrações produzidas pelo processo de moldagem. Os problemas individuais têm como causa os padrões individuais de educação infantil; êsses padrões são, até certo ponto, o produto das tradições culturais em que se acham enraizados e dos mores da comunidade em que a criança nasceu. Na medida em que a nossa sociedade impõe às crianças frustrações e restrições, para as quais elas não estão preparadas, nem biológica nem emotivamente, nessa medida a nossa cultura prepara o caminho para os problemas de comportamento da idade adulta e para as atitudes neuróticas de submissão e agressão, as quais podem encontrar meios de expressão pela filiação a um grupo totalitário qualquer.

O condicionamento da criança para uma atitude servil e submissa, por exemplo, pode principiar quando os pais impõem rìgidamente normas automáticas de conduta. Podem fazer dela um horário-maníaco ou um autômato da limpeza. Quando os pais compelem a criança a falar muito cedo ou a calar quando as palavras lhe fazem cócegas na garganta ou, ainda, a dormir quando têm o corpo palpitando de energias de vigília, então, imprimem no filho um permanente sentimento de culpa — sente-se êle perturbado e infeliz de cada vez que não atende às exigências paternas. E ao mesmo tempo forçam-no a amá-los, ainda mesmo quando lhe são desagradáveis. Compelirão a criança a desculpar-se por comportamento que ela acredita ser perfeitamente aceitável; exigirão dela que confesse crimes que, na idade que tem, não concebe como crimes. Algumas das técnicas de lavagem do cérebro podem ser observadas na educação do berço; os pais submeterão o filho a interrogatórios, trá-lo-ão prêso à barra da saia ou, ainda, o manterão sob contínua vigilância. Cercando-o de solícita atenção, jamais o deixarão sòzinho, para gozar da impressão de segurança de si mesmo. Nesse ambiente, a criança fraca torna-se afetivamente insegura; para retribuir a segurança que pede emprestada aos pais, torna-se mais cordata e submissa, embora êsse seu conformismo recubra, no íntimo, forte protesto e tremenda hostilidade.

Quando os pais não permitem que a criança exprima aberta e diretamente suas necessidades instintivas, forçam-na a procurar outros modos de exprimi-las. Se, durante os primeiros ensinamentos — que podem principiar no dia do nascimento — a criança esbarra com restrições sem fim à direta expressão de suas necessidades, ela procura manifestar essas necessidades de modo indireto — através de irritação, agitação e chôro. Em lugar de capacitar-se para usar as vias naturais de manifestação de seus impulsos instintivos, é a criança condicionada de modo a só lhe ser permitido agir suprimindo e dominando o impulso. Na luta que trava para dominar o impulso e, assim, agradar aos pais, os meios naturais de expressão da criança podem inverter-se. Em lugar de exprimir, aprende a reprimir. Aí estão as raízes de comportamentos de adultos tais como a submissão abjecta e o impulso para a mentira de acomodação. O alicerce dêsse padrão masoquista de rendição é construído na infância. A submissão e a confissão são as únicas estratégias possíveis para a criança, num mundo poderoso demais para que ela possa manobrá-lo. Rebeldia, hostilidade e ódio íntimos podem exprimir-se de modo paradoxal. O silêncio inflexível da criança é a prova de que ela quer chorar e berrar. Pode exprobar e agredir o mundo hostil indiretamente, por meio de gestos mistificadores, comportamento rude ou mesmo ataques epiléticos. Obrigada a suprimir suas necessidades instintivas e seus meios de satisfazê-las, pode dissimular-lhes a existência, mesmo aos seus próprios olhos. O conformismo de superfície torna-se seu único meio de comunicação e, nessas circunstâncias, as palavras e gestos servem para dissimular. Nunca diz o que pretende e, aos poucos, acaba nem mesmo sabendo o que pretende.

Os efeitos dêsse tipo de educação infantil sôbre a vida adulta são evidentes. Adestrada no conformismo, a criança pode bem tornar-se um adulto que, com alívio, dá as boas vindas às exigências autoritárias de um chefe totalitário. E essas boas vindas são a reprodução de um velho padrão de comportamento, que pode repetir-se independente da aplicação de novas energias emotivas. Prèviamente preparado para desviar sua agressividade para o bode expiatório, está agora em condições de deslocar os ressentimentos ocultos que nutre contra as normas e regulamentos de seus pais, voltando-os contra a sociedade como um todo. Ou pode encontrar alívio para êsses ressentimentos na explosão selvagem da agressividade recalcada, que tem como exemplo a multidão de linchamento ou as tropas de assalto de Hitler.

Outras formas de comportamento dos pais também têm efeito sôbre a criança. Se a criança é precocemente levada a adquirir hábitos que se desenvolveriam espontâneamente mais tarde, manifestará, possìvelmente, toda espécie de desvios do comportamento natural. É corriqueiro o exemplo do exercício precoce de hábitos de higiene pessoal; há, porém, outras imposições dos pais que têm sôbre a criança o mesmo efeito. O modo como a criança é vestida, lavada, penteada, cuidada, ou as exigências constantes dos pais para que esteja sempre quieta, sossegada e imóvel, são exemplos igualmente válidos. Quando uma determinação qualquer é aplicada com excessivo rigor, numa época em que a criança não é ainda capaz de atender a ela, é enorme sua influência frustradora. O que é imposto à criança por uma fôrça exterior passa a ser uma norma automática interior, uma compulsão. Voltemos, por um momento, ao exemplo do exercício de hábitos de higiene, embora seja êle uma parte apenas do padrão total de adestramento. A criança que é ensinada, numa idade muito precoce, a controlar suas necessidades de excreção, aprende a manter-se limpa e sem precisão de excretar, quaisquer que sejam as circunstâncias. Seu corpo aprende a controlar-se automàticamente, mas ela sente lá por dentro certa repulsa pelos que a forçaram a êsse comportamento. Pode vir a ser um adulto crônicamente hostil, preparado para atender ao chamado de uma ideologia agressiva. Em casos menos graves, o conflito entre as proibições exteriores e a necessidade interior de aliviar-se pode criar um padrão duradouro de insegurança íntima. Ou êsse conflito pode levar a um constante e lamurioso ressentimento, que pode ser utilizado por qualquer candidato a ditador.

O que devemos acentuar é o seguinte: a primeira teia de comunicações que se estebelece entre os pais e a criança processa-se num nível que a psicologia chama de pré-verbal e inconsciente. O cantacto se realiza à ausência de palavras. A mãe transfere diretamente seus humores para o filho; êste sente e apanha os sentimentos da mãe. O filho também transfere seus humores para ela; sente, de pronto, as dores e alegrias do filho. Essa sensibilidade da criança leva-a a reagir intensamente — é profundamente sensível aos sentimentos dos pais. Angústia, insegurança, infantilismo, falta de harmonia com o outro, amor neurótico, pobreza, a luta pela vida e a tirania compulsiva — como fatôres negativos de pai e mãe — têm um enorme efeito sôbre a criança. Não faz muito tempo, tratei de uma criancinha que recusava todo o trato e alimento que a mãe lhe oferecia. «Sabia» o garôto que a mãe tinha contra êle uma hostilidade de origem profunda; sentia a aversão e a rejeição maternas. Mas aceitava alimento e afeição vindos de qualquer outra pessoa. A influência recíproca entre as atitudes dos pais e o desenvolvimento da criança começa no nascimento.

Um caso que esteve aos meus cuidados durante a Segunda Guerra Mundial, quando fui chamado a fazer o estudo psicológico de um alegado colaborador dos nazistas, constituirá, talvez, um dos mais vivos exemplos de torção do desenvolvimento. Êsse homem que, quando o vi pela primeira vez, se achava na Inglaterra, dizia ter deixado a Holanda, então ocupada, porque não mais concordava com os conquistadores germânicos. Chegado que fôra à Inglaterra, havia sido, por precaução de rotina, colocado numa habitação própria para pessoas sujeitas a investigação, por suspeita de serem espias. Daí, devido a seu estranho comportamento, seguiu logo para uma instituição de tratamento mental. Não era realmente de um psicótico, mas tinha grande dificuldade em entrar em relações com os outros. Quando fui entrevistá-lo, pareceu-me que se achava inteiramente perturbado. Gaguejava tanto, que era quase impossível entendê-lo. Indaguei de sua infância. Não lhe era fácil falar disso, mas acabou por contar-me alguma coisa de seu passado. Era filho único. Na família, a pessoa dominante era sua mãe, que trabalhava ativamente em pesquisas científicas. O pai, figura nebulosa e fraca, raramente estava em casa; como gerente de uma grande emprêsa que era, viajava muito. Nas raras ocasiões em que êste estava em casa, havia, entre os pais, longos silêncios — lembrava o paciente — o pai apenas ocasionalmente protestando contra a incessante torrente de ordens da mãe. O menino juntava-se algumas vêzes à mãe na crítica ao afastamento e à falta de interêsse do pai; outras vêzes voltava-se para o pai, à procura de amor e de ajuda contra o asfixiante comportamento da mãe. Mas, na maior parte do tempo, ficava perdido e abandonado em casa. Nos últimos anos da adolescência, teve o rapaz algumas ligações homossexuais, em que lhe cabia função passiva, de submissão. Só acordou para a vida do pensamento depois de levado por um de seus amigos a freqüentar reuniões fascistas. A demonstração de fôrça e de agressividade excitou extremamente o jovem e provocou-lhe mesmo sensações sexuais. Juntou-se ao grupo fascista, com grande desaponto dos pais, nunca porém foi muito ativo nas tarefas partidárias, porque o partido não lhe proporcionou a orientação e o afeto pelos quais ansiava.

Depois da invasão e da ocupação nazistas, exigiu-lhe o partido que fôsse mais ativo na colaboração com os alemães. Então, atormentado pela consciência, ficou doente e sofreu tôda sorte de males do estômago, os quais, para um psiquiatra, eram evidentemente de origem emotiva. Entretanto, não era êle suficientemente forte para retirar-se do partido de uma vez.

Sentiu-se encurralado entre perigos contrários — o partido e a traição. O conflito da infância pôs-se a funcionar de novo; sentiu-se em perigo tanto com o pai quanto com a mãe. Assim, decidiu fugir do país, pois tinha uma vaga impressão de que isso o ajudaria a safar-se de seus conflitos.

Uma vez na Inglaterra, no asilo, sentiu-se completamente satisfeito. Apenas não podia compreender a gravidade das acusações que lhe haviam feito. Quando lhe falei dos problemas internacionais e de sua atividade política, caiu em silêncio. Não se lembrava de qualquer minúcia de seu comportamento político. Era como se tivesse passado a uma vida de sonho, desde o momento em que fugira da Holanda. É perfeitamente possível que o inimigo o tenha usado como instrumento mas, quando me foi dado observá-lo, era apenas um jovem quase-psicótico, dominado pelo mêdo. Permaneceu internado durante tôda a guerra.

Uma coisa é posta, neste caso, claramente em evidência (excluída sua complexidade como fenômeno patológico) e é a contínua procura, pelo rapaz, de uma autoridade masculina. Essa procura de uma espinha dorsal espiritual é muito comum entre as pessoas que se entregam a ligações totalitárias.

O pai corta o cordão umbilical

Os estudos psicológicos têm repetidamente demonstrado que a atitude da criança em relação à autoridade dos pais, com tôdas as suas sutis complicações internas, tem capital importância no determinar como ela manejará suas hostilidades — aprenderá a enfrentá-las ou vai orientá-las para fins destrutivos. Como dissemos no princípio, os pais e a família constituem quase que o ambiente total da criança durante seus primeiros anos de vida. Condicionam os alicerces de seu futuro caráter. E, na família, é a influência do pai que determinará se a criança manterá seus fortes laços naturais com a mãe, com suas necessidades de dependência e suas necessidades de proteção, ou se deixará o reino materno e estabelecerá novas ligações com novas pessoas. O pai é o primeiro a intrometer-se nas relações essencialmente biológicas entre mãe e filho. Êle é o que os psicanalistas chamam de primeira figura de transferência, o primeiro novo protótipo para o qual a criança pode transferir suas expectativas de prazer, seus sentimentos de ligação com os outros, de satisfação, de mêdo. Essa primeira nova relação de ensaio com êsse gigante que é o pai pode tornar-se o protótipo condicionante de tôda relação social subseqüente.

A relação inicial da criança com a mãe é puramente biológica e simbiótica. O útero é substituído pelo berço. A mãe é a sabe-tudo e a faz-tudo. A psicanálise considera a relação da criança com a mãe como uma relação de dependência oral, porque a impotente criaturinha está na completa dependência do alimento, do cuidado e do calor que a mãe lhe oferece. A necessidade de dependência do serzinho humano dura mais tempo do que a dos outros animais. É isso que faz do homem um ser gregário, dependente da cooperação com os outros.

O pai introduz na vida da criança uma terceira pessoa que não participa dessa relação de dependência biológica. Quando se introme nas relações da criança com a mãe, corta o cordão umbilical psicológico, do mesmo modo que o médico corta o cordão físico, por ocasião do parto. Em primeiro lugar, o pai dá à criança oportunidade de transferir para êle seus sentimentos e expectativas; depois, êle leva mais ativamente a criança para fora do reino materno e lhe dá progressivas lições de relações sociais. A função específica do pai como um protótipo de transferência não é tão simples como parece a muitos pais. Não é êle apenas um brinquedo com que a criança pode ocasionalmente entreter-se. A criança precisa identificar-se com êsse gigante que vive com ela e com a mãe; quer familiarizar-se com o gigante, que êste se torne uma parte de seu mundo. E quer ainda mais do que isso — quer ser acarinhada pelo pai, de modo que possa amá-lo tanto quanto ama a mãe. Mas a criança só transferirá para o pai algo de seu amor e de seu capital emotivo, se enxergar nêle algo da mãe. O pai pode fazer o mesmo que a mãe faz — pode alimentar a criança, acalentá-la, cuidar dela — e assim a criança pode sentir gratidão e afeição diante dessa terceira pessoa. Essa transferência de sentimentos, entretanto, só se dá quando a própria relação entre os pais é tranqüila. Como pode a criança identificar-se com seus pais e amá-los, se êstes estão, entre si, em constante conflito?

O quadro que pintamos representa, naturalmente, uma excessiva simplificação. Há mães que se comportam como pais frios e distantes e pais que se comportam como mães meigas e carinhosas. Há avós e pais adotivos que podem tomar-lhes o lugar. Há muitos pais ou mães substitutos. Mas não é êste o meu problema. O que pretendo assinalar é que, qualquer que seja a situação, deve haver um indivíduo que possa tornar-se o protótipo condicionante das relações da criança com outros novos viventes. É mais provável que essa primeira pessoa seja o pai e é êle quem transmuda a dependência biológica da criança em relação psicológica. Quando a figura paterna não existe ou quando o pai é muito fraco ou muito ocupado ou, ainda, quando êle assume atitude de rejeição e tirania em relação ao filho, o resultado é que os laços da criança com a mãe e sua dependência em relação a ela mantêm-se fortes e duram demais. Conseqüentemente, a necessidade que tem a criança de participação social e de ligações gregárias com os outros pode tornar-se para ela uma necessidade destrutiva. Quando adulto, é provável que tenda a integrar-se em qualquer grupo que lhe prometa apoio e segurança. Ou então seu ressentimento inconsciente em relação ao pai, que não o ajudou a desenvolver-se e a tornar-se independente, pode voltar-se contra outros símbolos de autoridade, tal como a própria sociedade. De qualquer modo, a criança pode ser acometida por desajustamentos e dificuldades. De qualquer modo, pode tornar-se um adulto imaturo.

Descrevi, num estudo a propósito da vida através de um substituto, a fixação do desenvolvimento emotivo resultante de não exercer o pai a função que lhe cabe ou de estar êle ausente. Uma criança educada nessa atmosfera emotivamente defeituosa está continuamente à procura de personagens fortes, que possam servir de substituto para as relações normais que, de outro modo, teria ela tido na vida. Tratei de muitos casos de homossexualidade e de outras formas de fixação de desenvolvimento emotivo, em homens e em mulheres, fixação que podia ser quase que diretamente atribuída a uma vida de ligações extremamente fortes e simbióticas com a mãe e resultante daquele tipo de ambiente.

O pai, como o chefe natural e o protetor da família, tem um papel importante no atribuir ao homem a consciência de um Eu independente e no capacitá-lo para relações fáceis, despreocupadas, com seus semelhantes. O pai corta o cordão umbilical. Êle pode condicionar o futuro padrão de comportamento dependente ou independente. Seu domínio psicológico em potencial pode tornar-se uma bênção ou uma maldição, uma vez que a atitude emotiva da criança em relação ao pai passa a ser o protótipo de suas atitudes em relação aos chefes e à própria sociedade.

Isso ficou evidenciado no caso do nosso «espião» que nunca tinha tido na vida um poderoso guia masculino. Muitas das pessoas submetidas à minha investigação e que haviam decidido identificar-se com grupos totalitários agressivos, apresentavam êsse problema. Para tais pessoas, o partido totalitário passa a ser tanto o pai bom que o aceita quanto o substituto que dá expressão a todo o ódio frustrado que ocultam. O partido resolve, por assim dizer, seus problemas íntimos.

O conflito entre os pais, nos primeiros anos de vida, a incompatibilidade e uma atitude ameaçadora e destituída de afeto em relação ao filho, abrem caminho para a rebelião e a submissão e para a reprodução dêsse padrão de comportamento, mais tarde, na vida. O desejo de romper os laços com os padrões domésticos pode conduzir à rebelião, mas a forma peculiar que a rebelião assume está na dependência dos movimentos políticos, os quais podem modificar e canalizar os ressentimentos pessoais.

Isso não significa, naturalmente, que não exista um forte núcleo de pessoas de inclinação totalitária, nutridas desde o berço pelos dogmas de pais totalitários, as quais se devotam às atividades do partido, porque jamais conheceram um mundo diferente. Conforme Almond, êsses tipos são encontrados, especialmente no nosso mundo ocidental, entre os extremistas de alto escalão. Receberam a forma totalitária do socialismo com o próprio leite materno; são membros de um grupo crescente de conformistas totalitários por hereditariedade. Nesse caso, não é necessária a rebelião contra o pai para que alguém venha a ser um revolucionário extremado.

Mas o grosso dos de inclinação totalitária, nas sociedades democráticas, são homens e mulheres atraídos por êsse destrutivo estilo de vida, em razão de motivos emocionais íntimos, que êles mesmos desconhecem. Minha própria experiência com comunistas e nazistas, na Segunda Guerra Mundial, demonstrou essa verdade repetidas e repetidas vêzes. Na Holanda, como em outros países ocupados pelos nazistas, os comunistas e seus simpatizantes lutaram com bravura ao nosso lado, como nossos companheiros temporários da resistência secreta. Mesmo durante êsse período de crise nacional e de terror, nunca se livraram das ásperas censuras que nos faziam e dos ressentimentos que nutriam contra nós. Insistiam em que a ideologia que esposavam era a única correta e revelavam, às vêzes às claras, outras vêzes disfarçadamente, que quando os nazistas fôssem derrotados, retomariam a luta contra a ordem social. Darei apenas um exemplo para ilustrar êsse ponto. Um dos comunistas era um médico realmente intrépido (não o mesmo de que já falei). Matou um chefe nazista e, mais tarde, êle próprio sofreu morte horrível. Homem feito que era, nunca tinha conseguido vencer certa rigidez de princípios e uma agressividade próprias de adolescente. Em dada ocasião, tarde da noite, correndo perigo de vida, refugiou-se em minha casa e não pôde deixar de arrastar-me a uma longa discussão política, de caráter teórico e das mais amargas. Censurava com desdém os outros grupos da resistência por não participarem de sua orientação política. Seus pontos-de-vista e ideais — devo confessar a bem da justiça — pareciam-me sinceros, mas estava êle de tal modo tomado por tamanha e irremediada hostilidade contra o govêrno de sua pátria, que estava disposto para, a qualquer tempo, deitá-lo abaixo. O centro vital de seus enganosos raciocínios — creio eu — era uma confusão entre meios e fins, na luta pela justiça social. As táticas e a estratégia passaram a ser, para êle, mais importantes que o objetivo final da coexistência pacífica dos homens na face da terra. Sua morte violenta — depois de ter assassinado um oficial da S.S. — foi, em parte, conseqüência de orientar-se por táticas que iam além das necessidades estratégicas do momento. Em verdade, no fim, deu êle a vida por seus ideais e por sua terra natal, mas até o fim votava uma amarga animosidade contra todos quantos não estivessem inteiramente de acôrdo com tudo quanto pensava e sentia. Foram essa animosidade e hostilidade que o levaram a planejar mal sua última façanha.

A maioria das pessoas não tem ciência clara e total de que, paralelamente à nossa vontade de sermos bons e bem ajustados cidadãos, temos também desejos ocultos de violar as nossas obrigações para com o agregado social de que somos membros. Êsses desejos não se alicerçam na razão ou na inteligência, são de natureza puramente emotiva. Resultam do modo por que fomos criados, das nossas relações com nossos pais, do nosso sistema de educação, das nossas atitudes em relação a nós mesmos e à autoridade. Mas todos os homens que aderem rìgidamente a qualquer seita de convicções políticas e, de modo especial, os que abraçam uma ideologia totalitária, acreditam que suas atitudes emergem de uma convicção racional e que resultam de um desenvolvimento intelectual normal. Teimam em que os que não concordam com êles estão presos a um modo de pensar antiquado, mumificado. Não podem reconhecer nas atitudes vingativas e desleais que assumem algo de associal e anormal.

Para o psicólogo é claríssimo que essas atitudes têm suas raízes não em convicção intelectual mas em necessidade emotiva de origem profunda. Tenho conhecimento de muitos casos em que essa fidelidade cega e rígida a uma ideologia totalitária era de fato uma rebelião de desafio contra uma necessidade íntima e compulsiva de progredir, de mudar e de alcançar a maturidade. Para essas pessoas, a escolha de um determinado partido político não passa de um substituto para a própria necessidade de dependência. A pertinácia ideológica é muitas vêzes trágica, porque pode disfarçar reações neuróticas capazes de conduzir a pessoa à destruição de si mesma. Entre os meus pacientes, havia uma jovem senhora, cujas crenças ultra-esquerdistas constituiam defesa contra seus sentimentos incestuosos ocultos, em relação a um pai reacionário. Foi preciso prolongado tratamento para levá-la a compreender a real natureza de sua dificuldade e para fazê-la ver que não havia nada de vergonhoso ou de repugnante no amor e no ressentimento infantis, que, por meio de seu comportamento político, ela procurava dissimular.

A necessidade de uma autoridade, quando não compreendida, e a desarrazoada resistência à autoridade são as raízes de onde pode brotar a atitude totalitária. Sempre que o pai-chefe falhe, estabelece-se um padrão de futuros transtornos em relação à autoridade. A criança se torna um adulto que, em lugar de manter relações amadurecidas com seus semelhantes, é forçada a decidir-se por ligação totalitária tirânica, para manter sob domínio suas tensões íntimas.

Sempre que haja conflito entre os pais, a criança torna-se um adulto sobrecarregada de conflitos, ansiosamente disposta a aceitar as soluções simples que os totalitários oferecem. Sempre que haja coação por parte dos pais, não dando aos filhos oportunidade de desenvolver atitudes e opiniões próprias, a criança se torna um adulto conformista, capaz de passar a vida tôda à cata de uma autoridade exterior, de alguém que lhe diga o que deve fazer.

CAPÍTULO XI

CONTÁGIO MENTAL E DELÍRIO DAS MASSAS

Em tempos de perturbação como o atual, o pensamento de todos se volta para o jôgo diplomático que se processa nas sucessivas conferências políticas. Vale a pena investigar se, como resultado da troca recíproca de palavras e de idéias e das negociações de tratados, é ou não possível chegarem os dirigentes políticos a um entendimento comum. Com efeito, entre as várias culturas do universo e as diferentes ideologias, não há diferença, apenas, entre as línguas que elas falam; também é diferente sua maneira de pensar. Sem que nos demos conta disso, nosso passado pessoal e nosso ambiente cultural se insinuam em nossos hábitos de pensamento. Sentimentos e pensamentos são condicionados e coibidos por diversas influências sociais.

Hoje já é possível trazer à superfície alguns dos preconceitos e das ilusões que os homens alimentam uns a respeito dos outros. Pode-se dizer que o ambiente especial em que se desenvolvem e os hábitos que adquirem, cultivam nas pessoas ilusões e delírios sutis de que elas, na maioria das vêzes, não se apercebem. As pesquisas efetuadas, nesse terreno, pela antropologia e pela psicologia, permitiram compararem-se diferentes ideologias em povos diferentes, pela observação do desenvolvimento das tendências sadias e das tendências malsãs na criança, em grupos, em tribos e, finalmente, em nações. Os resultados dessas pesquisas põem em evidência quanto é difícil a arte de argumentar em situações em que mal se encontra um terreno comum de contato e de entendimento.

Estudando a coerção mental, é-nos indispensável acompanhar algumas dessas influências psicológicas de massa que condicionam nossa atitude na vida.

A afirmação de meus próprios erros

A mentira que eu repetir dez vêzes, aos poucos virá a ser, para mim, uma meia verdade. E continuando a passar adiante essa meia verdade, estarei acalentando um delírio.

Observa-se êsse fenômeno todos os dias, no enorme laboratório de relações humanas que são os consultórios de aconselhamento psicológico e de psicoterapia. Consideraremos apenas um exemplo simples; o caso de uma menina perfeitamente sadia, que resolve um dia não ir à aula porque as lições lhe parecem extremamente difíceis. Diz então à mãe que está com dor de cabeça e a mãe consente que ela fique em casa. E assim a criança escapa das lições que tanto teme e ainda lucra o prazer adicional da solicitude e dos ternos cuidados de sua mãe.

Na próxima vez que essa menina quiser ficar em casa, ser-lhe-á muito mais fácil fingir que está com dor de cabeça e, na terceira, mais fácil ainda. Aos poucos, ela própria começará a acreditar nessa doença intermitente. Sua consciência atormentou-a da primeira vez que mentiu, mas agora essa mentira inicial já é, para ela, uma verdade sincera. Quando nossa heroína fôr mulher feita, terá que consultar um médico sôbre a constante recorrência de suas dores de cabeça. Médico e paciente perderão horas e horas para deslindar a teia de meias-mentiras, de indícios, de lamúrias de autocompaixão, até que a paciente redescubra que suas dores de cabeça começaram no dia em que ela não quis ir à escola.

O mundo todo padece de dores de cabeça delusórias. A demagogia política constitui, até certo ponto, um problema neste país. As formas particulares que essa demagogia assume são apenas fases transitórias e, quando os costumeiros dragões e fantasmas internos que nos atormentam entram em repouso, o eterno demagogo pode surgir de novo. Acusará então a outros de conspiração, a fim de afirmar a própria importância. Tentará intimidar os que não têm, como êle, mãos de ferro, nem são tão exaltados, e, por algum tempo, conseguirá enredar alguns na trama de seus delírios. Talvez se faça de mártir, para provocar as lágrimas dos corações compassivos. À custa de sentimentalismo e de suspeita, despedaçará a confiança que os cidadãos depositam uns nos outros. Seus delírios de grandeza contaminarão os irresolutos, que esperam receber uns borrifos de seu fascínio ditatorial.

Infelizmente, o problema do delírio tem sido estudado, quase exclusivamente, em têrmos de manifestações patológicas. O psiquiatra do passado. que se defrontava com pacientes acometidos de delírios de grandeza, carecia de suficiente lastro filosófico e sociológico para poder estabelecer comparações entre o sistema de delírio de seus pacientes e os delírios em massa no mundo. Tratando de pacientes atacados de megalomania e de mania de perseguição, tendia a confiar demasiado em hipóteses que explicavam os delírios patológicos como conseqüências de alterações anatômicas do cérebro; não dava a necessária atenção ao problema de indagar se êsses fenômenos tinham ou não relação com uma maneira anormal de pensar, em pessoas fìsicamente normais.

Com o desenvolvimento da antropologia e das ciências sociais nas últimas décadas, projetaram-se novas luzes sôbre o problema dos sentimentos das massas e do delírio coletivo. Evidentemente, não se trata, aqui, de fenômenos que um patologista possa examinar ao microscópio. Exigem conhecimentos de história, de psicologia social e de todos os estudos concernentes às relações inter-humanas e ao pensamento coletivo do homem.

Para chegar-se a um estágio clínico no estudo dêsse assunto, é preciso despojar-se de várias idéias fixas da filosofia que, desde Aristóteles, vem dominando o pensamento científico. É o caso, por exemplo, da doutrina de identidade de todos os processos de pensamento e da possível universalidade da compreensão humana, que se fundamenta, essencialmente, na convicção de que todos os sêres humanos pensam da mesma forma. Contra esta hipótese, todavia, ergue-se uma verdade de fácil observação — o fato de que os próprios filósofos encontram a maior dificuldade em se entenderem uns aos outros. Em grande parte, isto se deve a que homens diferentes têm métodos e normas de pensamento diferentes. Durante séculos, adotou a ciência o conceito aristotélico segundo o qual a maioria dos pensamentos se constroem de acôrdo com regras de lógica bem estabelecidas, as quais se aplicam tal e qual como as leis da natureza. Foi o filósofo Francis Bacon o primeiro a apontar, em sua teoria dos ídolos, que, embora certamente existam as leis da lógica e do pensamento claro, o homem pode fazer uso delas ou não; na dependência de condições emotivas, «os pensamentos são muitas vêzes panos de bôca, destinados a encobrir paixões e reações pessoais». Com essa afirmação, o filósofo que viveu na época de Shakespeare bem podia estar atacando a lógica aparente da demagogia moderna. Desde o Renascimento, pois, reconheceu-se que os sentimentos humanos e as inclinações pessoais amoldam e dirigem o pensamento, ponto-de-vista que bem cedo encontrou a sua mais sugestiva expressão nos trabalhos de Spinoza e de Pascal.

Quando entramos em contato com os movimentos de paixão coletiva e de delírio em massa, quer os consideremos sob o aspecto filosófico, quer sob o aspecto político, é impossível manter dêles afastada a psicologia moderna. Com efeito, ao examinar-se o problema, levanta-se imediatamente a questão: serão êsses inquientantes fenômenos que se verificam na vida dos grupos, e dão origem a tanto desentendimento mútuo, provocados pelo fato de estar ainda o grupo numa fase peculiar, imatura e adolescente, do desenvolvimento psicológico e político?

Um rápido estudo da história do desenvolvimento da consciência e no espírito de cada indivíduo, em seus sucessivos estágios, desde a infância até a maturidade, serve para esclarecer e para ajudar a responder a essa questão, uma vez que se pode, de fato, estabelecer um paralelo entre êsses estágios de crescimento individual e o crescimento do grupo humano.

O delírio e os estágios do pensamento

A psique defronta-se e comunica-se constantemente com o mundo exterior e, em cada fase do desenvolvimento individual, o contacto com o mundo e seus sucessos constitui uma experiência diversa. Embora diferentes cientistas tenham tirado conclusões diferentes a respeito dessas várias fases e de suas implicações o simples reconhecimento de que a visão pessoal se modifica e se desenvolve representa uma das mais importantes descobertas da psicologia, a respeito da qual são concordes todos os psicólogos. Passarei a expor ràpidamente como se concebe a psicologia humana do ponto-de-vista do desenvolvimento. Há outras maneiras de ver o problema, mas esta será suficiente para ilustrar o tremendo efeito produzido pelo pensamento imaturo e delirante em nossas opiniões definitivas.

A psicologia do desenvolvimento, tal como é estudada nas crianças e nos primitivos, situa, na origem do pensamento, tanto no indivíduo quanto na raça, um estágio de alucinação do espírito, em que não foi percebida, ainda, a diferenciação entre o mundo exterior e o mundo interior; ainda não se verificou, nesse estágio, a separação e o afastamento mentais entre o eu e o mundo. A psique sente-se onipotente; tudo o que é experimentado dentro do eu é atribuído ao universo também e imaginado como parte dêsse universo. De acôrdo com a psicologia do desenvolvimento, a criança sente o mundo dessa maneira e, em certos tipos de insanidade mental, o adulto regride a êsse estágio de alucinação. Contudo, mesmo o homem maduro não consegue

(1) Acompanho aqui, em parte, a classificação de S. Ferenczi e a minha própria, constante do meu livro sôbre o delírio.

separar completamente a fantasia interna da realidade objetiva e, muitas vêzes, pensa que seus estados emotivos particulares se devem a alguma realidade externa.

No estágio seguinte, o do pensamento animista, perdura ainda um senso parcial de unidade com o ego e o mundo. As experiências do indivíduo, seus temores e sentimentos, são projetados em aparentes agentes causais do mundo exterior. O mundo externo representa, para êle, uma contínua ameaça demoníaca. A criança que dá um encontrão com a mesa, por um mecanismo de projeção considera a mesa como um agente vivo e hostil e, por isso, dá-lhe um murro. O homem de tribo primitiva, perseguido por animais ferozes, atribui ao animal que êle teme um poder divino, de um deus hostil. O homem pode povoar com seus próprios temores todo o mundo exterior. Em tempos de guerra e de pânico, nós todos também povoamos nossa vizinhança de traidores inexistentes e de quintas-colunas imaginários. Nosso pensamento animista ocupa-se contìnuamente em acusar a outros de coisas que realmente se passam dentro de nosso próprio espírito. Hoje em dia, os demônios e fantasmas não estão mais nas árvores e nos animais selvagens; fizeram pousada nos vários bodes expiatórios criados por ditadores e por demagogos.

O terceiro estágio é o do pensamento mágico, em que continua, ainda, um senso de íntima conexão entre o homem e o mundo exterior. Todavia, nesse estágio, o homem se coloca mais em oposição ao mundo que em união com êle. Quer negociar com os misteriosos poderes que o circundam. A magia é, com efeito, a mais simples estratégia do homem. Descobriu êle que pode manipular o mundo com sinais e gestos ou, algumas vêzes, com ações e modificações reais. Ergue postes totêmicos e cepos de sacrifício; faz talismãs e mezinhas estranhas. Emprega certas palavras como símbolos dotados de poder de modificar o mundo. Desenvolve todo um ritual para satisfazer sua necessidade de estar em bons têrmos com o mundo exterior. Qual de nós já não sentiu um súbito desejo de «fazer figa» ou não tem ciosamente guardado um amuleto ou outro patuá secreto qualquer, cujo poder se desvaneceria se outros viessem a conhecer a sua existência?

Primitivos embora, êsses símbolos servem para trazer felicidade e uma vida tranqüila. Ainda vivemos todos no mundo da magia, dominados pelo delírio de manipularmos com êxito a natureza. A tribo moderna gira em carros mecanizados e transforma-se num megalomaníaco feiticeiro do volante. Milhões de vítimas são sacrificadas no altar do deus Velocidade, para satisfazer a secreta ilusão de que a rapidez frenética torna a vida mais longa. A máquina, os aparelhos e dispositivos substituíram o amuleto mais misterioso dos primeiros tempos. O conhecimento está ainda a serviço do poder, em vez de estar a serviço da compreensão.

Na última fase do desenvolvimento mental, o homem faz uma completa distinção entre si mesmo e o mundo exterior. Não sòmente vive com as coisas e tenta manipulá-las; vive, ainda, em oposição a elas. Nessa fase de maduro confronto da realidade, torna-se um observador de sua própria vida. Reconhece o abismo que tem em si mesmo. Vê seu corpo e seu espírito como coisas distintas do mundo. Confronta a realidade com as mãos, com os ouvidos, com os olhos e com seu espírito dominador. Afasta-se do universo e observa-o. É, de fato, o único animal que caminha erecto, considerando o mundo de frente e com altivez. É o único animal que usa as mãos e os sentidos como instrumento de verificação. Aos poucos, êle próprio, corpo e espírito, se torna um instrumento cujos impulsos êle acolhe ou rejeita. Só o homem é capaz de reconhecer se seus impulsos e instintos são perigosos ou benéficos. O homem não conhece apenas o mêdo que lhe advém do exterior; conhece também um mêdo íntimo, mêdo de perder o domínio interior que êle conquistou a tanto custo. Com mãos e braços êle consegue desprender-se, não só do mundo exterior, que outrora esperou conquistar com gestos mágicos, como o faz a criança, mas desprende-se, também, do mundo interior. O homem maduro vive entre um mundo interior e um mundo exterior.

Há algo de trágico nesse laborioso processo de tomar consciência da separação entre a realidade íntima e a realidade externa. Com a maturidade, o homem desperta de um suave sonho primitivo, em que êle fazia parte de um todo individual, parte dum mundo nirvânico de equanimidade. Perdura, porém, o sentimento da perdida unidade com o universo, e, nos momentos de tensão das massas ou em tempos de crise, êle é impelido a reviver a antiga experiência de encantamento impessoal e irresponsável. Passividade completa ou autodestruição, êxtase artificial obtido a custa de drogas, desejo suicida de sono eterno, são, todos, artifícios de que o homem lança mão, na esperança de satisfazer êsse terno anseio.

Em relação a qual dessas fases de desenvolvimento da experiência humana, se pode falar de delírio? Se um membro de tribo primitiva, para aplacar o mundo misterioso e hostil, faz orações a seu totem animal, não se trata de delírio; mas se um homem que já atingiu um estágio mais adiantado de evolução mental recai nesse primitivo hábito de pensamento, então a êsse recuo (retrogressão), se pode chamar delírio.

A perda da realidade objetiva

Pode-se, a título provisório, definir o delírio como a perda de uma realidade independente e objetiva, com uma conseqüente recaída num estágio de consciência mais primitiva. Da mesma forma que a moça de que falávamos há pouco, começou a acreditar em suas dores de cabeça e a sofrer por causa delas, o homem que passa adiante suas fantasias íntimas, primeiro como um simples boato, depois como uma verdade objetiva, perde, aos poucos, consciência de que suas afirmações eram, de comêço, uma verdadeira fraude, e o seu delírio se transforma como que numa petrificação permanente daquele seu pensamento inicial primitivo, nascido do desejo.

Há muitos fatôres que provocam o pensamento delirante. A retrogressão e o retôrno ao primitivismo podem ser resultantes de moléstias físicas, especialmente cerebrais, e é com êste tipo de delírio que se avêm os psiquiatras. Muitas moléstias do cérebro tornam inoperante o córtice cerebral, último órgão a se desenvolver no processo evolutivo, e o responsável pela consciência e pelo contrôle do pensamento. Quando ocorre êsse distúrbio de função, outros tipos de funções cerebrais, genèticamente mais antigas, têm que tomar a dianteira.

Contudo, a maioria das causas de delírio não são puramente orgânicas. Podem produzir o mesmo efeito de regressão a hipnose individual e a hipnose das massas, que, deslocando as formas mais altas de consciência alerta, reconduzem o paciente ao estágio primitivo, em que prevalece o sentimento de participação coletiva e de experiência de unidade.

Se a percepção da realidade e a sua observação se tornarem rígidas e automáticas; se o homem não procurar fazer verificações repetidas e atentas do que encontra no mundo, pode ser tomado de delírios — idéias não conformes às condições da realidade. Para que se mantenha num estado de vivacidade e de alerta, o ser humano precisa constantemente observar e verificar os vários aspectos da realidade. Quando a experiência se petrifica em dogmas, o próprio dogma intercepta o caminho de uma nova verificação e de uma nova verdade. O delírio de uma nação que se diz «escolhida» torna-lhe mais difícil a colaboração com as outras nações.

A experiência que vou relatar deixa ver como o processo de contrôle do pensamento está, hoje, profundamente entrelaçado com a formação geral de idéias. Depois da Primeira Guerra Mundial, travei conhecimento com um filósofo alemão, devotado à filosofia idealista de seu país, que entrava em nova fase criadora e onde surgiam idéias novas de fraternidade e de paz mundial.

A Alemanha, país vencido, haveria de mostrar seu poder espiritual. Durante nossas férias, passeávamos juntos pelas montanhas ensolaradas do Ticino, discorrendo, em nossas palestras filosóficas, sôbre o eterno anseio de fraternidade e de harmonia que domina a humanidade. Tornamo-nos amigos e habituamo-nos a escrever um ao outro a respeito de nossos trabalhos respectivos, até que a sombra do totalitarismo baixou sôbre sua pátria. A princípio, êle se mostrava cético e até mesmo crítico em relação ao nazismo. Nossa correspondência diminuiu, e quando, a pouco e pouco, êle se tornou **gleichgeschaltet** e membro do partido, consumou-se a ruptura de nossas relações intelectuais. Nunca mais ouvi falar dêle.

Quantos são os filósofos que, ante a pressão de poderosas emoções coletivas, sujeitam à rendição seu pensamento especulativo! Não são só a angústia e a tendência à submissão as responsáveis por isso. Trata-se de um processo emotivo muito mais profundo. As pessoas querem falar a língua de seu país e de sua terra natal. A fim de poderem respirar, elas precisam identificar-se com os chavões ideológicos de seu ambiente. Espiritualmente, não podem permanecer sòzinhas. Stefan Zweig, durante a Primeira Guerra Mundial, escreveu que representava, para êle, um profundo conflito íntimo êsse processo interno de fazer côro com as vozes chauvinistas que se erguiam em volta dêle. («Ich hatte den Willen nicht mehr gerecht zu sein». Já não tenho a menor vontade de ser justo para com os outros.)

Delírio das massas

É interessante observar que o fenômeno do delírio das massas, como instituição, não foi ainda objeto de tratamento científico suficiente, embora o têrmo seja debatido onde quer que se agitem problemas de propaganda política. A ciência, porém, esquivou-se de perscrutar a aberração mental coletiva que chamamos delírio das massa, de cada vez que ela tem conexão com os acontecimentos da atualidade; são os exemplos da história, como a feitiçaria e algumas formas de histeria das massas, que têm sido examinadas mais minuciosamente.

Numa era como a nossa, de ideologias belicosas, num tempo de luta pelo domínio do espírito humano, êste problema requer atenção. Que é o delírio das massas? Como se manifesta êle? Que podemos fazer para o cambater?

O fato de ter eu estabelecido uma analogia entre a conformação totalitária do espírito e a doença de retraimento mental conhecida como esquizofrenia, significa que considero um delírio a ideologia totalitária e a conformação totalitária do espírito, como uma deformação patológica, que se pode manifestar em qualquer pessoa. Definindo o delírio, como o fizemos atrás a título experimental, como a perda da realidade independente e objetiva, com uma conseqüente reversão a um estado de consciência mais primitivo, pode-se perceber como é que o fenômeno do totalitarismo pode ser considerado uma forma de delírio.

Com efeito, é um delírio (não conforme à realidade) considerar o homem como uma máquina obediente. É um delírio negar a sua natureza dinâmica e tentar deter seus atos e pensamentos num estágio infantil de submissão à autoridade. É um delírio acreditar que há uma solução única e simples para os muitos problemas que defrontamos na vida e é um delírio acreditar que o homem é tão rígido e tão inflexível em sua estrutura que não traga consigo nem ambivalências, nem dúvidas, nem conflitos, nem instintos belicosos.

Onde se mantiver isolado o pensamento, sem intercâmbio com outros espíritos e sem expansão possível, se manifestará o delírio. Sempre que as idéias se encerram em compartimentos estanques, entre e por trás de cortinas, o processo de observação alerta e contínua dos fatos e da realidade fica prejudicado. O pensamento se congela, torna-se rígido e morre de delírio.

Encontram-se exemplos disso em comunidades muito pequenas, segregadas do mundo. São conhecidos os surtos de mania religiosa contagiante, combinados com assassínios praticados como ritual, em embarcações de pesca que tenham estado por muito tempo no mar. Nas pequenas comunidades, do tipo de aldeia, encontram-se exemplos de delírio coletivo, freqüentemente sob influência de um indivíduo tomado de obsessão. A mesma coisa se verifica nas agigantadas comunidades totalitárias, isoladas do contacto com o resto do mundo. Não foi isto, com efeito, o que aconteceu à Alemanha de Hitler, onde eram proibidas a livre verificação e a auto-reorientação? Em verdade, pode-se demonstrar pela história que tem sido êsse o destino de tôda civilização segregada. Se não há intercâmbio com outros povos, a civilização degenera, torna-se vítima dos próprios delírios e perece.

Pode-se expressar o conceito de delírio de outra maneira. É uma forma mais primitiva e pervertida de pensamento, de grupos ou de indivíduos, resultante de sua limitada perspectiva. O delírio do pensamento não conhece o conceito de delírio do pensamento. Um faquir deitado num leito de pregos, seria considerado um homem em delírio se exibisse essa forma de devoção na Quinta Avenida; entre seu povo, porém, seu comportamento é tido por santo e eminentemente sadio. Um membro de tribo primitiva não veria um exemplo de delírio das massas na cerimônia de exorcismo do demônio ou nas reuniões para reavivamento de sentimentos coletivos. Porém um homem que tenha passado dêsse estágio de desenvolvimento mental para um nível de mais larga perspectiva e de maior lucidez de consciência, há de reconhecer que, por trás dessas cerimônias, se ocultam delírios de pensamento.

A nossa capacidade de reconhecer as manifestações de delírio depende, inteiramente, das circunstâncias, do estado da civilização em que vivemos, dos grupos e da classe social a que pertencemos, pois o delírio e a retrogressão são têrmos que supõem um nível social e intelectual de consciência específico. Eis porque é tão difícil de identificar os delírios e os rituais primitivos em nosso próprio meio. A civilização atual está repleta de delírios de massa, de preconceitos e de erros coletivos, que fàcilmente se reconhecem quando observados de cima, mas que não podem ser descobertos se vistos de dentro. Ao passo que o delírio da feitiçaria já foi banido, não conseguimos ainda livrar-nos do delírio da superioridade e inferioridade de culturas ou de raças. As obsessões em massa na Idade Média, como o tarentismo e a dança de São Guido, são agora pouco conhecidas entre as nações do ocidente; em seu lugar, temos os comícios de massas, com multidões ovacionantes, a exprimir com êxtase delirante sua afiliação a algum delírio político. Em vez da fúria dançante, temos o frenesi desvairado do motor ou o contágio da contemplação passiva de telas de televisão.

Como se viu no Capítulo sôbre Totalitária, o delírio em massa pode ser provocado. É uma simples questão de organização e manipulação adequadas dos sentimentos coletivos. Quem puder isolar a massa, proibir todo pensamento livre, todo livre intercâmbio, todo corretivo externo; quem puder hipnotizar diàriamente o grupo com barulheiras, com imprensa, rádio, televisão, como mêdo e com falsos entusiasmos, poderá instilar qualquer delírio. As pessoas começarão a admitir os atos mais inadequados e mais primitivos. Em geral, são as ocorrências externas que desenfreiam no povo os complexos ocultos de histeria e de delírio. A loucura coletiva justifica a loucura pessoal reprimida em cada indivíduo. É por isso que é tão fácil impelir o povo, por meio de **slogans**, à histeria de guerra em massa. O inimigo externo atacado por **slogans** ofensivos é um mero bode expiatório e um substituto para descarga de todo o ódio e de tôda a angústia atuantes num povo oprimido.

Os delírios cuidadosamente implantados são difíceis de corrigir. O raciocínio perde o valor, pois a forma de pensar inferior e mais animalizada se torna surda a qualquer pensamento de nível mais alto. Quando se raciocina com um totalitário impregnado de chavões oficiais, êle se retrai, mais cedo ou mais tarde, para sua fortaleza de pensamento totalitário coletivo. O delírio em massa que lhe infunde sentimentos de participação, de grandeza, de onipotência, lhe é mais caro que sua consciência e sua compreensão pessoais.

É mais fácil que o prisioneiro isolado num campo de prisão totalitário se renda à influência do pensamento coletivo de seus guardas, se parte de seu pensamento infantil foi condicionada para ceder a um forte poder de sugestão. Êle tem que se comunicar com seus carcereiros, sob pena de ficar entregue ao seu delírio privado. Só uns poucos conservam o seu verdadeiro eu, nessa batalha heróica.

Só se pode estudar a situação dos prisioneiros de guerra, que permaneceram meses e anos na Coréia, levando-se em conta a atmosfera criada pelo delírio em massa. Num ambiente repleto de rumores, sem possibilidade de se fazer uma verificação dos fatos, o espírito fica sempre alerta, mas suas observações são pervertidas. O processo de lavagem do cérebro em massa, com contínua propaganda, torna muito difícil a cada um a observação objetiva de seus companheiros. É fácil, nesse ambiente, fazer de um inocente um bode expiatório para todos os sofrimentos do grupo, como também é fácil que os fatos se pervertam, nessa atmosfera de contágio coletivo.

Num campo de prisão, tive que fazer um relatório a respeito de um homem que era esconjurado e até maltratado, pelos outros, em razão de seu brutal comportamento homossexual. No decorrer da investigação, nada se apurou contra êle: nem fatos, nem vítimas. Rumores, porém, havia muitos, exprimindo ódio contra um ser solitário, sarcástico e insociável, que despertara os sentimentos de homossexualidade latentes nos outros prisioneiros, ofendendo, com isso, a sua masculinidade.

Nenhum prisioneiro de guerra poderia ser condenado por colaboração com o inimigo sem que se tivesse feito um estudo dos rumores correntes em sua prisão.

Em meios totalitários, dificilmente alguém conserva livre de contágio o seu pensamento e quase todos se tornam, ainda que transitòriamente, vítima de delírio.

O Perigo de Contágio Mental

Existe, de fato, um perigo contínuo de contágio mental. As pessoas vivem em permanente contacto psíquico umas com as outras. Como nação, temos que indagar qual o perigo de contaminação mental que nos ameaça do lado de lá das fronteiras.

Quero deixar cristalinamente claro que estou longe de ser insensível ao perigo de subversão e de agressão totalitárias que nos ameaçam. Minha experiência pessoal com os nazistas fêz-me ver, com dolorosa evidência, que êsses perigos não podem ser menosprezados. Como psicólogo, tenho, também, perfeita consciência da natureza contagiante da propaganda totalitária, e do fato de que os cidadãos livres de um país livre devem estar sempre prevenidos para se protegerem a si próprios. Porém é preciso aprender a combater êsses perigos de forma democrática; e receio muito que, na luta contra êles, nos sirvamos, com demasiada freqüência, de uma página do manual totalitário. Citarei apenas um exemplo.

A lei **Feinberg**, do Estado de Nova Iorque, promulgada com o intuito de proteger as crianças contra á disseminação de propaganda política perigosa, baseia-se, em parte, no conceito de contágio mental. Propõe-se proteger as escolas contra a infiltração insidiosa de idéias subversivas. Parece, à primeira vista, uma solução simples: detenha-se a subversão, antes que ela afete o espírito impressionável das crianças.

O fato é, porém, que isto apresenta uma série de dificuldades psicológicas. Com mêdo de sermos contaminados, criamos normas e esquemas com que pretendemos medir a aceitabilidade de idéias não ortodoxas, esquecendo-nos de que a presença de idéias das minorias, aceitáveis ou não, é um dos meios com que nos protegemos contra o desenvolvimento sorrateiro, em cada um de nós, do pensamento conformista da maioria. O juiz Hugo Black, da Suprema Côrte de Justiça, exprimindo sua opinião discordante a respeito da lei Feinberg (1), fêz esta observação:

> É êste um outro daqueles decretos legislativos que se multiplicam ràpidamente, e que tornam perigoso... pensar ou dizer qualquer coisa, exceto aquilo que uma maioria transitória se digna aprovar no momento.
>
> Em última análise, essas leis se apoiam na convicção de que o govêrno deveria fiscalizar e limitar o fluxo de idéias no espírito dos homens. A tendência dessa política governamental é modelar o povo segundo um padrão intelectual comum. Inteiramente diversa é a política governamental fundamentada na crença de que o govêrno deveria deixar a mente e o espírito do homem inteiramente livres.
>
> Esta política estimula o desenvolvimento de várias orientações intelectuais, confiante em que a melhor opinião há de prevalecer. A meu ver, esta política de liberdade se contém na 1.ª Emenda e tem sua aplicação autorizada nos Estados pela 14.ª Emenda.
>
> Em decorrência dessa orientação política, não podem os representantes dos poderes públicos ser investidos, constitucionalmente, de poderes para selecionar as idéias que as pessoas adotarão, nem tão pouco para censurar as opiniões que manifestem pùblicamente, ou para escolher os indivíduos e os grupos com que lhes seja permitido associarem-se. Funcionários públicos investidos de tais poderes não são servidores do povo, são senhores do povo.

Não se pode prevenir um contágio mental fomentando um outro. O único meio de se dotar o homem da fôrça necessária para resistir à contaminação mental é dar-lhe inteira liberdade de troca de idéias. O povo deve aprender a fazer perguntas,

(1) New York Times, Março, 4, 1952.

sem exigir que sejam imediatamente respondidas. O homem livre é o que aprende a viver com problemas, na esperança de que êles sejam um dia resolvidos, — na sua geração ou na seguinte. É preciso estimular a curiosidade e o espírito de indagação. Temos que combater o mêdo crescente no homem, de pensar por si mesmo, de ser original e de se dispor a lutar por suas convicções. E temos, por outro lado, que aprender a resistir às idéias. Não só por violência física se derrubam governos; derrubam-se, também, por violência mental, por infiltração nos espíritos jovens através da sugestão e do menticídio, por condicionamento rígido, por arregimentação rigorosa e proibindo-se severamente as dissenções.

O delírio de explicação

Um dos delírios mais **coercivos** é o **delírio de explicação,** a necessidade de explicar e interpretar tôdas as coisas com a ideologia simples que se tem no bôlso. A vítima dêsse delírio se reveste, sem querer, do manto mágico da onisciência, suscitando assim o respeito e a submissão daqueles que se sentem premidos pela necessidade de explicar racionalmente os fenômenos que não compreendem. O charlatão, por exemplo, com suas atitudes de onisciente, reduz sua vítima a um estado de insignificância, fazendo-a sentir-se cada vez menor diante dos grandes mistérios do mundo. É essa mesma necessidade compulsiva de ser o sabichão, o mágico onisciente que tem tôdas as soluções, que se encontra com tanta freqüência, no mundo totalitário e ninguém, inclusive o autor destas páginas está inteiramente livre de vir a aceitar uma dessas soluções prematuras.

É entre os intelectuais, principalmente entre os que gostam de jogar com idéias e conceitos sem realmente participar dos empreendimentos culturais de sua época, que se encontra com mais freqüência essa volúvel compulsão para tudo explicar sem nada compreender. Refugiando-se no isolamento intelectual e numa filosofia de tôrre de marfim, provocam muita hostilidade e suspeita por parte dos que recebem as pedras do intelectualismo em vez do pão da compreensão. Os intelectuais desempenham, no mundo democrático, um papel relevante de mestres das idéias; todo ensino, porém, envolve uma relação emotiva, é uma questão de se amar os alunos. É movimentar-se entre êles, participar de suas dúvidas para participarem juntos, alunos e mestres, da aventura comum de exploração do desconhecido.

Paradoxalmente, pode-se dizer que precisamos de ter experiência com totalitários, quando mais não seja, para descobrirmos os reflexos de sua rigidez no nosso sistema democrático.

Livres do pensamento mágico

Na civilização ocidental, o desenvolvimento dos meios de comunicação coletiva intensificou a influência da pressão das massas, tanto sôbre nossos preconceitos quanto sôbre a imparcialidade do nosso pensamento. Vivemos num mundo de ruídos constantes, que nos aprisionam o espírito, mesmo quando não o percebemos.

Já temos em nossa sociedade o problema da voz solitária, que prega no deserto. Estou convencido de que há, entre nós, muitos homens sábios cujos ensinamentos nos auxiliariam a corrigir, em nosso pensamento, o que é produto do delírio. Mas suas palavras de sabedoria são abafadas pelo excesso de ruídos de todos os lados. Em nossa sociedade, o homem não pode mais comunicar simplesmente sua sabedoria e seus conhecimentos; para ser ouvido, tem que anunciá-los e fortalecê-los com o poder do megaciclo e dos rótulos oficiais. É preciso que haja, por trás dêle, uma organização, para garantir que êle falará na hora exata em que haja ouvintes para receber sua mensagem.

E se êle não tiver, ainda, um título reconhecido e um diploma, suas palavras serão perdidas.

Corrigir o delírio das massas é uma das tarefas mais difíceis da democracia. Democracia pressupõe liberdade de pensamento e isto significa que ela exige, para cada cidadão, o direito de experimentar tôdas as formas de emoção coletiva e de pensamento coletivo. Esta prova só é possível quando se estimula constante autocrítica, pessoal e coletiva. A democracia precisa enfrentar a tarefa de preservar a mobilidade do pensamento a fim de se libertar dos temores cegos e da magia. O combate e o entrechoque de opiniões variadas, característicos da democracia, não produzem diretamente a verdade, mas preparam-lhe o caminho.

Neste momento mesmo, o mundo todo dança em tôrno de um delírio; a idéia mágica de que o poder material e militar colocado por trás de um argumento aproxima-nos da verdade e da segurança. No entanto, se se apertar um botão, tôda a massa de armas atômicas pode levar-nos ao suicídio mútuo.

Num mundo de pensamentos bélicos e contraditórios de delírios, a solução reside na demarcação dos pontos de conflito, na tomada de consciência das posições de cada um. Esta concordância a respeito daquilo em que discordamos, é o primeiro passo para a compreensão.

CAPÍTULO XII

A TECNOLOGIA INVADE-NOS O ESPÍRITO

É bastante difícil descrever a devastação que a intrusão do pensamento técnico produz em nosso espírito. Assim é por causa das influências tão contrastantes da tecnologia. Seu influxo pode ser uma bênção, por tornar-nos mais independentes diante das fôrças ameaçadoras da natureza; ao mesmo tempo, porém, corremos o risco de sermos dominados pelo instrumento e pela máquina. Precisamos dominar essa antinomia inerente à tecnização ou o furacão do incessante desenvolvimento técnico nos arrástará à catastrofe atômica final. O paradoxo característico da tecnologia consiste nisto: o que convém à máquina (automóvel, fábrica) ganha, aos poucos, maior importância e valor do que o bem estar do homem e da humanidade.

O desenvolvimento da tecnologia, dos inúmeros instrumentos mecânicos que servem às nossas fantasias, fêz a humanidade recuar para o sonho infantil do poder ilimitado. Aí está êle sentado, o pobre ser humano, circundado de aparelhos e dispositivos que enchem seu aposento. Apenas apérta um botão e torna seu mundo diferente. Que poderio! E que mais alto poder ainda ambiciona! Entretanto, que perigo para seu espírito!

O desenvolvimento da tecnologia pode perturbar a luta do homem pela maturidade de seu próprio espírito. A aplicação prática da ciência e os instrumentos destinavam-se, originàriamente, a oferecer ao homem maior proteção contra as fôrças físicas exteriores. Protegiam seu mundo interior; liberavam tempo e energia para a meditação, a concentração de espírito, o divertimento e o pensamento criador. Gradualmente, os próprios instrumentos que o homem fabricou dêle se assenhorearam e, em lugar de libertá-lo, reconduziram-no à servidão. O homem embebedou-se com a habilidade mecânica, tornou-se um viciado da tecnologia. Esta desperta nas pessoas uma atitude infantil, servil, sem que elas se apercebam disso. Quase todos nós passamos a ser escravos dos nossos automóveis. Paradoxalmente, a segurança técnica faz crescer a covardia. Já quase nada mais nos incita a enfrentar as fôrças exteriores da natureza e as que estão dentro de nós — as do instinto. Isso porque êsse mesmo mundo técnico tomou o lugar dêsse mágico desafio que, a princípio, a natureza nos fazia.

É a subserviência à tecnologia em si mesma que constitui uma investida contra o pensamento. A criança que desde muito jovem se defronta com modernos instrumentos, aparelhos e dispositivos da tecnologia — o rádio, o motor, o aparelho de televisão, o cinema — é inadvertidamente condicionada por milhões de associações, sons, quadros, movimentos, de que não participa. Não tem precisão de pensar nessas coisas. Estão elas em conexão muito direta com seus sentidos. A moderna tecnologia ensina o homem a aceitar o mundo que lhe cai sob os olhos, não tem tempo para recolher-se e refletir. É engodado pela tecnologia que o faz cair entre suas rodas e movimentos. Não tem descanso, nem meditação, nem reflexão, nem conversação — os sentidos estão contìnuamente sobrecarregados de estímulos. A criança não aprende mais a interrogar o seu mundo; o cinema e a televisão oferecem-lhe respostas já de todo prontas. Mesmo os livros não lhe oferecem nenhum convívio humano — ninguém lê para ela; os personagens do cinema e do rádio contam-lhe histórias à sua maneira. O conhecimento que assim lhe é imposto pelos meios técnicos não lhe solicita que pense a propósito do que vê e ouve. A conversação tornou-se uma arte abandonada. A idade da máquina avança impetuosamente, não deixando tempo para a leitura tranqüila e para encontros com as artes criadoras.

Observa-se, entretanto, uma contracorrente, na campanha do «faça você mesmo». Temos aí, provàvelmente, um ressurgimento do espírito criador e um desafio ao engenheiro que criou o robot.

Num mundo supertécnico, não existem mais o corpo e o espírito. A vida passa a ser nada mais do que uma parte de um vasto processo de pensamento técnico e químico. As equações matemáticas se intrometem nas relações humanas. Por exemplo, a doutrina da culpa por associação, ensina-nos uma equação simples, segundo a qual os inimigos dos nossos inimigos têm que ser nossos amigos e que os amigos dos nossos inimigos têm que ser nossos inimigos — como se fôsse possível apreciar sêres humanos pela simples adição de sinais positivos e negativos.

A sorrateira coerção da tecnologia

O rádio e a televisão apanham o espírito de modo direto, não deixando tempo livre para que as crianças entretenham conversação dialética e tranqüila com seus livros. As cenas do cinema e da televisão não permitem o intercâmbio da comunicação e da discussão, que estimula a liberdade. A conversação é a arte abandonada. Aquelas invenções roubam tempo e roubam a cada um a consciência de si mesmo. O que a tecnologia dá com uma das mãos — tranqüilidade e segurança física — tira com a outra. Subtrai aos homens suas relações afetivas. Os cartões despersonalizados de boas-festas com dizeres impressos, as fórmulas de cartas, a própria máquina de escrever são exemplos de substitutos mecânicos. A intrusão da técnica usurpa as relações humanas, como se as pessoas não tivessem mais, de maneira alguma, que dar atenção e amor umas às outras. A mamadeira substitui o seio materno, o níquel que a criança coloca no vendedor automático substitui o preparo do sanduíche pelas mãos maternas. A máquina impessoal substitui o gesto e o intercâmbio humanos. As crianças educadas dêsse modo preferem estar sós para se refugiarem nas suas fantasias e para brincarem com geringonças mecânicas. A mecanização precipita-as no retraimento mental.

Se a tecnologia inspira e cria o sentimento de onipotência do homem, sugere e cria, também, sua insignificância, sua fraqueza e inferioridade, se comparado com a fôrça da máquina. A fôrça do espírito criador do homem se disfarça por detrás de sonhos com máquinas sociais e mundos mecânicos. A mecânica das manobras políticas é superestimada e ultrapassa os limites da razão. Usamos da inteligência e da contra-inteligência, da trapaça e de máquinas políticas, esquecendo-nos das «razões emotivas» que fundamenta a genialidade e a estupidez humanas. A ingênua crença na tecnologia sem mais nada mantém certa relação com a não menos ingênua crença na inteligência, na lógica e na inocência humanas, que caracterizava o otimismo liberal dominante no século dezenove. Em ambas essas crenças divisa-se o repúdio das profundezas irracionais do espírito.

Qual o resultado final do progresso técnico? Impele o homem cada vez mais para o mêdo e o desespêro provocados por um mundo mecânico e vazio de amor? Cria uma felicidade megalomaníaca obtida através do domínio dos outros a distância? Livra o homem do fastidioso vazio de horas de lazer a serem preenchidas pelo tédio? Tem como resultado final — perguntamos ainda — o vivermos por meio de substitutos, fazendo a experiência do mundo sòmente através do cinema ou da televisão, em lugar de vivermos, lutarmos e criarmos por nós mesmos?

Observei, em casos de vício de televisão, os seguintes pontos:

1. A fascinação pela televisão é realmente um vício; isso quer dizer que a televisão pode formar um hábito, cuja influência não pode ser eliminada sem interferência terapêutica ativa.

2. Desperta precocemente a inquietação emotiva e sexual, seduzindo as crianças a ficarem olhando para a tela, vêzes

e vêzes, embora, ao mesmo tempo, não compreendam bem o que estão vendo.

3. Oferece contìnuamente oportunidade para a satisfação de fantasias agressivas (cenas de **far-west**, de crimes), ao que se seguem sentimentos de culpa — pois que a criança tende, inconscientemente, a se identificar com o criminoso, a despeito de todos os vingadores heróicos.

4. É um rouba-tempo.

5. A preocupação com a televisão elimina a atividade do poder criador do espírito — crianças e adultos não fazem mais do que sentar e observar o falso mundo da televisão, em lugar de enfrentarem suas próprias dificuldades. Quando há conflito entre pais que não têm tempo para dedicar a seus pequenos, êstes se entregam gostosamente à televisão. Esta lhes fala, brinca com elas, leva-as para um mundo de mágicas fantasias. Substitui os adultos e é sempre paciente com elas, que interpretam isso como amor.

Precisamos estar atentos à ação hipnotizadora, sedutora, de tôdas as formas de comunicação que tudo invadem, como à de todos os meios de ação sôbre as massas. As pessoas ficam fascinadas, mesmo quando não estão muito interessadas. Devemos lembrar-nos de que o desenvolvimento individual necessita, a cada passo, de isolamento, bem como de conversação, de debate consigo mesmo e de uma revisão com o próprio eu. A televisão embaraça êsse processo e prepara o espírito para mais fàcilmente aceitar a coletivização e o pensamento por meio de chavões. Persuade os expectadores a pensarem segundo os valores das massas. Intromete-se na vida doméstica e elimina a comunicação mais íntima entre os membros da família.

O mundo de amanhã presenciará uma tremenda batalha entre a tecnologia e a psicologia. Será uma luta da tecnologia contra a natureza, do condicionamento sistemático contra a espontaneidade de criação. A veneração da máquina implica em transformar o conhecimento de mecânica em poder, num poder estilo «aperte o botão». Os instrumentos mecânicos de destruição tais como a bomba H, converteram o instinto primitivo de destruição em matança científica em larga escala. Agora, êsse potencial de destruição pode vir a ser instrumento adequado para qualquer potentado sedento de poder. Impelido pela tecnologia, o nosso mundo tornou-se mais interdependente e nós mesmos, por fôrça de nossa dependência de aparelhos e de conhecimentos técnicos, corremos o risco de entregar o nosso povo aos mais brutais totalitários. É êsse o dilema atual da nossa civilização. A máquina, que se transformou num instrumento da organização humana e tornou possível a conquista da natureza, assumiu posição ditatorial. Arrastou as pessoas a respostas automáticas, a padrões rígidos de comportamento e a hábitos destrutivos.

A máquina tem despertado uma ânsia sempre crescente de velocidade, de façanhas frenéticas. Existe uma relação psicológica entre a **velocitomania** (velocidade frenética) e a desumanidade. Com as mãos no volante de um carro veloz, o motorista fica bêbado de poder. Deparamos aqui, de novo, com a rejeição do conceito de crescimento natural, passo a passo. As idéias e os métodos só amadurecem com o tempo. A máquina força resultados prematuros: a evolução transformou-se em revolução de rodas. A máquina nega que o progresso tenha que se realizar dentro de nós antes que se realize fora de nós. A mecanização elimina a fé no esfôrço mental e a convicção de que a solução de problemas exige tempo e repetidas tentativas. Uma vez postas de lado essas crenças, passarão a imperar a vulgaridade, o resumo e a nota apressada. Um mundo mecanizado acredita apenas no trato resumido de problemas e não numa continuada luta dialética entre o homem e as questões que êle propõe.

Uma das falácias da técnica moderna é a de caminhar na direção da máxima **eficiência.** Alcançar um máximo de produção com um mínimo de energia. Êsse princípio pode ser exato para a máquina, mas não é verdadeiro para o organismo humano. Para tornar-se forte e permanecer forte, o homem tem que aprender a vencer resistências, a enfrentar desafios e a submeter-se a repetidas provas. O luxo causa atrofia física e mental.

A desvalorização do cérebro humano individual, substituído por calculadoras mecânicas, lembra também o regime totalitário, no qual os cidadãos são compelidos a se transformarem cada vez mais em instrumentos servis. O «regime» inumano fica sendo o alvo a atingir, um regime que é produto da tecnocracia e da desumanização e que pode ter como conseqüência a brutalidade organizada e o esmagamento de tôda moralidade pessoal. Numa sociedade mecanizada, forçosamente se grava no inconsciente um conjunto de valores, da mesma maneira que Pavlov condicionava seus cães. Não precisamos mais do cérebro para pensar; as máquinas o farão por nós. Na tecnocracia, o que se valoriza é o comportamento livre de emoções e do impulso criador. Falamos de «cérebros eletrônicos» esquecendo-nos de que, na verdade, espíritos criadores se acham por trás dêsses cérebros e de suas imperfeições. Para alguns engenheiros, os espíritos passaram a ser nada mais do que lâmpadas elétricas num laboratório totalitário. Entre o homem e seus semelhantes, interpõe-se um exército de papel, assustador e frio, uma anônima burocracia de normas e instrumentos. A mecanização faz nascer o misterioso «alcoviteiro» das relações entre os homens, o intermediário, o burocrata mecanizado, poderoso mas impessoal, que passou a ser uma nova fonte de mêdo fantástico.

No mundo tecnocrático, todo problema moral é escamoteado e deslocado por uma avaliação técnica ou estatística. As proposições de uma matemática segura e rápida servem para destroçar a moral. Se investigarmos, por exemplo, a vida íntima dos guardas dos campos de concentração com seus transtornos e atribulações, compreenderemos qual a razão pela qual êsses carcereiros tanto se preocuparam com o problema técnico de levar os corpos de suas vítimas assassinadas, para fora da câmara de gás, o mais depressa possível. As palavras «limpo», «prático» e «puro» tinham adquirido para êles uma dimensão diferente da usual. Pensavam em têrmos químicos e estatísticos, agarrando-se a êles, a fim de não tomarem consciência da profundíssima culpa moral que tinham.

O espírito concebido como um computador mecânico é o resultado de uma racionalização e generalização compulsivas do mundo. Assim tem sido desde o tempo dos primeiros pensadores gregos. Êsse conceito implica em negar a vida emotiva ou em lhe atribuir reduzida importância e em fazer o mesmo com as experiências da zona marginal da consciência. Nessa filosofia, a espontaneidade nunca é compreendida — nem o são o poder criador e a coincidência histórica, nem os milagres da comunicação humana, tais como os revelados pela telepatia. A tecnologia baseada nesse conceito é fria e sem padrões morais de vida, sem fé e contrafeita no nosso próprio mundo. Estimula, sem cessar, novas insatisfações e a produção de estravagâncias desnecessárias, sem mesmo saber por quê. Estimula a avidez e a preguiça, sem acentuar a moderação e a arte de viver. A tecnologia como um fim e não como um meio oferece-nos a ficção da simples igualdade, em lugar da incessante procura da liberdade, da diversidade e da dignidade humanas. A tecnologia se esquece de que a perspectiva científica do mundo não passa de uma gradual correção da perspectiva mitológica e pré-científica. A tecnologia, que foi um produto de fantasia e visão corajosas, ameaça matar essa mesma visão, sem a qual nenhum progresso humano é possível. O ídolo tecnologia precisa passar a ser de novo um instrumento e não um mágico onipotente per se, que nos arrasta para o abismo.

O desenvolvimento da indústria na nossa cultura ocidental criou um novo problema, por afastar o homem do ritmo da natureza. A princípio, o homem industrial estava prêso à fábrica e à máquina; depois, o progresso tecnológico aumentou suas horas de lazer, criando um novo problema: lazer para quê?

O progressivo aumento de tempo e de divisões do tempo bem como do tamanho das cidades, e a redução das distâncias pela melhoria dos meios de transporte, afetaram profundamente as raízes dos nossos sentimentos de participação e segurança. A família — o átomo da sociedade — muitas vêzes se desmembra e algumas outras degenera. O delírio frenético do automóvel da família substitui, no domingo, a tranqüila reunião de grupos de familiares, em troca recíproca de afeição e de compreensão.

Só quando o homem aprender a ser mentalmente independente da tecnologia — quer dizer, quando êle aprender a passar sem ela — só então aprenderá a não se deixar oprimir e arrebatar por ela. Para que as pessoas possam realmente usar e apreciar as vantagens da tecnologia, é preciso que primeiro se transformem em solitários Robinsons Crusoés.

O nosso sistema de educação precisa aprender a apresentar à criança incentivos simples e naturais, a fim de imunizá-la contra as tendências para a inércia e para a preguiça desta nossa era inpregnada de técnica.

O paradoxo da tecnologia

A segurança técnica pode, bastante paradoxalmente, aumentar a covardia. O mundo técnico que nós mesmos criamos substituiu o genuíno incentivo que, a princípio, a natureza oferecia à imaginação humana e, assim, o homem não se vê mais compelido a enfrentar as fôrças exteriores da natureza e as interiores de seus próprios instintos. O luxo dos nossos hábitos e a complexidade da civilização tendem a provocar mais a passividade mental que a vivacidade de espírito. As pessoas de mentalidade passiva, sem princípios básicos morais e filosóficos, são fàcilmente levadas a aventuras políticas opostas aos princípios éticos de uma sociedade livre, democrática.

A linha de montagem torna o homem estranho ao seu trabalho, ao produto de seu labor. O homem não produz mais as coisas de que precisa; a máquina produz para êle. Dizem engenheiros e cientistas que, num futuro próximo, a automação — funcionamento das fábricas sem intervenção humana — será uma realidade e que o trabalho humano e o próprio ser humano tornar-se-ão quase que completamente supérfluos. Como poderá o homem manter sua auto-estima quando passar a ser o que há de mais dispensável no seu mundo? A ética e os valores morais que constituem o alicerce da sociedade democrática têm como fundamento a idéia de que a vida e o bem-estar humanos são o supremo bem da terra. Mas, numa sociedade completamente dominada pela máquina, todos os nossos valores tradicionais podem ser destruídos. Venerando a máquina, nos denegrimos; começamos por acreditar que a fôrça faz o direito, que o ser humano não tem valor intrínseco e que a própria vida é apenas uma parte de um vasto processo técnico e químico.

O progressivo recuo do homem para um mundo mecanizado, estilo «aperte o botão», tem sua melhor ilustração no amor dos homens pelos automóveis e por outras máquinas. No instante em que o homem pode fugir para o assento de seu carro e naquele em que pode dirigir o mundo por contrôle a distância, sonha um velho e de há muito esquecido sonho infantil, o da tremenda onipotência. A servilidade do homem diante de seu automóvel e de outras máquinas subtrai algo à sua individualidade. Hipnotiza-nos a idéia do contrôle a distância. As rodas e botões elétricos nos dão uma falsa impressão de liberdade. Ao mesmo tempo, entretanto, a porção criadora do homem resiste à fria e mecânica intrusão da máquina no seu mundo de liberdade interior.

Cada vez que, dirigindo um carro, passo por algo de belo na estrada, seja uma paisagem atraente, seja um museu, um rio, uma grande árvore, sou imediatamente acometido por coisa semelhante a um intenso conflito. Convém parar o carro e abeberar-me da beleza em derredor? Ou é melhor deixar-me levar pela máquina e continuar correndo?

Êsse comportamento sugere aos psicólogos e biologistas importantes perguntas. Qual será o fim disso? A tendência do homem para tornar-se cada vez mais um empedernido embrião tecnológico, levará, finalmente, a melhor sôbre êle e a sua civilização? O anatomista holandês Bolk — um de meus professôres — descreveu há muito tempo o retardamento regressivo do crescimento, que caracteriza os sêres humanos, comparado com o rápido desenvolvimento dos primatas mais elevados. Em conseqüência de sua fetalização e de seu retardamento anatômico, o homem adquiriu postura erecta, o uso de mãos capazes de segurar e apalpar, a virtualidade da palavra. Essa prolongada juventude possibilitou-lhe aprender e possibilitou-lhe construir seu mundo de pensamento.

A partir do Renascimento e do advento da ciência moderna, o próprio cientista tem sido forçado a se refugiar cada vez mais no seu útero tecnológico — o laboratório, o gabinete de estudos, a poltrona de trabalho. Procura alcançar assim maior concentração intelectual, mas, em conseqüência, vai mais e mais se isolando dos vivos — inadvertidamente. Só nas últimas décadas é que o cientista começou a tomar crescente contacto com os problemas sociais, forçado a isso, em parte, pelo progresso das ciências sociais.

O cientista aprendeu, no seu mágico esconderijo, a arte de controlar o mundo com suas invenções e lucubrações mentais. As pessoas têm sido progressivamente seduzidas pela idéia de contrôle a distância. O arsenal de botões elétricos e outros dispositivos e aparelhos nos conduzem a um mundo de magia e de sonho, o mundo do poder onipotente. A nossa civilização técnica tem-nos criado tôdas as facilidades, mas são os desafios da vida e a intranqüilidade que produzem caráter e energia.

A periódica válvula de escape que é o trabalho, mediante a qual não apenas sublimamos nossa agressividade, mas também purificamos e recondicionamos nossos propósitos instintivos, corre sério perigo diante da automatização técnica. Há uma íntima relação entre o ritmo do trabalho e o ritmo da criação. Num mundo de puro lazer e sem disciplina de trabalho, nossos instintos desenfreados ganharão terreno de novo. É o ritmo alternado de trabalho e descanso que nos apura o gôzo do lazer.

Um congresso sôbre os efeitos da automação sôbre os trabalhadores, patrocinado pela **Society for Applied Antropology**, em New Haven (1), demonstrou que a principal queixa dos operários se referia a uma progressiva tensão mental que suplanta a fadiga muscular. O esfôrço de vigiar e controlar máquinas faz do homem uma de suas peças. O homem vai aos poucos ficando com a impressão de que é a máquina que o controla e não êle à máquina. Muitos de meus pacientes consideram as máquinas como coisas vivas, perigosamente vivas, pois que não têm para com os homens que as usam nem amor nem quaisquer outros sentimentos.

A elevação do padrão de vida trás em si um paradoxo: promovendo a tranqüilidade, promove a ociosidade e a preguiça. Se o espírito não está preparado para preencher as horas de lazer com novas preocupações e novos esforços, novas iniciativas e novas atividades, cai no sono e se torna um autômato. O deus Automação devora seus próprios filhos. Pode transformar-nos em primitivos altamente especializados.

Do mesmo modo que substituímos gradualmente o trabalho humano pelas máquinas, substituímos aos poucos o cérebro humano por computadores mecânicos, aumentando, assim, para o homem, a impressão de seu próprio desvalor. Começamos por figurar a própria mente como um computador mecânico, como um conjunto de impulsos e ações eletroquímicas. O cérebro é um órgão do corpo; sua estrutura e suas funções podem ser

---

(1) **The New York Times, 29 de Dezembro de 1955.**

estudadas e examinadas. Mas o espírito é coisa muito diversa. Não é êle apenas a soma dos processos fisiológicos do cérebro; é, isso sim, o que há de único e criador na personalidade humana.

A menos que nos voltemos para nós mesmos, que tomemos mais consciência dos problemas que a tecnologia nos criou, nossa sociedade tôda pode transformar-se numa espécie de Estado superautomatizado. Qualquer colapso da vigilância moral e do senso que tem o indivíduo de seu próprio valor nos torna a todos mais vulneráveis à coerção mental. A Alemanha nazista ofereceu-nos aterrador exemplo de uma completa derrocada das apreciações morais. Na sociedade dos S.S., a perseguição racial e o assassínio passaram a ser uma espécie de preceito moral.

Tudo isso pode parecer um exagêro. Entretanto, certo é que qualquer influência — manifesta ou disfarçada, bem ou mal intencionada — que reduza nossa vigilância, nossa capacidade de enfrentar a realidade, nosso desejo de viver como indivíduos ativos e atuantes, de assumir responsabilidades e de afrontar o perigo, retira-nos uma parte do que temos de essencialmente humano, a virtude de lutar pela liberdade e pela maturidade democrática. A violenta ingerência dos totalitários na mente alheia é deliberada e polìticamente inspirada, mas qualquer ingerência nos espíritos é um sério perigo, mesmo quando seu propósito não é político. Qualquer influência que tenda a roubar do homem seu espírito livre, pode reduzi-lo ao robotismo. Qualquer influência que destrua o indivíduo, pode destruir a sociedade tôda.

CAPÍTULO XIII

A INTRUSÃO POR MEIO DA MENTALIDADE ADMINISTRATIVA

Depois que a vida se tornou cada vez mais complexa, surgiu, entre o homem e seus fins, um novo grupo de mediadores. Não se trata mais do sacerdote de outrora, o mediador entre a humanidade e seus deuses, entre a humanidade e as fôrças que o sobrepujam, mas de um grupo de administradores que assumiu, em parte, a tarefa de intervir entre o homem e seu govêrno. Hoje há mediadores entre o empregado e seus chefes, entre o artista e o público, entre o produtor e o consumidor, mediadores, enfim, entre tôdas as coisas. Nasceu a mentalidade administrativa, freqüentemente a dominar o comportamento social e as várias relações do homem, incitando-o a ações e a obrigações complexas muito distantes do comportamento espontâneo.

Todos êsses laços, os burocráticos, rígidos, e os administrativos, úteis, têm sua influência no comportamento do homem e não raro toldam seu pensamento livre. Tenho uma razão especial para desenvolver êste tema num livro que trata do menticídio, porque êste problema de mediação entre o homem e seus atos e pensamentos têm tanto cabimento na nossa forma de democracia quanto nos países totalitários. Ambas as metades do mundo andam às voltas com o problema absorvente de cuidarem da própria administração. A simples técnica de nos governarmos e de governarmos o mundo em que vivemos pode vir a ser uma ameaça para o livre desenvolvimento humano — qualquer que seja a ideologia a que se filie a administração.

Na escolha dos homens que nos devem governar, não gozamos da mesma liberdade com que escolhemos um médico ou uma loja preferida. Enquanto o homem público ocupar o cargo, estaremos sujeitos ao seu poder burocrático.

A mentalidade administrativa

Os administradores de hoje não podem exercer satisfatòriamente suas tarefas, mantendo-se dentro dos limites restritos de conhecimento das pessoas e das nações que bastavam aos governos de anos passados. Se nossos dirigentes não forem capazes de levar em conta as fôrças irracionais que operam nêles mesmos, nos outros homens e nas nações, fàcilmente serão tragados pelo torvelinho das emoções das massas. Se não estiverem capacitados para reconhecer, em sua conduta pública ou privada, os reflexos de impulsos irracionais e de preconceitos, não serão capazes de lidar com os preconceitos alheios, quase sempre imprevisíveis. Se não tiverem, por exemplo, bastante sensibilidade para perceberem a estratégia paradoxal que se esconde por trás da desnorteante linguagem esopeana dos totalitários, não serão capazes de se contrapor à guerra fria. O conhecimento da psicologia tornou-se um imperativo, em nossa era de confusas relações humanas.

Compreendem, por exemplo, integralmente, os elementos do govêrno, a provocadora estratégia da calúnia e da acusação sem fundamento, e estarão êles em condições de lidar com ela de maneira adequada? Percebem êles que o simples desmentido oficial nunca tem tão forte poder de atração nem provoca o mesmo choque que a acusação inicial e que, em geral, na realidade, até faz parte da estratégia do acusador? Aparentemente não, porque muitos continuam a usar, como defesa contra a estratégia totalitária da acusação, o simples desmentido oficial, quando, na realidade, só se pode derrotar essa técnica, expondo-se e ridicularizando sem cessar os seus verdadeiros fundamentos.

Apreendem êles tudo o que está implícito na tática de criar problemas fictícios? É comum que totalitários e demagogos empreguem essa técnica confusionista: promovem pesquisas e investigações emocionantes, chamam a atenção para problemas sem significação, para distraí-la de seus verdadeiros objetivos.

Compreendem êles, por exemplo, tudo o que está por trás da técnica de explorar o cavalheirismo e a generosidade do povo e a compaixão do mundo? A tática de se queixar e de clamar por justiça é uma defesa mental muito conhecida, usada pelos indivíduos neuróticos para despertar sentimentos de culpa nos outros e recobrir a própria agressividade profunda. Explorar a piedade e apregoar pureza e virtuosa inocência são truques muito conhecidos quando se trata de indivíduos, mas temos menos facilidade em identificá-los quando usados na política internacional.

Têm os nossos dirigentes perfeita consciência de que mesmo os românticos ideais de amor fraterno e de paz mundial podem ser usados para recobrir desígnios agressivos? Depois da Primeira Guerra Mundial, ouvimos, dos países derrotados do centro da Europa, muitas sugestivas e idealistas palavras de engôdo. A imprensa e os dirigentes dêsses países descreviam com alarde, para conhecimento do mundo todo, a «purificação íntima pelo sofrimento», por que passavam os povos vencidos. E assim, apelavam essas nações para a consciência e a compaixão do mundo inteiro. Mas era uma conversão discutível. Todo terapeuta sabe muito bem que os que falam muito de suas mudanças interiores e de seu restabelecimento, na maioria das vêzes não mudaram nada. Suas frases bonitas são freqüentemente desmentidas pelos atos. Os políticos precisam saber que isto é tão verdadeiro para as nações quanto para os indivíduos. Não nos esqueçamos de que as nações não falam. A palavra oficial é pronunciada por representantes cujos motivos íntimos não têm nada de oficial e são quase sempre desconhecidos.

Administradores, diplomatas e políticos constituem os centros nervosos e as vias de comunicação entre os povos e as nações. As tensões dos meios diplomáticos refletem as tensões políticas do mundo. Mas refletem outras coisas também. A profissão do político está sujeita a um tipo particular de tensão nervosa. No momento em que o administrador atinge o ápice da carreira, pode operar-se nêle uma mudança psicológica. Passa, então, a poder identificar-se com os que, antes, o dirigiam. O simples fato de ocupar uma posição oficial e de ser um chefe pode alterar de muitas maneiras a mentalidade de um homem. Quase sempre êle se afasta cada vez mais dos problemas humanos e do povo que êle representa, para pensar apenas em têrmos de estratégia nacional, de ideologia oficial e dos propósitos de uma política de fôrça. Ou então, são as ambições da infância, por muito tempo frustradas, que se levantam. Vítima da inflação de suas ambições pessoais excessivas e de sua noção particular de responsabilidade, pode, em conseqüência, perder o domínio da própria personalidade.

Os homens públicos a quem cabem as pesadas responsabilidades de direção precisam tornar-se mais cuidadosos; é certo que muitas vêzes êles são obrigados a exprimir-se em têrmos evasivos. Não se apercebem, porém, que essa linguagem pode modificar, aos poucos, sua maneira de pensar, acabando, finalmente, por julgarem que têm o privilégio de se exprimirem com dubiedade.

Outra dificuldade que êles têm que enfrentar, provém de um mêdo bastante generalizado, o mêdo do êxito. Quando se satisfaz uma grande ambição, pode-se despertar um mêdo infantil, longamente reprimido, que se liga a uma primeira rivalidade com o pai e com os irmãos. A inveja e a hostilidade dos que êle sobrepujou, passa, daí por diante, a atormentar a vida do estadista.

O exercício de postos de comando — ou de qualquer outra forma de autoafirmação, — traz consigo um perigo: é que provoca resistência e hostilidade, represália e punição. O administrador sabe que o povo tem os olhos voltados para êle; sente-se exposto à crítica e ao ataque político. Se ainda não o fêz até então, terá, daí por diante, que criar uma fachada defensiva, para cortejar o público e os eleitores. E como conseqüência, pode acontecer que o democrata moderado de outrora, acreditava no govêrno pelo povo, assuma a estatura de uma personalidade autoritária. Deixa-se guiar por fantasias de mando infantis e frustradas.

Os **brain trusters** da administração, não obstante os seus problemas íntimos, têm um papel significativo no desenvolvimento da nossa história. Nosso espírito é profundamente afetado pelo seu. Paralelamente, nós, o grande público, exercemos influência sôbre êles e tanto os podemos levar, por nossos impulsos mais civilizados, a encontrar o caminho certo, como os impelir, por fôrça de influências e impulsos primitivos, a precipitar-nos a todos numa catástrofe. A intrusão da mentalidade administrativa fica ainda mais sujeita às contingências individuais quando os padrões de procedimento das autoridades constituídas não são fiscalizados pelo parlamento e pelas leis. Nessas condições, é fácil estabelecer-se o predomínio da arbitrariedade e do preconceito, como se viu em muitas das nossas leis de segurança. O segredo oficial é um símbolo de poder mágico, com quanto mais cochichos se fizerem as coisas, tanto menos democrática será a fiscalização e tanto maior o mêdo da traição.

Tècnicamente, deveria ser muito simples administrar qualquer grupo ou nação, e até mesmo o mundo todo. A humanidade tem certamente conhecimentos suficientes para desempenhar êsse mister. Sabe-se muita coisa sôbre história, sociologia, ciência das relações humanas e govêrno, o bastante, pelo menos, para não se repetirem os erros da história. Vivemos num mundo de abundância econômica e de fartura de técnica.

Contudo, não aprendemos ainda a aplicar o que sabemos nem a organizar os recursos do universo. Algo desandou, nalgum lugar e as coisas escaparam de nossas mãos. Dir-se-ia que está paralisado o desejo dos povos e das nações de se entenderem mùtuamente, ao passo que se desenvolve o mêdo e a suspeita, provocados por fantasias de ideologias fabulosas, que se guerreiam umas às outras. E amanhã sobrarão apenas as caudas dos cachorros briguentos.

Durante a Segunda Guerra Mundial, participei, como representante oficial do govêrno holandês, de um congresso internacional sôbre bem estar social e auxílio de guerra. Pude então perceber melhor a medida em que as paixões privadas determinam nossa maneira de lidar com os problemas públicos. Todos nós aparentávamos, na conferência, uma fisionomia fria e impassível, que denotava uma forma rígida e imparcial de pensar, escondendo, porém, outros problemas que moviam o inconsciente de cada um. A beneficência é, muitas vêzes, muito mais uma questão de ódio que de amor e simpatia. O orgulho e o prestígio podem desempenhar papel mais importante que a compaixão pela vítima desamparada. Os deslocados e os povos dos países devastados e subdesenvolvidos têm consciência muito clara dêsse fato. Não gostam do papel que o destino lhes reservou; duplo papel de eterna vítima da guerra e da política e vítima, ainda, do quase sempre arrogante distribuidor de caridade. Com efeito, o representante que devia receber alguma coisa, melindrava-se com qualquer oferta feita à sua pátria. Cada um queria ser o generoso «tio da América».

Os males físicos e psicológicos dos que ocupam cargos públicos

No futuro, quando se compreender melhor o valor da psicologia, deverão os dirigentes políticos receber melhor formação de princípios da psicologia moderna. Assim como o soldado precisa saber manejar as suas armas materiais, deve o político saber enfrentar e manejar a estratégia mental das relações humanas e da diplomacia. Precisa tomar conhecimento das ciladas que se escondem em todo trato humano e das fragilidades de seu próprio espírito.

As doenças físicas e o desenvolvimento de neuroses podem produzir efeitos diversos sôbre os homens públicos. Sob sua influência, alguns são arrastados a uma vida de contínuo ressentimento, como se, em suas atividades políticas e oficiais, estivessem decidindo as suas lutas infantis contra demônios, angústias e sentimentos de culpa. Outros purificam-se pelo sofrimento, tornando-se mais sábios e mais humanos.

A moderna ciência da medicina psicossomática demonstra que a preocupação constante, a competição contínua, as agressões repetidas, o desejo de dominar e de governar os outros, o mêdo da responsabilidade, o fardo da profissão que se escolheu, figuram entre os muitos fatôres que concorrem para que o corpo e o espírito vão formando um padrão de reações somáticas. Reduzindo a capacidade física, essas reações podem, de fato, prejudicar a capacidade de resolver problemas. Tornar-se, por eleição, um homem de estado, numa época como a de hoje, de crescente competição humana e de crescente dependência das massas votantes, importa em desenvolver, nos que detêm os postos oficiais, qualidades que beiram a psicopatia e que podem estropiar o corpo ou o espírito, ou os dois ao mesmo tempo, quando o que se faz necessário seriam dirigentes perfeitamente sãos e robustos. Nunca será demais acentuar o papel que as psicoses latentes e as desordens de caráter desempenham em muita personalidade eminente. Não há muito tempo, tratei de um dirigente de uma vasta associação de beneficência, que gozava de muita estima por parte de seus concidadãos mas que, no círculo de sua própria família, era um tirano doentio e psicopata. Seus filhos tremiam na sua presença —

e, naturalmente, adotaram uma atitude realmente cínica em face de todo idealismo e do humanitarismo.

Tenho para mim que muitas vêzes êsse estado patológico é resultante da forma por que são eleitos os dirigentes. A preferência do público quase sempre se orienta para as qualidades fortes, defensivas e supercompensadas, de caráter, que se revelam bem nas funções públicas. É a fachada o que mais se vê, ao passo que o íntimo não se pode julgar.

Em 1949, Burnett Hershey escreveu um artigo em que fazia a seguinte pergunta: «Está nosso destino nas mãos de homens doentes?» O artigo foi escrito depois da morte trágica de James Forrestal, Secretário Americano de Defesa, que se suicidou, levado pelo desespêro e por delírios de perseguição. Descreve êle com alguma minúcia os males psíquicos de vários estadistas. Hershey cita as palavras proferidas pelo Gal. George C. Marshall no «Overseas Press Club»: «As úlceras de estômago têm um efeito surpreendente na história de nossos dias. Enquanto estive em Washington, além de outras dificuldades, tive que me defrontar com as úlceras de Bedell Smith em Moscou e com as de Bob Lovett e Dean Acheson, em Washington.» O autor continua mostrando que Stalin, Sir Stafford Crips, Warren Austin e Vishinsky também sofriam de males psicossomáticos, como acontece, ainda, com Clement Attlee. Todo o mundo ouviu falar dos repetidos desmaios de Mossadegh, ex-primeiro ministro do Irã, o homem que poderia, num momento de semi-inconsciência, ter mudado a balança política do Oriente Médio. O Senador McCarthy, que provocou tantas discussões e ocupou tantos cabeçalhos de jornais, é outro caso dêsses. Quando estava no auge da luta pela publicidade, tinha o estômago a exigir uma operação exploratória, sofria de bursites, e de freqüentes dores de cabeça, de sinusite e apresentava sintomas de esgotamento, males, todos êsses, conhecidos como efeitos psicossomáticos resultantes de extrema tensão. (1)

---

(1) Newsweek, 12 de abril de 1954.

Não faltam, por outro lado, muitos exemplos animadores de como podem as enfermidades físicas e os processos neuróticos amadurecer e fortificar a personalidade. Provàvelmente, o exemplo mais evidente de relação entre o corpo e a profissão nos foi dado por Franklin D. Roosevelt, que teve carreira política insignificante, até que foi atacado de poliomielite. Os anos de sofrimento físico foram, para êles, anos de amadurecimento mental. Sua vitória sôbre a dor e sôbre a moléstia transformaram sua atitude diante de seus próprios problemas e dos problemas do mundo. Pode-se atribuir, em parte, a seu desenvolvimento mental durante a doença, o progresso de sua capacidade de compreensão e de sua humildade, o aumento de sua intuição estratégica e o extraordinário conhecimento que o caracterizava, do equilíbrio de fôrças de seu país.

Roosevelt será sempre um exemplo sugestivo da capacidade que tem a mente de sobrepujar as limitações físicas do organismo, de superá-las, quando o homem está disposto a olhar para dentro de si mesmo e a vencer seus conflitos interiores.

Uma conferência em que prevaleceu o inconsciente

Voltemos por um momento àquela conferência do tempo da guerra, sôbre bem estar social, a que me referi atrás, para que lhes conte alguma coisa mais a respeito dela.

O presidente da conferência não se sentiu bem; cada decisão lhe era tão dolorosa como a úlcera que tinha. Tossia, gaguejava e recusava aceitar a responsabilidade que o cargo lhe conferia. A representante de um dos países da Europa Central era uma mulher atraente mas cheia de aversão pelos homens. Tôdas as suas palavras tinham um matiz de desconfiança e quando o representante de um dos países latinos tentava um **flirt** com ela, por ligeiro que fôsse, demonstrava sua perturbação opondo-se vigorosamente a qualquer proposta construtiva que êle fizesse.

Tínhamos também entre nós um cauteloso político profissional, da velha escola. Embora seus discursos fôssem vasados em têrmos corteses e delicados, só abria a boca para arrasar qualquer proposição que não partisse de sua facção política. E quando tinha que ouvir, — coisa que, absolutamente, não gostava de fazer — ocupava-se constantemente em mexer na gravata e nos óculos, sempre preocupado em arrumar-se.

Num canto muito freqüentado, sentava-se um jovem entusiasta, que ansiava por fazer algo de importante. Queria agir, queria ver alguma coisa realizada, e os outros olhavam essa exaltação com afetado desprêzo. Êle ignorava as regras de jôgo da conferência.

As sessões eram enfadonhas. Os delegados faziam discursos intermináveis e sensaborões. Um dia, porém, tôda a conferência foi tomada de fúria irreprimível. Cada delegado porfiava em arrasar os demais colegas. Alguém pronunciara, inesperadamente, a palavra «traidor», para referir-se a certo grupo de guerilheiros em luta na Europa e a afável discussão transformou-se, sùbitamente, num embate de paixões rebeldes, que há muito se agitavam por trás das máscaras impassíveis.

Que agitação se provocou! Quanta ira e quanto ódio! Mas durou pouco. Amainou-se a tempestade e prevaleceu novamente o espírito artificial da conferência. Sentamo-nos de novo para não fazer nada. O presidente fêz um delicado discurso de encerramento e nós nos dispersamos. Muitos anos já se passaram e o caridoso trabalho que planejáramos com tanto carinho está ainda por realizar-se.

Com insistente otimismo, os dirigentes políticos ainda se reunem para edificar uma nova paz no mundo. Sabemos que muitos dêles hão de sofrer de novo de úlceras de estômago; mas que sabemos nós a respeito de seus ocultos desejos e ressentimentos mais profundos?

Receio que esteja muito longe ainda o dia em que os representantes oficiais e os administradores serão submetidos a formação e a seleção psicológicas; não podemos, porém, deixar de tomar maior conhecimento dos muitos fatôres inconscientes que exercem influência sôbre êles e sôbre nós.

Procuram os dirigentes políticos compreenderem-se uns aos outros e aos grupos que êles representam, ou estarão êles apenas experimentando a fôrça de sua máquina política, de suas palavras e dos votos de que dispõem? Deixam-se guiar por ressentimentos e ambições pessoais, ou serão orientados pelo desejo honesto de servir à comunidade e a seus ideais?

Estão nossos administradores mentalmente bem preparados para desempenhar a tarefa que lhes cabe? Se não, como poderá o conhecimento da psicologia melhorar, aos poucos, êsse preparo?

Quantos dentre êles têm consciência de suas frustrações íntimas? Racionalizam êles seus impulsos destrutivos, pretextando fidelidade política? Em que medida as enfermidades, indisposições e neuroses interferem em suas deliberações? Observe-se como, em qualquer debate, explosões que se faziam com urbanidade são interrompidas por diatribes intempestivas.

Em que grau têm a educação infantil, as idéias fixas, ou as ambições patológicas dos administradores, influência sôbre o destino de uma cidade ou de uma nação?

Admite-se que o idealismo vazio quase sempre recobre insuficiência de propósitos, mas tende-se a aceitá-lo como um procedimento consagrado na estratégia política e diplomática. Muito piores, porém, que essa política patente de evasão, são as conferências e discussões ocultas que se processam entre a mente inconsciente dos políticos e suas paixões.

Quantos são os políticos e seus partidários que têm conhecimento dessas tendências secretas, de tocaia, que freqüentemente manobram uma influência mais poderosa que a ação manifesta? Em que medida o elemento pessoal entre nossos administradores tolhe a nossa própria liberdade mental e que papel exerce o elemento psicopatológico em alguns de nossos dirigentes?

É imperioso formularmos essas perguntas. O desenvolvimento da ciência tem demonstrado que, mesmo quando é impossível encontrarem-se soluções satisfatórias imediatas, a proposição correta dos problemas auxilia a esclarecê-los para o futuro. Prepara-se, assim, o caminho para a solução.

A mentalidade burocrática

Num país em que se usa o terror para disciplinar o povo, a máquina administrativa pode tornar-se propriedade e instrumento exclusivos do ditador. Não se limita, porém, aos estados totalitários, o desenvolvimento de uma espécie de absolutismo burocrático. Em todos os países, é evidente, na classe intermediária de servidores civis que faz a ligação entre o cidadão e seus dirigentes, uma forma atenuada de absolutismo profissional. Essa burocracia pode ser usada em benefício ou em detrimento dos cidadãos a quem deveria servir.

É importante verificar-se que, em todos os países do mundo, qualquer que seja a sua forma de govêrno, se desenvolve uma batalha surda e peculiar, entre o homem comum e a máquina governamental que êle mesmo criou. Em muitos lugares se percebe que êsse instrumento de govêrno, inicialmente destinado a servir e a auxiliar o homem, acabou aos poucos por adquirir maior poder do que o que se pretendia que êle tivesse. Será São Burocratus um demônio que se apodera do homem, tão logo se lhe entregue uma responsabilidade de govêrno? Será uma infecção que ataca os administradores, o desejo de criar uma ordem fictícia, de manipular os outros por detrás de suas verdes mesas de aço? As técnicas de govêrno não são diferentes de qualquer outra estratégia psicológica; o entorpecente apêgo ao regulamento pode acabar por apossar-se do espírito dos que lidam com êle, se não se mantiverem vigilantes. É êsse o perigo essencial das várias agências que medeiam entre o homem comum e seu govêrno. Trágica contingência da vida, essa, que obriga o homem a colocar outro homem falível entre êle próprio e a consecução de seus mais elevados ideais.

Que deficiências humanas se manifestarão mais prontamente na máquina administrativa? Apetite de poder, automatismo e rigidez mental, tudo isso fomenta suspeitas e intrigas. O simples fato de ser uma peça do mecanismo de govêrno constitui, para o alto funcionário público, uma grande tentação. Êle é envolvido pela complexidade da estratégia. O deslumbramento de se tornar um agente executivo, um estrategista, desperta sentimentos de onipotência longamente reprimidos. O estrategista sente-se como um jogador de xadrez. Quer manipular o mundo por contrôle remoto. Agora pode fazer esperar aos outros, como êle próprio foi obrigado a esperar, em seus verdes anos, e com isso, sente-se importante. Pode entrincheirar-se por trás de regulamentos e de responsabilidades oficiais. Além disso, precisa contìnuamente convencer os outros de que é indispensável, porque não tolera a idéia de deixar seu cargo. Como defesa contra sua relativa insignificância, tem que ampliar seu corpo de auxiliares, fazendo crescer a máquina burocrática. Não se dispensa um grande escritório, para vir a ser uma figura importante. Cada novo assistente requer secretários e novos datilógrafos. As coisas tôdas começam a fugir de seu alcance, mas tudo precisa ser fiscalizado; instalam-se, então, novos e melhores arquivos, convocam-se novas reuniões, instituem-se novas comissões. A comissão coordenadora dos quadros de pessoal discute por dias intermináveis. Criam-se novos chefes para chefiar os chefes antigos e para manter todo o grupo num estado de infantil servilismo. E o que outrora era feito por um só homem,: agora se faz por todo um corpo de auxiliares. Por fim, a tensão burocrática torna-se excessiva e o despótico impulso administrativo tenta conseguir descanço pelo colapso do sistema nervoso.

Êsse sorrateiro totalitarismo tem curso em quase tôda a parte, no mundo. No momento em que os servidores públicos deixam de falar com humanidade e cordialidade, e passam só a escrever, pondo sempre o prêto no branco, e a perder horas a fio em arquivos superabundantes, nesse momento começa a batalha pelo poder administrativo. A ordem rotineira, as formalidades burocráticas, a regulamentação, tornam-se mais importantes que a liberdade e a justiça, ao passo que aumenta a desconfiança entre a administração, os empregados e o público.

Documentos e relatórios escritos e impressos tornaram-se objetos perigosos, no mundo de hoje. Depois de uma conversa, mesmo quando se trocam palavras ásperas, esquecem-se ràpidamente as leviandades. Mas no papel, as palavras se perpetuam e podem tornar-se parte de um regime de crescente desconfiança.

Muita gente se faz administrador por espírito de idealismo e por vocação. Outros ingressam no serviço público para tentar fugir da aventura da vida. No funcionalismo, têm assegurados um rendimento fixo, promoções regulares e um sentimento de garantia de trabalho. É muito sedutor êsse sentimento de segurança. Para certo tipo de pessoas, o suave automatismo e a macia rigidez do mundo das formalidades burocráticas é muito atraente, mas, para outros, que ainda crêem no risco e na espontaneidade, pode ser desvitalizante.

Conseguirá o homem algum dia dominar as instituições que cria, de modo a que elas venham a servi-lo e não a governá-lo, — eis a pergunta candente que nos propõe a psicologia. Nos países totalitários, não se permite a cada um ver com bom humor as suas próprias limitações. O regime, a formalidade, os inúmeros arquivos são mais importantes que o pobre funcionário, afundado numa cadeira atrás de imensa escrivaninha, com ar importante demais para o seu porte mental.

A arte de ser um administrador de primeira, de ser um genuíno representante do povo é difícil e requer muito empatia e identificação com outras pessoas e com os motivos que as impelem.

Os diplomatas e os políticos acreditam ainda no poder de persuasão das palavras e nas táticas de argumentação. É um jôgo muito velho e muito sedutor, essa estratégia de manobra política com **slogans** oficiais e palavras de engôdo — a argúcia em contornar a verdade para servir ao partidarismo, ou em acentuar indevidamente determinados aspectos, a habilidade em jogar com argumentos bem escolhidos visando a fins de propaganda pessoal ou às finalidades do partido. Mais cedo ou mais tarde, quase todos os políticos se deixam contaminar por êsse vírus. Oprimidos pelo pêso das responsabilidades, cedem ao desejo de entrar no jôgo da diplomacia. Começam por transigir, por recuar e por se tornarem circunspectos, com receio de que suas observações possam ser criticadas pelos de mais alta hierarquia. Ou então, recaem em infantis sentimentos de mágica onipotência. Querem ter o pé em tôdas as canoas — da esquerda e da direita.

Tudo isso são perigosas estravagâncias mentais comuns a todo ser humano, que se desenvolvem com mais facilidade no administrador e no político, por causa da crescente influência das técnicas governamentais e da ameaça que elas representam para a livre expressão. Quando um homem fica enrascado em conversações políticas e estratégicas, alguma coisa se modifica em sua atitude. Já não vai direito ao fim; não exprime nem comunica o que pensa, preocupando-se com o que pensam dêle os outros, por trás das máscaras que ostentam. Torna-se excessivamente prudente e principia a arquitetar tôda a sorte de defesas e justificações mentais em tôrno de si mesmo. Em poucas palavras, aprende a assumir a atitude estratégica. Esqueça a espontaneidade, renegue o entusiasmo, não exija honestidade interior de você mesmo nem dos outros; nunca se abra, nunca se exponha, dê-se ares de estrategista. Seja cauteloso e empregue mais «poréns» e «contudos». Nunca se fie em ninguém.

Lembro-me de um chefe político da oposição que se perturbou completamente e quase se abateu quando seu partido, depois de ter passado longo tempo fora do poder, ganhou uma eleição e êle teve que assumir a responsabilidade do govêrno. De crítico agressivo e desabrido que era, passou a neurótico hesitante, persuasivo, fazendo-se de estrategista hábil, sem tomar, de fato, nenhuma iniciativa concreta.

Há políticos que não passam de fantoches e de porta-vozes do chefe. Outros são hábeis malabaristas de palavras, que traduzem em slógans suas agressões contra os outros. Há ainda os vociferantes trombeteiros de desgraças, que se valem do argumento do pânico. A política moderna se faz ainda segundo normas obsoletas de conversação, de comunicação e de discussão; e são muito poucos os políticos que têm consciência das armadilhas semânticas e das traições emotivas do instrumento da palavra de que êles são obrigados a servir-se para convencer os outros.

Todavia, a compreensão mútua pode tornar-se a base da estratégia política. Não é de uma política de fôrça à custa de palavras falazes e ardilosas que se precisa, mas de probidade mental para descobrir um meio de conseguir-se que as propostas e sugestões vençam a resistência dos que têm opiniões e motivações diferentes.

Muito freqüentemente se esquecem os políticos de que a sua luta pelo poder pode assumir a forma de uma guerra psicológica contra a integridade de espírito dos que são forçados a ouvi-los. A repetição de calúnias recíprocas, tão comum em épocas de eleição, solapa gradualmente o regime democrático e torna necessário o domínio autoritário. As suspeitas e os boatos estratégicos que os políticos espalham representam um ataque à integridade humana.

Quando o povo perde a confiança em seus dirigentes, passa a procurar um homem de fôrça bruta para chefiá-lo. Onde está o político disposto a admitir que seu adversário é homem tão capaz quanto êle, talvez mesmo mais capaz que êle? E no entanto é no franco reconhecimento de equivalência da habilidade e da sabedoria do adversário que o político pode encontrar uma oportunidade de cooperação. A verdadeira cooperação, com efeito, só pode brotar da empatia e da simpatia recíprocas e da compreensão das deficiências humanas.

Em abril de 1951, reuniu-se na Fundação Josiah Macy Jr., em Nova Iorque, um grupo de psicólogos, psicanalistas e especialistas em ciências sociais, pertencentes às Nações Unidas, à Federação Mundial de Saúde Mental, à Unesco e à Organização Mundial de Saúde. Nessa reunião, foram investigados, discutidos e, posteriormente, publicados em relatório, êsses problemas de govêrno e as influências dos regimes governamentais. Os especialistas presentes ficaram ainda mais convencidos da necessidade de se submeterem os administradores públicos a uma formação e a uma seleção psicológicas.

Deveriam nossos administradores ser psicanalisados? Com essa pergunta quase utópica, não se afirma que deva haver uma corrida imediata para a formação psicológica dos políticos e administradores, mas certamente se acena com um período futuro em que os homens serão orientados, nos vários aspectos de sua vida, por uma inteligência prática e por um sólido conhecimento de psicologia. Tôda a educação será mais completamente impregnada de seguros conhecimentos psicológicos. A psicologia e a psicanálise são ainda ciências jovens, mas muitos políticos da atualidade já se poderiam beneficiar delas. Adquirindo maior conhecimento de si mesmos, tornar-se-iam mais firmes na estratégia de direção do mundo. Assumiriam maior responsabilidade de seus êxitos e de seus desacertos também. Assumiriam maior responsabilidade, com menos escrúpulos de consciência, para a felicidade e o bem de todos.

Mesmo agora, nossa incapacidade em resolver os problemas da ineficiência do govêrno e da intromissão da burocracia nas ações humanas pode constituir um entrave para o desenvolvimento do espírito dos cidadãos. A necessidade que o homem tem de conformar-se entra em constante conflito com a necessidade de abrir caminho por si mesmo. A conciliação de nosso pensamento livre e espontâneo com uma prudente mentalidade administrativa merece ser estudada e o problema que ela suscita, resolvido pela psicologia do futuro.

CAPÍTULO XIV

EM CADA UM DE NÓS HÁ UM VIRA-CASACA

Traição e lealdade como um problema de efeitos perturbadores

A alma humana põe-se em sobressalto, tão logo se mencione a palavra «traição». Desperta ira e asco, suspeita e angústia e o que querem as pessoas é afastar-se do acusado. A reação social diante de um traidor é realmente espetacular, mesmo antes de se verificar se a acusação é merecida. Quando um homem é acusado de «traidor», seus antigos amigos se afastam e fogem dêsse símbolo do mal. De cada vez que traidores são submetidos a julgamento, sentímo-nos, lá no íntimo, pessoalmente, acusados e culpados.

É essa uma das razões pelas quais os julgamentos por traição provocam tão profundas impressões e as mais embaraçosas discussões. Os ditadores podem usar êsses julgamentos para enfeitiçar o povo. Num livro como êste, em que se trata da coerção mental e da sedução do espírito, faz-se necessária uma investigação do problema da traição e da lealdade.

O traidor involuntário

A autotraição brota de todos os poros do ser humano. — SIGMUND FREUD

Em minha cidade natal, na Holanda, havia, bem perto das repartições do govêrno, uma pequena barbearia. Seu proprietário era um homenzinho com uma barba grisalha, à francesa.

Durante anos, servira êle às mais importantes figuras do país. Diplomatas e ministros, altivos generais e agressivos chefes da oposição — todos requeriam seus serviços. O minúsculo barbeiro era sempre muito cortês e gentil, ansioso por agradar os fregueses. Dançava em tôrno dêles com gestos afetados e servis, enquanto lhes ondulava os cabelos ou cuidava-lhes dos bigodes. Ia trabalhando e fazendo a seus distintos fregueses polidas perguntas: «Que diz Sua Excelência Fulano de Tal do projeto de lei tal?» «Que pensa o Ministro de Estado a respeito de tal outro projeto?» Êle não estava absolutamente interessado nas coisas da política, mas bem sabia que seus fregueses ficavam lisonjeados com essas perguntas.

Certo dia, um general alemão, enfatuado e engalanado, entrou e sentou-se na cadeira do barbeiro. A Holanda havia sido invadida e ocupada pelas hordas nazistas. O barbeiro, naturalmente, sabia disso e, durante alguns dias, diligenciara odiar os invasores. Mas tinha uma alma cordial por natureza e, assim, êle próprio ensaboou o rosto do general, tomando o cuidado para não sujar-lhe o uniforme. Nos dias subseqüentes, outros dêsses homens estranhamente uniformizados apareceram no salão e o barbeirinho serviu bem a todos. Aos militares seguiram-se os Camisas Pardas e, depois, os Camisas Verdes da Gestapo. O couro da cadeira do barbeiro foi arranhado pelas enormes botas negras. O barbeirinho, porém, não se queixava e, em pouco tempo, os invasores passaram a considerar seu corte de cabelo como o mais elegante e o melhor de tôda a cidade.

Não tinha o nosso barbeiro muito consciência de sua crescente importância nas rodas oficiais. Atendia a seus novos clientes com ademanes de bailarino e com a mesma cortesia que exibia aos diplomatas dos velhos tempos. Lamentava que seus antigos conhecidos tivessem desaparecido aos poucos. Mas, em outros tempos, havia períodos de pouco trabalho; durante o recesso parlamentar seu salão ficava vazio. Agora a safra de seus negócios era ininterrupta. Os alemães e seus colaboradores gostavam da pequena barbearia, do perfume, da habilidade do barbeiro. Nosso afável amigo era, realmente, estimado pelos opressores uniformizados. Afinal de contas, não estavam mais habituados a um tratamento amistoso; o comportamento do barbeiro representava uma benvinda mudança no desprêzo com que eram tratados pela maioria do povo holandês — êsses estúpidos e cabeçudos rebeldes.

Certo dia convidaram o barbeiro a adquirir um cartão de sócio contribuinte de uma organização de colaboradores recémfundada. O nosso amigo respondeu ao convite como se fôsse um outro qualquer apêlo de caridade. Não gostava de dar, mas considerou a beneficência como uma taxa sôbre os negócios e, assim, resignou-se a pagar, como que aceitando um pequeno e necessário incômodo. Alguns de seus antigos conhecidos preveniram-no quanto às conseqüências; seria acusado de colaboração e traição. Mas êle os tranqüilizou, dizendo: «Sou um barbeiro e vivo como um barbeiro. Não tenho absolutamente interêsse algum na política. Só quero é servir os meus fregueses.»

Quando, depois dos dias amargos de luta e opressão, o país se libertou, foi o nosso amigo oficialmente apontado como traidor e colaborador. Quando os super-homens uniformizados e de botas negras foram expulsos, seus colaboradores foram presos e, dentre êles, o barbeiro. Após ter cumprido parte da sentença que lhe coube, um juiz prudente e benigno fê-lo retornar à sua pequena barbearia. Tinha passado a exaltação dos primeiros dias de liberdade e todos estavam mais dispostos a perdoar os que haviam colaborado, por serem de ânimo fraco.

Mas essa história não acaba aqui. O barbeiro retornou da prisão como um homem derrotado. Estivera três meses no cárcere; não conseguia, até então, compreender o que lhe havia acontecido. Remoia na mente sem cessar a vergonha de seus dias de cadeia. Fôra vítima de uma injustiça. Servira a seus semelhantes como cabe a um cidadão bem educado e virtuoso e fôra tratado como um criminoso. Sentiu-se tratado com excessivo rigor, desrespeitado, insultado, maltratado e incompreendido. Afinal de contas, tinha querido apenas ser amável e prestativo. Era um barbeiro — nada mais.

Não pôde o barbeiro livrar-se de sua amargura e de seu ressentimento. Não teve nenhum de seus antigos amigos para reanimá-lo ou para simpatizar com êle. Seus velhos clientes não retornaram. Cada dia que passava ficava mais triste e deprimido e, no fim de poucos meses, pôs fim à vida. Assim terminou a desdita de um barbeirinho, que de modo algum tomara consciência de sua colaboração e de sua traição

Conheci êsse homem. Não o desprezo — de modo algum. Tenho a certeza de que houve muitos dêsses colaboradores dignos de piedade. Eu gostaria de saber, entretanto, por que razão o barbeirinho não tomara consciência dos fatos. Por estupidez? Sua aparente amabilidade recobriria algum ressentimento em relação a seus semelhantes? Teria sido êle enganado por uma insidiosa onda de sugestão mais forte do que a capacidade de resistência de seu espírito? Jamais saberemos.

Essa tragédia, provocada talvez por ignorância, talvez por incapacidade de escolher entre duas fidelidades em conflito, estimulou-me a investigar o problema do traidor. Tive larga oportunidade de estudar essa questão por experiência própria, no movimento holandês de resistência secreta durante a ocupação nazista e quando estive detido num campo de prisão em Vichy. A minha primeira análise de caráter oficial foi feita em 1943, quando o govêrno holandês me pediu que preparasse um relatório de natureza psicológico, a propósito de soldados e cidadãos holandeses desleais, que se achavam detidos na ilha de Man.

Cheguei à prisão, depois de uma viagem arriscada e tempestuosa, num pequeno avião. Os prisioneiros eram uma triste gente. Eu previa a hostilidade, mas não esperava encontrar tantos pusilânimes, consumidos pela amargura e pelo ódio. Alguns dêles eram representantes típicos da personalidade passiva, egoísta, psicopática, cujo mote parecia ser êste: «O mundo que vá para o inferno! Que tenho eu com isso?» Outros pareciam vítimas de insuportável luta íntima — um conflito entre o desejo de participar do grupo mais poderoso e a resistência a êsse desejo, resistência que só servia para aumentar-lhes a própria amargura e antagonismo.

Nessa ocasião me convenci mais uma vez de que há circunstâncias em que a lógica e a discussão de nada valem. Tentamos repetidamente convencer os semicolaboradores de que deviam lutar conosco contra os nazistas, mas só conseguíamos que se encolhessem cada vez mais na má vontade que tinham. Chegaram a recusar cigarros que eu lhes oferecia.

A viagem para essa prisão fôra má e a de volta pior ainda. Fortes ventos sacudiram o pequeno avião. Os acontecimentos haviam-me deixado deprimido e desgostoso e quando, finalmente, chegamos à Inglaterra, estávamos ambos doentes, eu e o pilôto.

Tive muitas oportunidades, depois disso, de estudar espiões, traidores e revolucionários. Minha última investigação de caráter oficial foi num campo de prisão em Surinam, Guiné Holandesa, onde redigi um relatório coletivo sôbre tôda a população do campo. Em muitos dêles foi-me possível identificar traços neuróticos e até mesmo psicóticos.

Descobri, porém, que talvez a melhor contribuição para o entendimento do problema da traição obtive-a na minha atividade de psiquiatra, com pacientes neuróticos que tinham de enfrentar luta diária com as pequenas traições da vida cotidiana, com suas próprias autotraições, com seus sentimentos ambivalentes em relação aos que deviam amar.

O conceito de traição

Antes de passar a outro assunto, façamos um inquérito a propósito da significação da palavra «traição». É ela usada, em última análise, com uma confusa variedade de sentidos. A palavra «traição» apresenta muitas implicações sociais e políticas e os costumes, hábitos e **mores** do grupo em que é usada afetam sua significação e lhe dão colorido.

A palavra pròpriamente dita é derivada do Latim **tradere** ou **transdare,** entregar indevidamente, entregar alguém, comunicar alguma coisa aos do lado de lá, abrir mão da lealdade e de segredos. Mas, a partir dessa raiz, a palavra adquiriu vários sentidos.

Em primeiro lugar, ela tem um sentido puramente emotivo, individual, relacionado com os sentimentos de privação e injustiça. A criancinha toma, freqüentemente, tudo quanto a impele para fora de seu estado de bemaventurança e dependência — quer dizer, o próprio ato de fazer com que se desenvolva — como uma insídia e vê traição no que ela considera uma rejeição por parte de seus pais. A pessoa que, na vida adulta, conserva êsses sentimentos infantis, reagirá a tôda e qualquer desconsideração ou rejeição imaginárias como reagiria a um ato de traição ou insidioso.

A falta de solidariedade para com a família ou o clan — para com o in-grupo — a falta de conformidade com os rituais e tabus são, freqüentemente, interpretados pelo grupo como traição, traição por dissenção. Nesse sentido, a palavra envolve uma apreciação moral primitiva; com ela se associam repugnância e desprêzo. Traição significa algo de profundamente emotivo, algo de tabu, algo diferente ou esquisito, tal como a filiação a uma ideologia estranha, uma quebra de tradições ou o simples fato de ser um estrangeiro. A rejeição das normas e princípios da comunidade, o arrogar-se alguém o papel de seu próprio juiz de moralidade e de princípios éticos, é considerado, freqüentemente, como traição.

A rejeição total das tradições da pátria é uma extrema traição. Freqüentemente, o simples não-conformismo pode ser também considerado traição. Na verdade, em Totalitária, o não-conformismo e a dissenção constituem os mais sérios crimes contra o regime, e a mentalidade totalitária tende a considerar ainda mesmo os enganos honestos ou as diferenças de opinião como atraiçoamento deliberado.

Por causa de seu conteúdo emotivo profundo, pode a palavra por si só ser usada como instrumento político para manipular as pessoas. Em Totalitária, ela passa a ser mero sinal pavloniano, que detona reações de desconfiança e ódio. Depois de uma derrota militar ou de um desacêrto diplomático ou, ainda, quando os sentimentos de humilhação e incapacidade se acham exacerbados no povo, deixá-lo projetar seu sentimento de inferioridade nos outros é uma valiosa estratégia. Nesse caso, o «traidor» é um bode expiatório a jeito para satisfazer a necessidade coletiva de projetar a culpa e de aliviar a angústia inconsciente. Numa sociedade totalitária, todo cidadão é forçado — consideradas as coisas segundo o conceito de decência ocidental — a tornar-se um traidor, isso porque é de seu dever denunciar ao regime qualquer manifestação de dissenção ou rebelião. O filho tem que delatar o pai, o pai tem que delatar o filho; se não delatarem, serão chamados de traidores, no sentido totalitário da palavra.

Segundo a interpretação política comum, traição é um ato de rebelião, de sedição, de cisma, heresia, conspiração ou subversão. Seu sentido técnico-jurídico é bastante conhecido de todos. Trair é aderir aos inimigos e dar-lhes ajuda e apoio; é, também, segundo significação mais moderna, modificada, participar de uma conspiração ideológica internacional contra a pátria.

Para mim, como psiquiatra, as relações dêsse problema com o problema genérico da autotraição constituem a chave da compreensão da palavra. O germe da traição aparece primeiro nas transigências do indivíduo em relação a seus próprios princípios e crenças. Feitas essas transigências iniciais, torna-se mais fácil avançar, transigir mais e mais, até que afinal o transigente pode dispor-se a vender-se e a vender seus serviços a quem mais der. Viu-se isso, durante a ocupação nazista, entre os que foram seduzidos a prestar pequenos serviços ao inimigo. O primeiro passo levou ao segundo e, assim, até a colaboração total. A palavra «traição» tem tão alto poder de despertar emoção, porque todos nós duvidamos de nós mesmos de vez em quando, porque não temos certeza do que faremos se formos postos a prova e porque podemos reconhecer-nos como traidores em potência.

Todavia, vai uma grande distância entre duvidar de si mesmo e a traição de fato; o traidor pròpriamente dito, usada a palavra com seu significado patológico, não é apenas uma pessoa que duvida de si mesma. É, isso sim, uma pessoa que acredita sòmente nos seus direitos ultrapessoais e que despreza os direitos e expectativas da comunidade. É desleal mesmo para com o seu bando. Hitler, por exemplo, foi um traidor, não só de suas próprias idéias, das quais fazia instrumentos mutáveis, que manipulava para ganhar e manter o poder; foi, continuamente, um traidor de seus mais íntimos amigos e colaboradores, muitos dos quais atraiçoou e assassinou em 1934, na chamada noite dos longos punhais. O traidor de fato é uma pessoa que tem delírios egocêntricos e a convicção consciente de que só êle está certo. É um tipo muito diferente de um traidor involuntário, patético e inconsciente, tal como o nosso barbeirinho.

O traidor que conscientemente escolhe o lado de lá

Estudando os traidores políticos e os colaboradores, verifiquei que a maioria apresentava duas características comuns; tinham sido fàcilmente influenciados por espíritos mais fortes que os seus próprios e nenhum dêles admitia a própria deslealdade como um ato de traição. Os traidores que entrevistei apresentavam sempre inúmeras justificações para o próprio comportamento, envolvendo invariàvelmente a insídia que haviam praticado numa complicada teia de sofismas e racionalizações. Efetivamente, não podiam tolerar um quadro objetivo do que haviam feito. Se o tolerassem, estariam sendo condenados por suas próprias palavras. A maioria dêles percebia, inconscientemente, a natureza de seus crimes e ficava atormentada por sentimentos de culpa. Se admitissem, mesmo no recesso de suas mentes, a enormidade do que haviam feito, êsses sentimentos de culpa tornar-se-iam insuportáveis.

Durante a ocupação nazista dos Países Baixos, observei êsses aspectos inúmeras vêzes. Muitos dos traidores dessa região eram pessoas sem espinha, dispostas a aceitar pràticamente tôda nova idéia ou qualquer teoria elaborada. Por serem sugestionáveis é que eram altamente vulneráveis. Êsses pretensos nazistas, em maioria, jamais tinham tido uma personalidade própria e forte. Tinham falhado em suas ambições, ficando desapontados com a vida e transferiam prontamente suas ambições pessoais frustradas para o fogo fátuo da política. Consumada a invasão e a ocupação alemãs, compararam seus patrícios derrotados com os triunfantes agoureiros do que acontecera. Vangloriavam-se orgulhosamente por terem tido a sabedoria de apostar no cavalo vitorioso. A tremenda importância que sentiram e a segurança de si mesmos, recém-adquirida, inflada e protegida pelas fôrças armadas do inimigo, tornaram-nos insensíveis e desdenhosos diante de seus compatriotas.

Tentaram converter outras pessoas ao novo estilo de vida que haviam abraçado, como que num esfôrço para justificar o próprio comportamento e a avidez de poder de que estavam possuídos. Passavam a ser propagandistas do invasor, por fôrça de uma compulsão íntima. Os vira-casacas procuram sempre acalmar seus próprios remorsos persuadindo os outros a participarem de seus crimes.

É natural que tivessem algumas mágoas legítimas. Todos as tem. Mas êsses traidores eram menos influenciados por elas do que por injustiças imaginárias. Os atos de traição que praticavam eram uma vingança contra a sociedade, por causa dos males que haviam sofrido, devido às suas deficiências pessoais. Podia-se perceber seus ressentimentos em tudo quanto diziam.

Os estrategistas nazistas eram peritos em explorar êsse senso de insatisfação. Pareciam ter um conhecimento intuitivo dos indivíduos que podiam e dos que não podiam ser pilhados pela propaganda nazista. Na Holanda, tomei conhecimento do caso de um antigo diretor de uma grande emprêsa, que havia sido demitido do cargo por questões de ordem moral. Logo depois da ocupação, foi convidado a entrar para as fileiras nazistas e, em tempo surpreendentemente curto, passou a ser o dirigente de um importante negócio nazista. Os invasores deram-lhe a impressão de ter sido vingado.

Havia, entre os recrutas da fôrça policial nazista no território ocupado, vira-casacas de tôda espécie, inclusive internados de asilos para delinqüentes insanos. O ressentimento patológico dessas pessoas contra a sociedade foi o ponto de apoio que permitiu aos nazistas fazer dêles traidores. Eram desprezados pelos próprios alemães, que, entretanto, foram suficientemente astuciosos para usá-los do melhor modo possível.

Os nazistas praticaram também uma singular manobra com os escritores e artistas que não haviam grangeado bastante fama. O inimigo lisonjeou êsses homens comprando-lhes e elogiando-lhes as obras. A princípio foi dito a êsses artistas que lhes seria permitido escrever e criar o que bem lhes aprouvesse, sem mêdo de interferência. Aos poucos, foram-lhes pedidos pequenos serviços de natureza política, concessõezinhas de nada, tais como um relatório favorável de um comício ou uma referência favorável a uma orientação filosófica com a qual não concordavam.

É o impacto dessa primeira concessãozinha que põe em movimento a avalanche íntima da auto-justificação, a qual, por fim, conduz à autotraição. À primeira transigência e auto-justificação segue-se a segunda; esta, por sua vez, suscita uma auto-exculpação ainda mais sabida. Afinal de contas, o transigente está agora mais experimentado em racionalizações. De concessão em concessão, chega-se à submissão e à cooperação voluntária. Como já disse, levada que seja a pessoa a uma pequena concessão ideológica, é muito difícil parar. A partir dêsse momento, a imaginação passa a produzir justificações bastantes para ajudar a pessoa a não perder o respeito de si mesma.

O traidor ìntimamente inseguro sente-se sempre impelido a identificar-se com o inimigo — o invasor hostil. Êle nunca «participou», nunca se sentiu identificado com seu grupo, nunca recebeu a recompensa dessa coesão, nem obteve o amor, a simpatia e o respeito de seus semelhantes. Em conseqüência, quer aderir aos «outros». Pode ir tão longe, a ponto de chamar seus antigos amigos de traidores. Lord Haw Haw (William Joyce), o traidor britânico executado pelo govêrno de sua pátria, considerava-se um legítimo «alemão ariano» e assim justificava sua luta contra a Inglaterra.

Nos dias de enlanguescimento que se seguiram imediatamente à invasão da Holanda pelos nazistas, eu mesmo senti uma ocasional tentação de passar-me para o inimigo, para a facção mais forte, com sua poderosa organização de todo pronta para dar proteção e apoio a alguém. Cheguei também a sonhar com uma visita a Hitler, para convencê-lo, infantil e amigàvelmente, da legitimidade da nossa causa. Não sucumbi a êsse sonho tentador, mas foram poucos os que, acometidos por essas visões infantis, foram capazes de resistir à necessidade de submeter-se. A necessidade de conformar-se, de ser aceito, de ficar a salvo do perigo e invulnerável, está profundamente arraigada no homem. Na análise que fizemos das fôrças íntimas que levam o homem a entregar sua integridade mental, quando sujeito à vida opressiva dos campos de concentração e de prisão, vimos o importante papel que cabe a êsse mecanismo. Viver num país ocupado pelo inimigo não é de modo algum tão horrível quanto viver num campo de prisioneiros de guerra ou num campo de concentração, todavia é apavorante e, nessa terrível situação, a necessidade de conformar-se se manifesta pela rendição à ideologia inimiga. Os que resistiram a essa necessidade, embora a tivessem sentido, tornaram-se, em geral, antinazistas ainda mais fervorosos, em conseqüência dos sentimentos de culpa despertados pelo impulso de atraiçoar.

A experiência de guerra ensinou-nos outra verdade: podem-se preparar traidores através de sugestões coletivas prementes. Na confusão do caos de ideologias ruidosas e de valores em mudança, o espírito se obscurece e se embota e, havendo imaturidade e falta de controle íntimo, fica perplexo diante de seus compromissos e simplesmente se submete ao grupo mais forte.

Os nazistas, com seus perversos métodos políticos, experimentaram oferecer ao fraco, ao ambicioso, ao descontente e ao frustrado um conjunto pré-fabricado de falsos ideais destinados a justificar a rendição ao invasor. Em **Meim Kampf,** diz Hitler que, quando se faz com que os desapontados pensem ser importantes, engulirão êles qualquer sugestão com extrema docilidade. Sabia Hitler que a fraqueza humana — a bondade também — pode ser utilizada como ponto de partida para uma conversão sistemàticamente fomentada. Hitler sabia também que o terror político sem limites pode transformar quase todos em traidores. O mêdo, o terror e a fome generalizados provocam profundo sofrimento e, finalmente, em conseqüência da coerção mental e da crescente perturbação de espírito, muitos sucumbirão e denunciarão até suas próprias famílias. Em muitos campos de concentração, as próprias vítimas eram encarregadas das matanças nas câmaras de gás e se mantinham na tenebrosa ocupação até que lhes chegasse a vez. O mêdo e o terror tinham feito dêles escravos abúlicos.

Há ainda uma outra característica humana que pode levar à traição e à delação. Há pessoas que simplesmente não sabem a quem devem lealdade. O caso de Klaus Fuchs, o homem que entregou os segredos atômicos à Rússia, é um dramático exemplo disso. Tratava-se de pessoa altamente inteligente, de um especialista em problemas teóricos dos mais difíceis, perdido num mar de fidelidades em conflito. Adotou uma nova pátria, a Inglaterra, por causa da perseguição nazista contra sua família filiada aos Quaker. Nesse meio tempo, alimentou o sonho de um mundo místico universal, que pensou encontrar na ideologia totalitária. No meio da confusão que fazia a propósito dos problemas do mundo, êle simplesmente não sabia a quem devotar lealdade.

Não se tratava de um caso de esquizofrenia ou de uma situação de Jekill e Hyde como os jornais noticiaram, mas de um caso de confusão de fidelidades num espírito super-intelectualizado. Fuchs, como ser emotivo, não sabia a quem pertencia.

Em outros casos, as pessoas foram literalmente empurradas para a traição e a colaboração, por não encontrarem em seu ambiente quem nelas confiasse. Isso aconteceu, por exemplo, em Flandres, com os antigos colaboradores da Primeira Guerra Mundial. Muitos dêles foram compelidos a se tornarem colaboradores mais uma vez.

Essa análise dos fatôres que levam o homem à traição não implica, certamente, em que todo homem deva permanecer leal ao grupo do qual originalmente recebeu sua moral e seus ideais.

Os apegos da infância podem ser superados por um melhor entendimento e por princípios éticos mais elevados. Por fôrça do destino e da necessidade, os sêres humanos têm que ultrapassar seus mestres e, se possível, corrigir as regras tradicionais de seus ensinamentos. O grande filósofo Sócrates foi apontado como «traidor», por «corromper espíritos entre a juventude de Atenas». Contudo, sabe-se hoje, que Sócrates estava longe de ser um corruptor.

Nosso traiçoeiro intelecto

Talvez a mais trágica forma de traição e autotraição inadvertidas seja causada pela inércia do intelecto humano. Somos freqüentemente traídos por nossas próprias mentes. Esquecemo-nos completamente do que queremos esquecer. Negamos a existência de problemas reais, a fim de nos refugiarmos em agradáveis devaneios. No momento em que não compreendemos e não sentimos as implicações de um problema ou de um raciocínio, tendemos a nos submeter passivamente ao lado mais forte, exatamente como fêz o amabilíssimo barbeiro. A facilidade com que os sêres humanos podem ser corrompidos é ainda um dos mais sérios problemas psicológicos e morais. A confusão íntima pode tornar-nos submissos a quase tôda sugestão forte que venha de fora, não importa em que medida seja insensata ou falsa.

Nossas dúvidas são traidoras
Muitas vêzes fazem perder o bem que alcançaríamos
Pelo mêdo de tentar.

Há outras manhas mais complicadas do intelecto que nos levam a nos trairmos. O sentimento de inferioridade desperta, muitas vêzes, nas pessoas ignorantes, um grande desejo de dominarem idéias extremamente complexas. Essas pessoas gostam de se identificarem com um sistema de pensamento quase-profundo. Hitler, com seus abstrusos escritos, fêz da maioria do povo alemão pseudo-filósofos e mágicos. Todos os totalitários ditatoriais compram os serviços de intelectuais capazes de fornecer-lhes êsse conjunto de justificações pseudo-filosóficas.

Infelizmente, alguns dêsses intelectuais são fàcilmente comprados. Na Holanda, por exemplo, houve um filósofo não muito inteligente, que se converteu ao nazismo depois que êste demonstrou sua poderosíssima fôrça. Feito isso, sentiu-se livre para escrever sôbre os mais abstrusos assuntos filosóficos e para expor as mais complicadas teorias, tudo para a maior glória de seus poderosos amigos do Terceiro Reich e do mito que criaram de conquistar o mundo todo. Construiu, ao mesmo tempo, em tôrno de seus sentimentos de culpa, um sistema de palavras ininteligíveis; isolou-se cada vez mais do mundo, por não encontrar palavras suficientemente convincentes para justificar a traição que a si mesmo fizera. Por fim, perdeu todo o contacto com a realidade. Então, naturalmente, nem mesmo os nazistas sabiam como utilizá-lo.

A autotraição

Como vimos, há vários motivos íntimos que podem levar ao crime da deslealdade e da traição. Algumas vêzes êsses motivos operam muito sorrateiramente, por meios que o paciente desconhece; outras vêzes a traição é uma indisfarçada transação com quem dá mais. Tentemos ordenar e classificar alguns dêsses motivos, a partir dos inconscientes e avançando para a traição deliberada.

Em primeiro lugar, um ato de autotraição pode começar como defesa contra o sentimento de viver abandonado e rejeitado. Para ser aceito em dado grupo, pode o indivíduo esconder e não defender suas crenças e convicções privadas quando atacadas. Se êsse comportamento passivo assume o caráter de hábito inconsciente, isso pode chamar-se, em psicologia, de submissão passiva para uma identificação com uma pessoa mais forte. Se você não pode derrotar o inimigo, adira a êle! (A. Freud)

Embora **a idéia de que temos um traidor dentro de nós mesmos** não seja de fácil aceitação, o estudo dos impulsos contraditórios que impelem o homem torna as pessoas mais convencidas dessa possibilidade. O conceito clínico de ambivalência interior do homem baseia-se em inúmeras experiências psicológicas. Observamos, freqüentemente, pelo estudo dos motivos mais profundos de inúmeros traidores, que êles cometeram seus atos de traição em seguida a um tumulto íntimo que ameaçava arruiná-los, transformá-los em destroços de nervos desgovernados. É como se o futuro doente mental preferisse entregar-se a um inimigo externo e não aos inimigos internos — a doença e a derrocada do sistema nervoso. Hess achava-se às bordas de um ataque de esquizofrenia, quando rompeu com os princípios de Hitler e voou para a Inglaterra.

Consideremos os espiões do Foreign Office britânico, Donald Maclean e Guy Burgess. (1) Ambos revelavam muitos sintomas de derrocada mental iminente. O leitor talvez saiba que ambos deixaram a Inglaterra, em Maio de 1951, para irem à Rússia, via França. Ambos deixaram o país de livre vontade. Ambos, quando estudantes em Cambridge, tinham inclinações comunistas, mas, posteriormente, haviam renunciado a suas afiliações da adolescência. Ambos revelaram sintomas anormais enquanto em serviço. Maclean foi vítima de perturbações graves, em Maio de 1950, devido ao excesso de trabalho e a exageros alcoólicos; Burgess fôra repreendido por guiar carro com imprudência quando em serviço e por negligência no trabalho. Lendo o relatório, fica-se surprêzo de ver o grau de instabilidade mental tolerada em ponto tão sensível dos negócios do

---

(1) Texto do «Relatório do Inquérito» britânico, The New York Times, 24 de Setembro de 1955; Times, 3 de Outubro de 1955.

govêrno. Ambos tinham inclinação homossexual, que estaria relacionada com uma hostilidade reprimida contra as respectivas mães (e a mãe pátria).

Algumas vêzes, a traição corresponde a um reclamo unilateral de justiça. É o que se verifica com a pessoa que reclama da justiça uma forma qualquer de proteção pessoal e que não quer reconhecer a sutil relação que há entre direitos e deveres. As pessoas dessa espécie sentem-se constantemente espoliadas e traídas. Representam o que Bergler chama de «coletores de injustiças. Intentam, pelos atos de deslealdade que praticam, arvorar-se em juízes de suas próprias causas. Muitos dos lamurientos e também os paranóides têm estrutura de caráter dêsse gênero.

Em seguida vem o pseudo-idealista desapontado, que aos poucos se transforma em cínico, a recobrir a própria vacuidade com inúmeras autojustificações e exculpações. A fatuidade das observações tôdas das pessoas dessa espécie denuncia o desapontamento intelectual de que estão tomadas.

Os conflitos entre os pais tendem a despertar no filho a necessidade de trair um dêles ou ambos; essa necessidade pode transformar-se, mais tarde, na vida, numa necessidade de trair a pátria. Tenho notado com freqüência que os não resolvidos laços de ódio e de amor, que ligam o filho aos pais, têm uma importante função no desenvolvimento da personalidade vira-casaca. Como vimos, êsse mesmo problema constitui muitas vêzes a raiz da estrutura de caráter totalitário. Ainda que as pessoas de inclinação totalitária não sejam por definição traidores manifestos, podem algumas delas tornar-se traidoras dos ideais de democracia e liberdade — seja em conseqüência de uma compulsiva filiação a uma ideologia estrangeira ou por insistente não-conformismo.

Ao retratar as características particulares de um grupo político, é preciso lembrar que as contradições íntimas básicas são inerentes a tôdas as pessoas. A interpretação quase-racional do mundo adotada pelo marxismo, que satisfaz à necessidade de purificação lógica e de organização racional da vida em sociedade, recobre a angústia criada pelas fôrças íntimas irracionais, que tão fàcilmente se descobre nos de inclinação totalitária. O culto das «massas» serve freqüentemente como defesa contra a solicitude. A crença no progresso teria sido criada por desespêro e insegurança indefinidos. O mêdo das divergências é o mêdo de que se quebre a unidade do grupo. A suspeita e a autocrítica servem, acima de tudo, para manter o grupo coeso.

Muitas espécies de caprichos íntimos podem fazer de um homem um traidor. O filósofo holandês de que falei é um exemplo disso, como o são todos os verbosos apologistas da ideologia totalitária.

A falta de confiança ou a falta de fé nas tradições e propósitos orientadores da sociedade em que se vive pode também levar à hostilidade e, em conseqüência, à traição. A falta dessas crenças tradicionais aumenta a sugestibilidade e a receptividade a ideologias que com elas competem. O caso Klaus Fuchs, já referido, é um exemplo disso.

A necessidade de ser pioneiro ou mártir, muitas vêzes instilada na pessoa pela necessidade inconsciente de sofrer, pode conduzir a um secreto delírio messiânico e a uma investida contra os valores tradicionais do grupo. Muitos grupos há que consideram essa espécie de extremismo como um ato de insídia.

A incapacidade que têm alguns de tomar tento da complexidade do mundo real pode dar origem a uma outra forma de autotraição. Muitas pessoas têm sido arrastadas à instabilidade de comportamento e também à deslealdade, por falta de compreensão dessa complexidade e por andarem à cata de respostas singelas, que tudo abarcam e fáceis, para resolver os problemas da vida humana. Quem lhes oferecerá o mito simples em que hão de crer? Os nazistas arrastaram, dêsse modo, quase tôda a Alemanha a uma espécie de traição ideológica!

A traição pode ser também uma reação paradoxal a um sentimento de culpa neurótico de origem profunda. A estratégia neurótica de acumulação progressiva de culpa e o conseqüente desenvolvimento de uma necessidade interior de punição constituem, muitas vêzes, as causas fundamentais de atos criminosos. O ato insidioso é praticado precisamente com o fito de provocar punição (Reik).

A traição pode também ser uma aventura recompensada, como se observa na espionagem internacional. Êste tipo de vida fascina espíritos imaturos, que vivem num mundo de histórias misteriosas e contos de fada. Êsse gênero de traição torna-se ainda mais atraente quando acompanhado pelo subôrno em forma de mulher e dinheiro. O inimigo satisfaz as necessidades econômicas e sexuais do traidor, que se dispõe a pôr sua integridade moral em leilão, entregando-a pelo maior lance.

O mêdo manifesto e o pânico podem também provocar traição. É nesse princípio que se baseia tôda a psicologia da entrevista e do interrogatório totalitários. Pode-se aterrorizar as pessoas e lavar-lhes o cérebro para que traiam.

O desenvolvimento da lealdade

Podemos ver por tudo isso que o que chamamos de traição se passa mais na esfera de ação emotiva do que na intelectual. No decurso do crescimento humano, todos passam por períodos de conflito íntimo, em que se tem que transferir amor e fidelidade de uma para outra pessoa — da mãe para o pai, dos pais para a família tôda, da família para o Estado, do Estado para a humanidade. O cerne do problema da traição e da autotraição está nos embaraços que surgem na repressão de afeições anteriores, cada vez que uma afeição é inibida pela seguinte.

Muitas pessoas são vítimas de profunda perturbação, quando, na adolescência, pela primeira vez têm que deixar a segura proteção afetiva que recebem no lar, fazer novas amizades e criar para si mesmas novos padrões de moral. É nesse período que as faculdades de crítica se desenvolvem. Por duvidarem das verdades tradicionais que os pais lhes transmitiram, podem os adolescentes, um a um, ser chamados de traidores; todavia, está êle de fato sendo sincero para com o Eu que está modelando. Na crise da adolescência, com seus crescentes sentimentos de nostalgia de uma desconhecida felicidade, os jovens em geral pretendem «trair» o lar paterno e seus padrões de conduta. Ao mesmo tempo, não querem renunciar à proteção que o lar lhes oferece.

Sabemos, em todo caso, que, do ponto-de-vista psicológico, a deslealdade temporária faz parte do crescimento mental normal. No processo de desenvolvimento do indivíduo humano, há estágios de evolução que conduzem da submissão inicial à rebelião e à divergência manifestas. Cada passo na direção da maturidade mental e da independência representa desvencilhar-se de laços com o passado. Êsse crescimento pode efetuar-se de diferentes maneiras, com maior ou menor hostilidade manifesta e abandono do passado, com autotraição e submissão passiva, com uma nova submissão para descartar-se de sentimentos de culpa, com declarado conservadorismo ou com rebelião aberta. Nessa fase, o adolescente é particularmente vulnerável à propaganda totalitária.

O jovem pode ficar com um sentimento de solidão e de culpa resultante dêsse conflito de crescimento interior. Se vier a usá-lo em sentido construtivo, pode tornar-se o que podemos chamar de revolucionário criador. O desbravador de caminhos, que, impelido por fôrças íntimas, é levado a quebrar com a tradição, é exemplo disso. Na verdade, êsse tipo é representado por muitos dos grandes guias morais e espirituais da humanidade. Foram guias exatamente porque romperam com as sobrevivências rígidas do passado ou com os elementos petrificados e imorais do presente. Conheci, por experiência própria, um homem dessa espécie, um psiquiatra alemão, cujo idealismo e senso moral tornaram-lhe impossível aceitar a profanação nazista de valores humanos e que foi enforcado como traidor, por ter participado da abortada rebelião germânica dirigida contra Hitler, em 1944.

Em louvor do não-conformismo

De um modo geral, que se pode fazer para combater a traição, a deslealdade e a autotraição? Em primeiro lugar, a atitude defensiva normal da criança diante da autoridade e sua necessidade de romper com esta deve ser objeto de contínua e amistosa vigilância por parte de pais e mestres. É extremamente fácil levar uma criança a renegar o próprio Eu. O trato incorreto dos problemas da infância tem, muitas vêzes, como reação, a posterior deslealdade. Os traidores, na sua maioria, foram feitos e não nascidos traidores. Infelizmente, essa verdade é muitas vêzes esquecida pelos educadores, os quais, em conseqüência de sua própria agressividade frustrada, podem, pela fôrça, arruinar o sentimento de extrema lealdade dos jovens para com os de sua idade.

É possível saber-se se uma pessoa é ou não digna de confiança? Só quando lhes conhecemos bastante os motivos e impulsos ocultos e as operações inconscientes. Para um conhecimento completo é necessária uma psicanálise, mas o modo de expressão do inconsciente nos traços e nas defesas do caráter pode oferecer algumas indicações muito importantes. Uma pessoa com excessiva necessidade de dependência ou que tem o ego fraco, uma pessoa fàcilmente sugestionável, pode usualmente ser conduzida à deslealdade. O mesmo pode acontecer com o jactancioso, o vazio, cheio de orgulho e vaidade. As ambições materiais egoístas, a ambição de poder e a hostilidade incessante conduzem também à negação de valores morais e, dentre êstes, da lealdade.

É mais fácil dizer, como acontece geralmente em psicologia, quais os traços de caráter que a pessoa digna de confiança não deve ter, do que traçar um retrato positivo com o qual ela deva assemelhar-se. Podemos dizer, de modo geral, que a pessoa que é honesta consigo mesma, que revela um mínimo de tendência para enganar-se a si mesma, a que dá mostras de possuir uma estrutura de caráter estável, a que alcançou uma genuína maturidade, é mais verdadeira para consigo mesma e, em conseqüência, mais leal para com os outros.

Não obstante, as sementes da traição estão em cada um de nós e podem ser revigoradas pelas influências do meio ambiente. Num mundo totalitário, por exemplo, todo cidadão é educado para negar-se e trair-se a si mesmo; quando alguém passa a divergir, é logo rotulado de «traidor». Num mundo sufocado pelo dogma e pela tradição, qualquer forma de pensamento original pode ser chamado de sedição e traição. Nesses casos, são os fatôres do ambiente, sociais e políticos, e não os embaraçantes processos íntimos, que determinam o que é traição. Salientei, entretanto, neste capítulo, os fatôres pessoais da traição — a influência da família e dos preconceitos de grupo e a instabilidade interior resultante das complicações do meio ambiente próximo. São tantas as sutis fantasias de autotraição e de agressão secreta que existem em cada um de nós e há tanto desejo de vingar ressentimentos secretos, que qualquer govêrno pode lançar mão dêsses sentiments neuróticos malsãos para revolucionar o país.

A lealdade compulsória

Nestes últimos anos, os norte-americanos têm revelado maior discernimento ao considerar os conceitos de lealdade e subversão. Profundamente conscientes do cinismo e da crueldade do ataque totalitário através da revolução, tínhamos principiado a deixar que o mêdo da subversão interna paralisasse as nossas liberdades democráticas.

Tínhamos ficado tão aflitos diante do espectro de uma insidiosa quinta-coluna que operasse em nossa terra, que nos tornamos extremamente precavidos e extremamente desconfiados. (1) Exigimos do próximo e dos nossos concidadãos a constante reafirmação de que suas intenções são amistosas e leais. Nessa nervosa procura de segurança, há um perigo de natureza política e outro de natureza psicológica. No terreno político, ao procurar levantar barreiras intransponíveis contra a divulgação de idéias totalitárias, acabaremos atirando fora as legítimas qualidades que distinguem a democracia do totalitarismo: liberdade e diversidade. No terreno psicológico, podemos vir a ser tomados por suspeitas patológicas (que clìnicamente se denominam paranóia) e essa atitude suspeitosa pode levar-nos a rejeitar completamente o que há de mais valioso em nós mesmos, como sêres humanos: tolerância e respeito pelos nossos semelhantes.

Os perigos políticos dessa situação foram repetidamente apontados por dirigentes de responsabilidade na comunidade norte-americana. Eu gostaria, como psiquiatra, de devotar minha atenção ao aspecto psicológico dêsse problema e aos perigos que a presente situação representa para a liberdade espiritual, pois, como vimos antes, o comportamento político é essencialmente uma extensão do comportamento individual e tem suas raízes na psicologia dos indivíduos que compõem o grupo político.

Grande parte de nossa suspeita coletiva pode ser atribuída a uma gigantesca multiplicação de nossos sentimentos pessoais de insegurança. Nas épocas de mêdo e de calamidade, aparece

(1) O historiador holandês Dr. Louis de Jong, no seu bem documentado estudo sôbre **The German Fifth Column**, conseguiu provar que a temida rêde de traição e solapamento de Hitler foi, na sua maior parte, um bicho-papão imaginário criado pelo pânico e pelo mêdo das pessoas.

o mito do agressor insidioso, o mito que os totalitários tão bem sabem explorar. As nossas próprias inseguranças íntimas são deslocadas e projetadas sôbre o próximo e o meio ambiente. Começamos a duvidar e a desconfiar de todo mundo. Acusamos os outros porque temos mêdo de nós mesmos. Sentímo-nos fracos e disfarçamos a nossa fraqueza com uma suspeita crescente e pondo-nos incessantemente à espreita de possíveis traidores e adversários.

Como vimos anteriormente, o problema da lealdade é, em geral, muito complicado. No nosso zêlo em criar garantias de fidelidade, tendemos a simplificar demais o problema e, assim, podemos ir além dos limites, tornando-nos tal e qual os nossos antagonistas totalitários, que gostam de explorar as simplificações exageradas. Pedir às pessoas que façam um juramento de lealdade — pedir-lhes que executem êsse ritual mágico pelo qual abjuram de todos os pecados políticos passados e futuros — pode ter um efeito paradoxal. Um mero juramento não torna leal uma pessoa, embora permita que mais tarde um juiz venha a processá-la por perjúrio. A nossa insistência em querer manifestações oficiais de fidelidade efetivamente desvaloriza e desacredita o senso individual básico de identificação voluntária e livre com a comunidade, identificação essa que é a essência da lealdade. Aquelas manifestações não criam nem asseguram lealdade. O juramento de fidelidade muito fàcilmente se degenera numa fórmula vazia e a pessoa que a pronuncia pode esquecer-se completamente do significado que lhe é atribuído. Para muitos, o juramento se torna uma simples formalidade, mais uma dessas infindáveis e incômodas fórmulas que precisam ser preenchidas.

A compulsão ao juramento pode fàcilmente transformar-se numa mistificadora estratégia infantil, uma forma de extorsão mental. Em algumas religiões orientais, cumprem-se devoções por meio de uma roda de rezas. O fiel, impelindo a roda com as mãos e pondo-a em movimento, cumpre sua devoção. Não precisa recitar reza alguma; não precisa entregar-se a pensamentos piedosos. Os praticantes dessas religiões não têm mais nenhuma consciência do conteúdo de suas orações. Apenas cumprem cegamente um ritual cuja significação foi há muito esquecida. Assinar um juramento de lealdade pode transformar-se num gesto tão vazio quanto fazer girar a roda de rezas.

A verdadeira lealdade não é coisa estática: como já vimos, ela cresce e se desenvolve com a personalidade. Tem que ser redescoberta e reexperimentada todos os dias, pois que é essencialmente em conseqüência de uma batalha íntima de valores em conflito que o homem alcança seus valores e lealdades pessoais. Quando um homem é compelido a jurar sua fidelidade, embora já a tenha sentido nas profundezas de seu ser, a compulsão exterior significa que êle deve abandonar o direito pessoal de ponderar valores e de se aconselhar com seus princípios de honestidade. Seja ou não o juramento a expressão dos verdadeiros sentimentos da pessoa, o caráter de obrigatoriedade que assume tem sôbre a pessoa que o faz um efeito psicològicamente debilitante. À primeira vista isso pode parecer estranho, mas uma analogia singela pode esclarecer a questão. O homem que realmente ama sua espôsa, por exemplo, não precisa repetidamente jurar seu amor, pois revela isso por seus atos. Mas se ela insiste em que êle jure, a própria insistência, implicando em que ela duvida dêle, lança dúvidas na cabeça do marido — e êste começa a ficar confuso quanto ao que realmente pensa.

Quer exigindo, quer prestando juramento, mantemos viva a ridícula ilusão de que podemos afastar inimigos por meio dêsse sistema de roda de rezas. Fato é que os traidores deliberados e os revolucionários são os únicos que não temem disfarçar seus propósitos e ocultar suas intenções por trás de fórmulas receitadas. Nem temem as acusações de perjúrio. Não hesitam em assinar um juramento, se lhes é oportuno fazê-lo. Para êles, palavras e juramentos são apenas instrumentos que não valem por um compromisso moral. Mais importante do que exigir lealdade, deve ser exigir integridade, firmeza de caráter, maturidade de propósitos e motivos.

O homem livre precisa ser leal, antes de tudo, ao próprio Eu, o que implica no direito de ser o que é. A pessoa que sente que não é nada, que percebe que todo mundo — e até ela mesma — duvida dela, que tem o íntimo fraco, pode tornar-se prêsa fácil de tôda espécie de influência política totalitária. Os caçadores de lealdade e os juramentos de lealdade podem provocar a deslealdade das pessoas para com a própria liberdade e integridade pessoais, pois que despertam suspeitas em nós mesmos e nos outros. É exatamente a presença da oposição que mantém de pé a liberdade — mesmo à custa do risco da divergência e da subversão generalizada.

A lealdade é uma conseqüência da confiança recíproca; não pode ser compulsivamente criada. Toda compulsão é, por natureza, unilateral. **A lealdade deve ser merecida e diàriamente conquistada através da interação mútua e do contacto entre dirigentes e cidadãos.** Por ser baseada na confiança, a lealdade é dada espontâneamente e de livre vontade. A verdadeira lealdade não se compra nem se exige.

Investigando o caso de jovens soldados norte-americanos que sofreram lavagem do cérebro na Coréia e que com tanta facilidade se esqueceram do dever de lealdade que tinham, quase sempre descobrimos que, no passado, o pai ou a mãe dêsses rapazes havia sido bastante desleal para com êles. Quase todos os chamados pró-comunistas tiveram uma infância perturbada. É importante que a comunidade investigue sua pretérita lealdade para com êsses jovens.

Num Estado democrático, devemos estar em condições de apresentar fatos convincentes, para demonstrar o acêrto de nosso estilo de vida, ou de desenvolver novos meios de fazer ver a fraqueza de qualquer sistema revolucionário. E é impossível fazer isso quando se condenam idéias divergentes e se insiste em obter lealdade através de fórmulas receitadas; essa condenação e essa insistência podem constituir os primeiros sinais da falta de vontade de argumentar e persuadir. Pode também levar a uma nova forma de atraiçoamento, a traição sutil do desinterêsse intelectual, a falta de vontade de assumir a responsabilidade, a traição do relativismo vacilante, que conduz à inação. E isso pode degenerar numa perigosa forma de preguiça mental, que poderia ser fàcilmente transformada numa vida sem cometimentos ou em submissão totalitária. São inúmeros os modos de encarar a verdade e só o choque de opiniões permite que se descubram êsses modos de ver e que se encontre a rota certa da verdade.

O perigo da lealdade por compulsão está, então, em que podemos ocultar a apatia mental por trás de uma fórmula rígida e, assim, perder de vista a necessidade constante de vigilância psicológica, o real significado da lealdade e o estilo de vida em liberdade. O juramento de lealdade por meio de uma fórmula mecânica, refreando a vigilância moral e o esfôrço de apuramento ético, pode ser o ponto de partida do contrôle do pensamento que todos tememos. A verdadeira lealdade é uma virtude viva, dinâmica.

O legislador deve deixar o indivíduo tão livre quanto possível no momento de escolher entre a fidelidade a pessoas e a fidelidade a princípios (usualmente um sentimento muito mais vago), porque esta última tem como base a primeira. Sem lealdade a pessoas não há lealdade à nação!

Êsse problema tem ainda um outro aspecto. Devemos aprender a distinguir entre a deslealdade das ações e a deslealdade dos sentimentos e pensamentos. A subversão de opiniões não pode nunca ser crime. O direito de divergir é a pedra angular de democracia. Num Estado livre, precisamos dispor-nos a corrigir subversões por serem melhores os nossos argumentos. Perseguir idéias divergentes é uma forma de preguiça mental. Psicològicamente falando, não pode um govêrno preocupar-se com as motivações conscientes das pessoas (e com as inconscientes que não podem ser separadas daquelas) porque, no íntimo, todo mundo apresenta motivações contraditórias. O perigo contra o qual êsse govêrno se acautelaria é ilustrado pelo seguinte trecho do inquérito de Oppenheimer levado a efeito pela comissão Gray e publicado em 1954:

> Cremos ter sido demonstrado que o Govêrno pode submeter a investigação a sua própria alma e a alma de um indivíduo cujas relações com seu govêrno sejam objeto de dúvida, com integral proteção dos direitos e interêsses de ambos. Cremos que a lealdade e a fidedignidade podem ser examinadas sem que se ultrapassem as linhas mestras dos princípios tradicionais e invioláveis da justiça norte-americana.

Escondem-se nessas belas palavras todos os ominosos primeiros passos do contrôle de pensamento totalitário. O govêrno que esquadrinha a alma de qualquer indivíduo pensante pode encontrar sempre algo contra êste, porque dúvida, ambivalência e tacteamento são traços comuns a todos os homens. Não se pode avaliar a fidedignidade de ninguém com base em seus pensamentos e sentimentos, tal como se nos apresentam. Em primeiro lugar, nunca podemos saber o que está por trás de uma fachada aparentemente leal. Em segundo lugar, o homem que, à procura da verdade, é levado a explorar muitos pontos de vista heréticos, pode ser exatamente o mais leal pelas ações. Bem pode essa própria exploração conduzi-lo ao julgamento refletido, que fundamenta a verdadeira lealdade. O que vale em qualquer homem é a firmeza e a integridade de seu comportamento e sua coragem de tomar posição, não sua conformidade com o dogma oficial.

E afirmar que o govêrno pode fazer investigações sôbre sua própria alma é não afirmar absolutamente nada. Um govêrno é, afinal de contas, uma coleção de indivíduos. Premidos pela compulsão para a lealdade, pela suspeita crescente, êsses indivíduos não podem êles próprios fazer investigações sôbre suas almas com a mesma honestidade com que o fariam em dias menos enlanguecedores ou se estivessem agindo como simples cidadãos e não como representantes oficiais do govêrno. O homem arrebatado pelos princípios de segurança pública fica prisioneiro da angústia e da insegurança crescentes, próprias dos que querem instituir a ilusão da certeza e da segurança — uma transgressão de valores!

No momento em que o govêrno começa a esquadrinhar as almas dos indivíduos, nesse mesmo momento começa a violar os direitos e interêsses dos cidadãos. Assim ameaça a democracia no país e enfraquece sua posição no exterior. Quando adotamos posições dogmáticas, intransigentes, e tentamos impor aos outros a nossa ortodoxia, não conseguimos encontrar o caminho da paz e da fraternidade com o resto do mundo. A genuína característica do totalitário é sua insistência em que a sua orientação é a única correta. Se queremos manter nossa posição de guias do mundo livre, devemos manter a mente aberta a todos os ventos. Só assim encontraremos novos caminhos de paz.

Sabemos agora que o problema da traição está relacionado com deficiências na compreensão dos nossos processos mentais íntimos. Tôda traição é, antes de tudo, uma autotraição, uma deslealdade do indivíduo para com seus próprios padrões de comportamento. Quando as pessoas fazem calar a consciência e transigem a bem das conveniências, nesse momento elas começam a ser desleais para consigo mesmas. A passividade — atitude que assumimos quando a consciência nos teria forçado a agir — é a forma mais comum de autotraição. Uma pessoa pode ficar ìntimamente furiosa por causa de uma injustiça que tenha presenciado, sem que entretanto assuma qualquer atitude externa; êsse comportamento internamente experimentado é uma traição ao Eu e é o que freqüentemente torna a pessoa tão irritada com os defeitos dos outros. A repetição do padrão de passividade faz com que o indivíduo acumule sem cessar mais e mais sentimentos de injustiça e se torne cada vez mais ressentido com a sociedade. O uso de subterfúgios e de engenhosos estratagemas para descartar-se de princípios é uma das mais perigosas formas de autotraição, nos dias que correm. É perigoso, porque leva inadvertidamente à hipocrisia que põe a fôrça acima dos valores morais.

É perigoso deixar que as queixas e descontentamentos pessoais se solidifiquem em ressentimentos permanentes contra a sociedade tôda. Pais e educadores podem, pela compreensão psicológica, prevenir essas dificuldades, concedendo a cada indivíduo a liberdade de criticar e atacar — de modo civilizado, não destrutivo — a comunidade a que pertence. Ajudando a criança a desenvolver a consciência de que ela é responsável por seus pontos-de-vista, pelas idéias que exteriorize, por subersivas que possam ser temporàriamente, oferecem-lhe os pais oportunidade de superar seus sentimentos de isolamento e ambivalência e seu desejo de praticar violências contra os que têm influência sôbre ela. A lealdade é, mais uma vez, uma relação — a lealdade à família, aos amigos, à nação precisa ser merecida.

A lealdade só é possível quando a agressão e a hostilidade mentais recíprocas são permitidas e toleradas dentro dos limites da lei. Essa forma civilizada de agressão verbalizada e sublimada pressupõe honestidade e espírito esportivo. É a síntese e a conquista da rebelião e da subversão. Por mais paradoxal que pareça, a democracia se baseia na lealdade recíproca de grupos políticos em oposição! Não podemos duvidar das boas razões e intenções dos nossos oponentes, sem solapar os alicerces da cooperação e do govêrno eficiente. É extremamente antidemocrático imputar deslealdade ao partido oposicionista. A História tem demonstrado que só quando é permitido confrontar e integrar idéias opostas é que o homem pode erradicar essa espécie de desequilíbrio psicológico, que aos poucos se transforma em deslealdade para consigo mesmo e para com a comunidade. O mêdo da subversão e da oposição é, freqüentemente, mêdo de idéias, mêdo de nos identificarmos com certas idéias inaceitáveis, de sermos traídos pela parte oculta de nós mesmos. O mêdo da traição existirá enquanto a oposição leal fôr um crime.

Democracia é divergência, é lealdade mútua, mesmo quando uns atacam as idéias dos outros — idéias que, por serem sempre humanas, são sempre incompletas.

QUARTA PARTE

EM BUSCA DE DEFESAS

No momento em que tomamos consciência de que determinados fenômenos políticos constituem ameaça à nossa existência, desenvolvem-se, no nosso íntimo, automàticamente, defesas correspondentes. Tranqüilizamo-nos de novo, quando descobrimos meios de enfrentar os problemas. Os capítulos finais dêste livro tratam das atitudes assumidas pelo govêrno e do conjunto de preceitos estabelecidos, para servirem de defesa contra êsse perigo històricamente bastante recente, que é a lavagem do cérebro. No último capítulo, empenho-me na descoberta dos valores inspirativos que caracterizam a liberdade e a democracia. Torna-se, hoje, mais premente a busca de melhores meios de preparação do moral civil e militar, por causa das tremendas pressões mentais que a civilização moderna faz recair sôbre o homem.

CAPÍTULO XV

ADESTRAMENTO CONTRA A TORTURA MENTAL

O código norte-americano de resistência à lavagem do cérebro

Por Decreto do Presidente Eisenhower, de 17 de agôsto de 1955, foi elaborado um novo código de honra, para reger o procedimento dos combatentes norte-americanos nos campos de batalha ou quando aprisionados. (1) Seis foram as regras de comportamento enunciadas para os combatentes:

1. Sou um combatente norte-americano. Sirvo nas fôrças que guardam meu país e preservam nosso estilo de vida. Estou preparado para dar minha vida em sua defesa.
2. Jamais me renderei por livre vontade. Se estiver no comando, nunca entregarei meus homens, enquanto houver meios de resistir.
3. Se fôr capturado, continuarei a resistir por todo sos meios a meu alcance. Farei tudo para escapar e para ajudar os outros a escaparem. Não aceitarei compromissos nem favores do inimigo.
4. Se fôr feito prisioneiro de guerra, serei fiel aos meus companheiros de prisão. Não darei nenhuma informação nem tomarei parte em nenhum ato que possa ser prejudicial a meus camaradas. Se fôr o mais velho, assumirei o comando. Se não, obedecerei às ordens legais dos que forem designados como meus superiores e lançarei mão de todos os meios para lhes dar apoio.

---

(1) Relatório completo no **The New York Times** de 18-8-1955.

5. Se interrogado, caso seja feito prisioneiro de guerra, comprometo-me a fornecer apenas nome, pôsto, número e data de nascimento. Esquivar-me-ei de responder a outras perguntas com o máximo de habilidade que me fôr possível. Não farei declarações escritas nem orais que importem em deslealdade para com meu país e seus aliados, ou sejam prejudiciais à sua causa.

6. Jamais esquecerei que sou um combatente norte-americano, responsável por meus atos e devotado aos princípios que tornaram livre o meu país. Confiarei em Deus e nos Estados Unidos da América do Norte.

No relatório suplementar sôbre as recomendações do Secretário da Defesa, reconhece-se que a guerra moderna levou o perigo ao umbral de cada casa e que a última linha de frente da guerra fria se situa no espírito de cada cidadão.

Ao mesmo tempo, estabelece-se um código claramente definido, ensinando aos prisioneiros de guerra norte-americanos como se comportar depois de capturados. Embora faltasse, anteriormente, um código dessa natureza, afirma-se no relatório que as «tropas americanas demonstraram em tôdas as guerras que não se entregam fàcilmente, nunca se renderam em massa e, em geral, conduziram-se admiràvelmente como prisioneiros de guerra, em favor da causa de sua pátria».

Depois de descrever os ataques à integridade física dos prisioneiros — marchas de morte, fome, falta de asseio, frio, tortura, enfermidades e degradação total — o relatório dedica especial atenção a tôdas as formas de coerção mental empregadas para extorquir falsas confissões ou informações militares dos soldados, e a infectá-los com a ideologia totalitária. O inimigo tentava, primeiro, alquebrar os chefes, lançar confusão entre os oficiais, a quem é tão fácil exercer influência sôbre os soldados. Depois, paulatinamente, cada um tinha que passar pelo ordálio da doutrinação. O bombardeio da propaganda inimiga começava a tôda velocidade. Êsse ataque pela sugestão atingia espíritos não afeitos às discussões altamente especializadas, mal informados e até mesmo bastante confusos a respeito do comunismo e de suas táticas. Era fácil atacar as profundas contradições de raciocínio do indivíduo e reduzi-lo dòcilmente à submissão.

O relatório recomenda um adestramento mais prolongado e mais hábil do soldado (e do cidadão) em nossas convicções e responsabilidades fundamentais, uma como que mobilização mental para o futuro choque de «idéias» e de «vontades».

No Conselho Consultivo do Secretário da Defesa, que elaborou o código, havia considerável conflito de opinião entre uma rígida orientação espartana e uma orientação mais branda e despreocupada. O primeiro grupo sustentava que cada soldado devia resistir até o fim; os outros admitiam que, ao cabo, qualquer um podia ser levado a submeter-se.

De qualquer forma, todos os soldados tinham que ser especialmente exercitados para resistir e não para se tornarem desleais para com a pátria, o serviço militar e seus camaradas. Foi esta a razão principal que determinou a elaboração dêsse código final de altos padrões de comportamento, embora se reconheça que é possível uma coerção que supere a capacidade de resistência. Contudo, o psicólogo tem que propor aqui uma pergunta adicional: quem poderá julgar o que supera a capacidade de resistir?

O relatório termina por acentuar que está em contínuo processo a guerra total para conquista do espírito dos homens. A frente interna é apenas uma extensão da frente de combate!

Um dispositivo importante do código é o que solicita a atenção para uma frente de batalha mental muito mais extensa. Tornando conhecido que os métodos coercivos dos comunistas são bem compreendidos por nós, ficam, em parte, anulados os efeitos e a importância da sua estratégia de guerra fria. Por fim, ninguém mais, além de suas fronteiras, acreditará nêles, muito embora os métodos totalitários lhes possam ser úteis para propaganda interna em seus próprios territórios. Todavia, não podemos combater a doutrinação com simples doutrinação em contrário.

Fazer com que os soldados assinem uma declaração de que jamais consentirão na lavagem do cérebro tem, pelo menos, a vantagem de lhes dar a conhecer o que os espera. Contudo, êste conhecimento não os protege contra o condicionamento sutil, feito por um inquiridor que sabe como contornar os obstáculos mentais. O tempo e a penetração sugestiva e insinuante são capazes de alquebrar a resistência humana.

À luz da psicologia, a exigência de juramento de lealdade e as declarações assinadas não têm nenhuma significação em si mesmas. Só uma sólida formação da liberdade mental e da consciência democrática é que nos pode servir de antitóxico. As autoridades que exigem assinatura de compromissos de lealdade não têm bem consciência de quanto estão progredindo aqui mesmo, em nossa própria sociedade, a propaganda, a lavagem de cérebro sub-reptícia e outras formas de sedução mental; o que elas estão fazendo, é substituir uma responsabilidade que cabe à nação e à sociedade, por uma responsabilidade individual. É a atmosfera moral e política que o circunda em sua própria terra que dá ao homem sua fortaleza mental. A nação é responsável pela firmeza mental que ela exercita e transmite a seus soldados numa guerra fria!

Muitos prisioneiros de guerra sentiram-se enganados pelo seu próprio govêrno. Tinham sido mal informados sôbre o inimigo, em têrmos excessivamente simplistas, de discriminações radicais: prêto ou branco. Exibindo o seu lado bom, o captor conseguia fàcilmente despertar as suspeitas do prisioneiro sôbre a honestidade de seus dirigentes.

Do ponto-de-vista da psiquiatria, é preciso que se diga, mais uma vez, que todos podem ser levados ao ponto de rendição, por muito boa que tenha sido a informação ou a doutrinação em contrário que receberam. Se o inimigo quiser persistir em seus métodos desmoralizantes, terá meios para o fazer. Infelizmente, o relatório não salientou bastante o difícil dilema dialético em que simples soldados se viram envolvidos. Durante anos, foram êles educados numa sociedade ou numa corporação militar em que lhes inculcaram obediência à lei e conformidade com os costumes da comunidade. De repente, vêem-se êles obrigados a fazer uma escolha e a pôr à prova sua própria individualidade e sua capacidade de usarem o espírito crítico com o fim de se defenderem. Uma guerra fria exige um alto nível de consciência política.

E com isto, a questão retorna àquele problema inicial da vulnerabilidade mental de cada um, e ao problema mais genérico do moral. A coragem mental não pode ser cultivada por adestramento físico apenas. Exige adestramento em fortaleza mental, em compreensão das convicções básicas e até mesmo em divergir. Temos que acreditar profundamente na causa por que combatemos, a fim de resistir ao ponto-de-vista do inimigo. É a fôrça da convicção que dá a fôrça moral!

Doutrinação contra doutrinação?

Segundo um conceito corrente de educação, o hábito da tortura física pode auxiliar os soldados a se tornarem mais resistentes à lavagem do cérebro. Numa das bases das fôrças aéreas, os aviadores têm que passar por uma «escola de tortura», chamada, por eufemismo, de «Escola de Sobrevivência», em que, a fim de enrijecer os homens contra futuras brutalidades, se introduziram alguns dos bárbaros e cruéis métodos comunistas de tratamento dos prisioneiros. (1) Os que se submetiam a êsse adestramento, conseguiam suportar até muito bem os diabólicos exercícios. Todavia, essa prática pode condicionar os homens para se apropriarem, sem querer, dos métodos totalitários. Pode representar a concessão de um salvo-conduto semi-

(1) **Times, 19 de setembro de 1955.**

oficial às táticas do inimigo, por subentenderem que somos capazes de fazer o mesmo. Mais ainda, êsses métodos podem estimular, tanto no instrutor como no discípulo, tendências sádicas ocultas. Sob o disfarce de uma premente necessidade de adestramento, a juventude norte-americana pode vir a educar-se na mesma linha de sadismo que os seus inimigos.

O aspecto psicológico importante de tôdas as formas de instrução e adestramento rígidos e compulsórios é que elas se enquadram no padrão totalitário. Além disso, os inquiridores totalitários não precisam usar necessàriamente de tortura física para descobrirem os segredos da mente humana, embora possam lançar mão dêsses métodos para sua satisfação particular. Pelo contrário, para induzir os famintos e debilitados prisioneiros de guerra a confessar, o inimigo se valia tanto da tortura quanto de gestos amistosos e de privilégios especiais. Para ser bem sucedido, o que o inquiridor exige especialmente é que o inimigo tenha uma personalidade fraca, seja um obtuso, com uma tendência característica de soldado à obediência ou seja atormentado pela angústia e careça de paciência. O inquiridor de lavagem do cérebro não precisa torturar. A tortura física muitas vêzes fortalece a resistência contra o interrogador, ao passo que o isolamento, por si só, pode realizar seus intentos. Uma escola que ensine apenas técnicas de tortura e de evasão pode mesmo despertar angústias latentes e assim, por paradoxo, possibilitar mais fácil rendição à lavagem do cérebro por parte do soldado enfraquecido por essas fantásticas antecipações. Quem na escola era herói, pode vir a ser um fraco, uma vez diante do risco real.

O mais importante não é o que o recruta pode realizar enquanto se submete ao adestramento, mas sim aquilo que êle é capaz de suportar mental e espiritualmente. Tem êle firmeza mental? Só isto o manterá em boa forma durante as provocações que sofrerá na prisão.

O relatório psiquiátrico sôbre a lavagem do cérebro e sôbre menticídio

Em cada relatório sôbre a lavagem do cérebro de prisioneiros de guerra, é preciso levar em conta, para determinar a responsabilidade psicológica do acusado, vários fatôres que podem fundamentar a imputação de culpa de «colaboração com o inimigo».

Ao entregar-se mentalmente, estava êle sob o efeito de uma espécie de hipnose? Poderá êle ser inteiramente responsabilizado; terá havido, de fato, uma colaboração consciente e voluntária, que fêz do homem um traidor? Houve mesmo covardia, ou apenas fraqueza de espírito?

Por serem essas questões tão novas em nossa história e, freqüentemente, tão sutis, em relação às circunstâncias, convém enumerar os campos que interessa analisar:

1. **A acusação.** O psicólogo deve examinar os fatos que podem incriminar. Pode-se deduzir, por exemplo, muitas vêzes, do fraseado das confissões assinadas, que a assinatura foi arrancada à fôrça. Pode-se perceber que alguns chavões do inimigo foram gradual e penosamente forjados na cabeça da vítima. Tive ocasião de fazer uma vez, para um dos tribunais, uma análise de uma confissão escrita, composta de elementos a tal ponto heterogêneos, que era fácil discernir, nos documentos, o processo de roubo mental e de paulatina rendição do prisioneiro.

2. **Boatos e psicologia das massas.** A nem tôdas as acusações contra um prisioneiro de guerra, feitas por seus companheiros de cárcere — mesmo quando a maioria as repete com constância — se deve atribuir seu valor aparente. Sob a influência do terror e do mêdo, transmitem-se fàcilmente boatos a respeito de determinadas pessoas. Há personalidades que, em razão da sua estrutura especial de caráter, têm facilidade em se tornarem alvo de boatos. O intelectual retraído, por exemplo, com freqüência é acusado de tramar com o inimigo. Se êle

conhecer a língua do adversário e puder se comunicar com êle, então, as acusações podem assumir as proporções de uma alucinação coletiva.

Quem investiga, precisa fazer um levantamento das relações de grupos nos campos de prisioneiros de guerra. O lavador de cérebro inimigo procura, primeiro, atacar os chefes, para debilitar o moral dos demais prisioneiros; depois, trata de descobrir personalidades especialmente vulneráveis, para submetê-las à sua estratégia de pressão mental e de conversão ideológica.

3. **A estrutura de personalidade do acusado.** Certas pessoas, por terem um ego fraco, ou por causa de suas angústias neuróticas subjacentes, estão de antemão arriscadas a cederem mais prontamente às pressões mentais. Para se fazer um juízo mais correto do indivíduo, deve-se submetê-lo a testes de inteligência e ao de Rorschach, estudar seus antecedentes familiares e suas convicções religiosas e ideológicas fundamentais.

4. **Estava o indivíduo submetido à lavagem de cérebro bem preparado para resistir a êsse tratamento?** Que espécie de informações foram dadas ao prisioneiro de guerra, no período de adestramento? Tinha êle suficiente conhecimento da guerra ideológica e do bombardeio de palavras a que poderia ser exposto? Estava êle preparado apenas para a disciplina e para a submissão, ou também para a liberdade e para as discussões livres? Recebera só adestramento físico ou mental também?

5. **Os elementos da tortura.** Durante quanto tempo resistiu o prisioneiro, antes de entregar-se? Deram-lhe drogas? Qual foi o grau de seu isolamento? Durante quantas horas foi interrogado? Havia vestígios de maus tratos e de doenças físicas? Podem êsses fatos ser verificados?

Isto representa apenas um sucinto levantamento dos aspectos que se devem levar em conta. Serve para mostrar que, com o fenômeno da lavagem de cérebro e de contrôle do pensamento sistemáticos, traz-se alguma coisa jurìdicamente nova perante os tribunais. Não têm aplicação aqui as atitudes tradicionais em face da capacidade, da responsabilidade e das obrigações pessoais.

O estado (o regime totalitário do inimigo), nos casos de lavagem de cérebro bem sucedidas, tomou conta, apoderou-se mesmo, de tôda responsabilidade psicológica das pessoas pelos seus atos de obediência. Nossos tribunais de justiça e os tribunais militares terão de descobrir novas normas de julgamento para os que caem nas garras de um regime tão criminoso.

CAPÍTULO XVI

EDUCAÇÃO PARA A DISCIPLINA OU PARA UM MORAL ELEVADO

O papel da educação

No período de formação, a criança fica sob a orientação dos pais, primeiro, e, depois, dos professôres, influindo ambos sôbre o futuro comportamento dela. O sistema escolar pode reforçar ou corrigir erros e atitudes dos pais, seja fortalecendo o desejo que tem a criança de desenvolver-se no sentido da liberdade e da maturidade ou seja abafando-lhe a necessidade de desenvolver-se e transmudando-a em necessidade de resignar-se a um constante estado de criança e a uma permanente dependência.

O ideal da universalização do ensino escolar alcançou decisivo progresso, a partir do Renascimento. Mas hoje tendemos, sem o perceber, a moldar espíritos segundo um modêlo pré-fabricado e a dar aos estudantes a ilusão de que conhecem ou devem conhecer tôdas as respostas. O que há de falaz nessa meia-educação é que os ditos alfabetizados — em contraste com os que não sabem ler — podem tornar-se melhores seguidores e piores pensadores. Os totalitários, por exemplo, não são contra a escola; ao contrário, pois que, quanto mais se sobrecarrega o espírito com fatos, mais passivo pode êste tornar-se. A erudição e a leitura de livros não produzem por si sós personalidades fortes, acrescendo que, na paixão que temos pela educação com base nos fatos e nos exames de tipo perguntas e respostas, se oculta uma forma de opressão mental. O respeito que devotamos à acumulação de fatos transmitidos pela escola pode inibir a mente, a ponto de não permitir que cada um pense com a própria cabeça. É necessário que se preste mais atenção nas possíveis imposturas involuntárias do sistema educacional e nos efeitos perigosos que isso pode representar para o futuro da nossa sociedade democrática. O sistema vigente de manter as pessoas como estudantes permanentes e sob contínua orientação favorece o doutrinamento totalitário. Por exemplo, na cabeça de alguns administradores despontou a idéia de que poderiam melhorar a qualidade do quadro de funcionários submetendo-os a exames repetidos e graduados. Em lugar disso, o que aconteceu foi o desenvolvimento de angústias infantis devidas ao mêdo dêsse instrumento de medida e apreciação: o exame. Dificilmente se encontra agora um administrador que ouse considerar o desempenho real como a melhor prova da capacidade e do esfôrço humanos.

O sistema de educação que recompensa a dependência, que domina demais a criança, que dá orientação moral através de punições e provocando sentimento de culpa, que superestima as habilidades mecanizadas e a aprendizagem automática, essa espécie de educação amolda o cérebro segundo um padrão conformista, que pode ser fàcilmente transformado em rota totalitária. Isso é ainda mais patente no adestramento disciplinar de soldados. Essa educação rígida glorifica em excesso o bom comportamento; valorizam-se a imitação e o conformismo, com prejuízo para a espontaneidade de criação, a autonomia do pensamento e a livre manifestação e discussão de idéias divergentes. A nossa mania dos exames impele os estudantes para as veredas mentais do pensamento automatizado. A educação da inteligência e a chamada educação objetiva superestimam o racionalismo e a habilidade técnica, por causa da ilusão de que uma e outra coisa evitarão os erros de ordem emotiva. Em lugar de evitar isso, o que faz essa educação é exercitar as crianças em padrões automáticos de pensamento e de ação muito mais próximos dos reflexos condicionados, de que tanto gostam os discípulos de Pavlov, do que parecidos com o padrão livre, indagador, criador, que deveria orientar a educação democrática.

Bem sabe o totalitarismo que a criança tem um período de maior receptividade, durante o qual o condicionamento pavloniano pode estabelecer-se sem dificuldade. Os ensinamentos precoces formam no espírito da criança padrões de comportamento quase que indestrutíveis e que podem, por vêzes, operar com a precisão inata dos instintos. Essa precoce automatização pavloniana da vida pode adquirir quase que o poder de um instinto inato. Em verdade, é isso que acontece em Totalitária. Os ditadores criam organizações especiais para os jovens e os forçam a associar-se aos movimentos de disciplinação da juventude.

O paradoxo da instrução universal está em que ela pode criar uma geração de homens e mulheres (justamente por causa dêsse novo sistema de tomada de contacto intelectual com a vida) mais suscetíveis de serem doutrinados por seus mestres e guias. Precisamos de adepto condicionado ou de discípulos de pensamento livre? Além disso, as modernas técnicas de comunicação têm tirado proveito da instrução generalizada. O anúncio e a propaganda caem imediatamente sob os olhos que sabem ler. Êsse é o tremendo dilema de nossa época.

Em muitas de nossas escolas primárias ensinam-se os estudantes numa atmosfera de arregimentação compulsiva, imprimindo-lhes um senso de dependência e de respeito pela autoridade, que não se apaga em tôda a vida. Realmente nunca aprendem a pensar por conta própria. As fábricas de fatos que são as escolas mantêm muitos alunos ocupados demais e não lhes sobra tempo para pensar; educam-nos para a imaturidade progressiva. Quanto mais as pessoas fazem citações umas das outras e das opiniões de «especialista» que têm à mão, tanto mais são consideradas bem informadas e intelectuais. Muitas escolas estimulam o que podemos chamar de mania da citação, fazendo da arte de citar a essência de tôda a sabedoria. Todavia, qualquer um que possua uma lógica aparentemente irrespondível, que esteja em condições de apoiar suas opiniões em afirmações e citações autorizadas, pode abalar fortemente êsse tipo de espírito, que pode ser fàcilmente dominado e condicionado por correntes de opinião pseudo-intelectuais emotivamente atraentes. De fato, no processo de lavagem do cérebro, o inquisidor se utiliza da confusão em que cai a vítima, quando vê — por fôrça da argumentação daquele — contradições nos fatos que apresenta e falhas nas idéias que defende. Quem não conhece as artimanhas da argumentação logo se rende.

Gosto de classificar os intelectuais em **quantelectuais** e **quintelectuais.** Os primeiros visam à quantidade de conhecimentos e fàcilmente se submetem a qualquer espécie de novo condicionamento. Para os quintelectuais, por sua vez, o intelecto é um atributo da integridade pessoal. Os fatos não são passivamente absorvidos, mas ponderados e verificados. Esta espécie de intelecto existe em potência independentemente da educação escolar e a escola muitas vêzes o arruina.

Tratei de um caso dos mais estranhos de um quantelectual típico, um doutor em psicologia, que acabara de concluir sua educação universitária com uma tese sôbre assunto de psicotécnica. Procurou-me por ser completamente desajeitado para manter qualquer tipo de relação com as moças. Desejava tratar essa «impotência» com drogas médicas e, a princípio, não quis submeter-se a qualquer espécie de psicoterapia, pois que «conhecia tôda essa patacoada». No correr de nossa conversa, tornou-se evidente que de nada adiantara tôda sua formação escolar. Tinha obtido notas máximas na escola, mas deixara escapar a verdadeira essência de tudo quanto estudara. Não tinha assimilado literalmente nada de psicologia. Memorizara tudo, sem compreender nada. Podia citar página por página do livro, mas não conseguia explicar coisa alguma. Cada vez que tinha que tirar conclusões de um teste ou que dar conselhos práticos, ficava apavorado. Foram precisos anos de tratamento para quebrar seus hábitos rígidos, compulsivos e para conduzi-lo a um ponto em que fôsse capaz de pensar e sentir como um ser humano e não como máquina. Terminado o tratamento, começou a aprender tudo de novo, lendo com avidez e entusiasmo o que antes não passara de fatos sem significação.

Não foi êsse o único colecionador ambulante de fatos que conheci. Um outro meu paciente era um jovem que nutria o desejo obcessivo de obter todos os graus de estudo que a universidade por êle freqüentada podia atribuir. Quando o conheci, era membro de uma organização nazista. (Aí está um exemplo do fato de serem muitos os pedantes que têm afinidade com o sistema de política autoritária.) Mesmo nessa organização provocava êle hostilidades, por viver à cata de fatos e mais fatos, apenas por amor aos fatos. Até para seus companheiros totalitários suas obcessões se tornaram insuportáveis. Sofria de delírios de grandeza e não tinha relações afetivas de espécie alguma; uma e outra coisa indicavam achar-se em evolução um processo psicótico. Sua capacidade intelectual, porém, mantinha-se inalterada. Filho de um professor, vivera em constante competição com o pai; quando ainda muito jovem deu-se à leitura da enciclopédia e, mais tarde, na escola secundária e superior, fora muito elogiado por seus fenomenais «conhecimentos». Na verdade, conhecia fatos e nada mais. Não sabia como haver-se nem consigo mesmo nem com os outros.

Êsses dois casos servem para demonstrar como um sistema de educação mecanizado, que não consegue nem mesmo reconhecer uma necessidade imperiosa de relações afetivas e um sentimento de participação, que realça o aprender em lugar do viver, pode produzir adultos completamente desguarnecidos de meios para enfrentar os problemas da vida, adultos apenas semivivos e completamente incapazes de afrontar os desafios da realidade. Tais homens e mulheres não se tornam bons cidadãos democráticos.

Uma das tarefas essenciais da educação para a liberdade de espírito é preparar a criança para uma idade adulta madura, ensinando-lhe a discernir o essencial e a pensar por conta própria. Há muitos campos de interêsse que podem ser usados para o desenvolvimento da capacidade de pensar por conta própria — por exemplo o da palavra como meio de comunicação e o da ciência do abstrato. O interêsse da criança por sua própria linguagem, pelas palavras que usa como instrumento de expressão e não como um conjunto de regras gramaticais, pode conduzi-la a indagações a propósito de outras línguas e de outros modos de pensar, e, assim, pode levá-la a capacitar-se para pensar abstratamente e para compreender relações. O período de maior receptividade da criança para línguas estrangeiras gira em tôrno de dez anos — muito antes da idade em que ensinamos línguas estranhas. Nessa idade a criança começa, também, a manifestar interêsse pessoal ativo pelas palavras e pela arte de exprimir-se. Êsse interêsse pode ser usado para fazer da linguagem uma excitante e ousada indagação, em lugar de um processo de memorização sem préstimo nem graça.

Nossas escolas devem estimular o espírito inventivo e a iniciativa também, através de atividades tais como carpintaria e desenho. Também o jôgo criador com objetos concretos desenvolve, na criança, a capacidade de abstrair e generalizar, tornando-lhe mais fácil absorver as abstrações que fundamentam as matemáticas. Se, em lugar de lançarmos a criança no mar de abstrações que ela encontra nos exercícios diários de aritmética, conduzimo-la a uma compreensão do processo de abstração, por meio de passos cuidadosamente dosados, ela absorverá e assimilará o que aprendeu, não apenas papagueando o que lhe ensinaram. Tendemos, por exemplo, a fazer a criança enfrentar muito cedo as abstrações matemáticas, do mesmo modo que deixamos para muito tarde o ensino de línguas e da expressão verbal.

Não se aprende a História pela memorização de fatos e datas, sim pela troca de idéias sôbre a matéria. Deve-se começar pelo conceito de decurso de vida pessoal e história pessoal. Melhor do que fazer a criança memorizar fatos é oferecer-lhe, sob forma impressa, uma descrição de fatos históricos recentes e pedir-lhe que faça comentários e dê suas opiniões ou, então, estimular a reflexão individual, levando o estudante a procurar numa biblioteca ou num museu os fatos fundamentais. Dêsse modo, aprender História pode tornar-se algo de excitante.

Convém, igualmente, modificar êsse sistema, que tão fàcilmente se arrisca a preparar medíocres para que se ajustem a um padrão de mediocridade. Crianças diferentes devem ser diferentemente adestradas e educadas. Cada indivíduo amadurece segundo seu próprio horário; a cada qual deve caber um ajustamento de vida adequado. Por que havemos de necessàriamente fazer aos nossos filhos o que jamais faríamos com as flores do nosso jardim? Permite-se que cada planta atinja seu tamanho natural. As práticas escolares despertam a ambição em algumas poucas crianças, mas sufocam-na em outras. Em lugar de estimular a fraude pelas regras rígidas do nosso sistema de exames, por que não permitimos às crianças que se entreajudem na solução de seus problemas comuns? Muitas e muitas vêzes as crianças podem ensinar umas às outras o que o professor não consegue.

Pense-se por um momento na criança particularmente sensível ao tédio de algumas das nossas escolas contemporâneas. Ela se torna ou um conformista — sempre com boas notas e sem originalidade de pensamento — ou um rebelde — maduro para a clínica de orientação infantil de hoje e, provàvelmente. para o Estado totalitário de amanhã.

Disciplina e moral

O bom moral, embora implique em fortaleza íntima e disciplina, não supõe necessàriamente uma disciplina imposta pelo grupo, tomada esta no seu sentido político ou militar. Bom moral pessoal e firmeza de propósitos foram os dois atributos necessários para se tomar parte, eficientemente, na resistência secreta, durante a última guerra. Os partisans, trabalhando secretamente — ora aqui, ora ali — confiavam, na luta que levavam avante isoladamente, na iniciativa e na moralidade de cada um, tanto quanto confiavam, se não mais, na direção e na disciplina a distância. Isso é exatamente o inverso de uma moral imposta, determinada pelo mêdo cego e vigiada de perto, espécie essa de moral que se tem nos cárceres e nos campos de concentração ou numa tribo em que se dê exagerada importância à co-participação. Nos grupos de partisans havia moral sem disciplina; nestes tem-se disciplina sem moral. Do mesmo modo, há oficiais que só conseguem promover aquela sem esta.

Não obstante, existe normalmente uma íntima relação entre disciplina e moral. Só quando os jovens ou os soldados recebem um adestramento disciplinar prévio é que ficam bem preparados para essa fortaleza íntima que tem como base a segurança de si mesmo e a confiança no grupo como um todo e nas autoridades também. Recorre-se à disciplina de emergência em ocasiões prementes, quando usualmente não há tempo a perder, seja, quando não há tempo para promover o autocontrôle e o ajustamento ao grupo. Só a disciplina livremente aceita, que se desenvolve gradualmente, pode lançar os fundamentos da liberdade interior e do moral. Essa regra tem sido esquecida por muitos educadores. Sòmente alicerçados nesses padrões condicionados preliminares é que podemos confiar em que ficaremos de pé à nossa própria custa.

Todos nós começamos por introjetar e assumir a moral dos outros — dos nossos pais e educadores. As bases da nossa moral pessoal são constituídas pelo que tomamos dessas pessoas e levamos para dentro de nós. É no berço, sob o influxo dos cuidados de pais amorosos, interessados e sinceros, que principia a desenvolver-se a sutil relação entre a disciplina e a liberdade. São os pais os primeiros arquitetos da moral. Em geral, o conflito entre disciplina e moral surge, num determinado grupo, quando seus membros se mantêm unidos por compulsão ou por necessidade. Nesse caso, a coesão do grupo é completamente diferente da que se verifica quando a lealdade a êste é espontânea. O objetivo da disciplina é sempre determinar um melhor ajustamento ao grupo. Uma feliz identificação com êste produz, por sua vez, um ego mais forte. É nesse ponto que surge a liberdade.

Para uma avaliação da resistência interna e da vulnerabilidade de diferentes grupos sociais, é importante que se tenha um amplo conhecimento dêsses princípios de promoção do moral. Conforme indica nossa experiência no campo da psicoterapia, é provável que, onde a disciplina seja excessivamente rigorosa ou mesmo prevaleça a escravidão, a coesão interna do grupo seja muito diferente da que se verifica num grupo que respeita o indivíduo e lhe assegura um alto aprêço. Contudo, há exemplos de elevado moral até mesmo entre integrantes de fôrças armadas de países totalitários. Rememoro êsses soldados japonêses que — inteiramente desligados da mãe pátria — por anos e anos após o fim da guerra, fincaram pé nos postos isolados em que se achavam, como se o imperador e seus generais ainda os tivessem sob os olhos. Isso é uma indicação do amor sincero, da proteção e da dedicação que êsses homens receberam nos seis primeiros anos de vida.

Disciplina e lavagem do cérebro

Se desejamos preparar um soldado para resistir à lavagem do cérebro, devemos ministrar-lhe antídotos da sugestão em massa. Devemos ensiná-lo a preparar suas próprias respostas e a criticar seus professôres. Devemos exercitá-lo na sugestibilidade negativa e estimular a coragem de rejeitar raciocínios emotivamente deleitosos, desde que não pareçam verdadeiros. Acima de tudo, essas lições devem ser repetidas muitas vêzes, para que de um recruta se faça um indivíduo seguro de si mesmo. Contra o bombardeio diário de sugestões devemos provocar a crítica individual. Isso tudo deve ser acrescentado aos esforços para familiarizar o soldado com o conceito de lavagem do cérebro e tudo o mais que ela envolve. Dessa forma êle aprenderá, inconscientemente, a julgar o que é e o que não é propaganda — tal como o fazemos, em parte, quando ouvimos anúncios de rádio. Revela-nos a experiência psicológica que parte das sugestões da propaganda pode varar até mesmo as defesas de um espírito vigilante e infiltrar-se nas nossas opiniões. O exercício preventivo contra a lavagem do cérebro precisa ser cabal e repetido. Pode parecer que isso esteja em conflito com a disciplina rígida; quando, entretanto, o professor e o oficial conhecem realmente o assunto, cresce o amor próprio dos estudantes, por se identificarem êles com o oficial que os dirige. Tem-se aí, realmente, uma mudança nas relações de disciplina, mas trata-se de uma prova real da disciplina numa comunidade livre, democrática. A pessoa que adquiriu amor próprio e conhecimento, quando chegar a hora de enfrentar dificuldades, aguentará firme até o fim.

A transformação da guerra armada em guerra fria mental exige modificação no sistema de disciplina. O soldado tem que conhecer não apenas o fuzil, mas ainda mais o senso de sua missão e o contrasenso do inimigo.

A natureza e a influência do chefe

O moral, qualquer que seja a circunstância, está relacionado com a intensidade da fôrça de coesão dos membros do grupo e com o grau de lealdade a êste e aos seus objetivos. O moral pode ou não implicar numa compreensão dos objetivos. A cultura ocidental, que apresenta sutilezas de prós e contras, exige consciência, compreensão e consideração muito mais profundas dos objetivos do que é exigido por um estado totalitário.

No estado totalitário, em que se venera o chefe forte, a ameaçante perda de coesão — quando o ditador ou o grupo dirigente falha — tem um efeito desintegrador muito maior do que numa sociedade democrática sujeita à mesma falha, pois que nesta, usualmente, seus membros atingiram um alto grau de autodeterminação e de capacidade de governar. Uma democracia descobre sempre novos guias em condições de assumir a responsabilidade do govêrno.

O moral está relacionado também com o grau de resistência física e mental e com a duração dessa resistência. O limite de resistência é diverso para sistemas diversos de arregimentação. A moral imposta, baseada no mêdo, como a das prisões, pode desintegrar-se ao menor sinal de fraqueza do chefe ou do guarda ou quando os indivíduos não hajam sido ainda bem disciplinados.

Os **kamikazes**, pilotos educados para o suicídio, foram cabalmente doutrinados pela ideologia da imolação pessoal; como revelou a guerra com o Japão, pode-se dizer que o moral dêsses pilotos foi — na sua significação oriental — bastante elevado. Nesse caso, a disciplina e a obediência tornaram-se tão automáticas, que a vida humana deixou de ter importância, quer para o indivíduo quer para o grupo. Pensavam tão sòmente em avançar e derrotar o inimigo. Êsse tipo de moral exige, freqüentemente, que se provoque um exaltado desespêro — uma espécie de fúria suicida coletiva — na perseguição dos objetivos nacionais.

Cada vez mais se toma consciência da importância que têm os dirigentes no alevantamento da moral. O chefe é a encarnação das relações humanas que prezamos, pelas quais de boa vontade sacrificamos nossas energias e, se necessário, nossas vidas. Identificamo-nos com êle e, assim, recebemos dêle sua fortaleza. Nem sempre é o oficial o chefe que se encarrega de soerguer o moral. Às vêzes é um sargento ou soldado que assume essa função.

A posição do oficial como chefe é um tanto mais difícil. Precisa ser várias coisas ao mesmo tempo, as quais podem parecer em contradição umas com as outras. Precisa representar a autoridade paterna e, simultâneamente, o nosso ego, a nossa consciência e os nossos ideais. Precisa aliviar-nos do nosso sentimento de culpa e da nossa angústia e precisa estar em condições de absorver nossas necessidades de fôrça, afeição e dedicação — em têrmos psicológicos, nossas necessidades de transferência. Precisa ser capaz de despertar ação e motivação em grupo e de, ao mesmo tempo, aumentar o amor próprio individual. Suas dúvidas podem tornar-se as nossas dúvidas; se êle perde a confiança, perdemos também a confiança em nós mesmos. Queremos, por vêzes, que êle seja um tirano, para que nos possamos aliviar dos nossos ressentimentos e responsabilidades pessoais. Outras vêzes queremos rivalizar com êle, do mesmo modo que rivalizávamos com nosso pai. Queremos, outras vêzes ainda, receber dêle afeição. O chefe precisa ser um bode expiatório e um gigante. O desenvolvimento de nossa fortaleza íntima depende da inspiração e orientação oferecida pela personalidade do chefe. Embora não possamos nunca amá-lo integralmente, faremos uso dêle para elevar ou deixar cair o nosso moral.

Contudo, o indivíduo não apenas toma para si a fôrça do grupo e de seu chefe, mas entrega também seu próprio espírito ao grupo. Mesmo quando a pessoa é tomada como bode expiatório para aliviar o grupo de suas hostilidades, pode ela — quando recebe o fato com bom humor e filosòficamente — levantar, sem o querer, o moral do grupo. Transmite ela, por assim dizer, sua tolerância pessoal aos outros. Os grupos recebem, muitas vêzes, tão bem a ovelha negra quanto o admirado herói esportivo.

O grupo transmite, também, ao indivíduo, tôda sorte de sentimentos; o processo de **contágio moral** não pára de funcionar. A natureza dêste depende da aceitação mútua, das amizades, da porção de mêdo contagioso existente no grupo, da natureza dos processos interpessoais, dos atributos provocadores de resistência de uns poucos, assim por diante.

Não nos esqueçamos de que o melhor modo de elevar o nosso moral é ajudar a elevar o moral alheio. Quando não se permitem contactos entre as pessoas, o moral logo decai. Ouvimos, por exemplo, de vários refugiados da cortina de ferro, que a principal queixa que tinham contra o regime totalitário era a impressão de isolamento espiritual. O indivíduo sente-se só e contìnuamente em sobressalto. O que há são suspeitas mútuas. O novo evangelho dêsses refugiados eram a pronta aceitação e o contacto humano que experimentavam na sociedade democrática, por encontrarem aqui entusiasmo espontâneo e aceitação mútua — mesmo quando há desacôrdo.

Enumeração de alguns fatôres que afetam o moral do grupo

Os seguintes fatôres, na maioria resultantes da experiência militar, podem prejudicar o moral:

1. Falsa previsão de perigo; mitos e boatos a respeito do inimigo.
2. Esfôrço excessivo; fadiga de batalha.

3. Má saúde física e mental.
4. Falta de alimento, falta de descanso; frio e sujeira.
5. Maus chefes.
6. Adestramento insuficiente; falta de habilidades; adestramento excessivo.
7. Deficiência nos serviços de comunicações e de informações.
8. Destruição dos valores fundamentais, falta de fé.
9. Confusão nas atividades, rixas políticas, má escolha de governantes.
10. Comportamento autoritário e antidemocrático; humilhação.
11. Tirania; disciplina muito rígida e, também, falta de disciplina.
12. Nostalgia da pátria e impressões de estar exilado.
13. Hostilidades internas, preconceitos, perseguição de minorias.
14. Contrôle do pensamento e menticídio; ausência do direito de ser um indivíduo, falta de justiça, ausência do direito de apelação.
15. Falta de função no conjunto social, falta de atribuições.
16. Álcool e sedativos.

Os seguintes fatôres podem soerguer o moral:

1. Chefia democrática sadia.
2. Organização bem planejada associada à liberdade de improvisação; um mínimo de formalidades burocráticas.
3. Autodisciplina democrática. Temos fé nas nossas próprias instituições?
4. Informações e comunicações livres de embaraços.
5. Liberdade de religião; integridade moral.
6. Lealdade mútua e responsabilidade amadurecida; espírito de colaboração.

7. Vigilância mental; a importante psicologia de uma lúcida consciência dos problemas de nossa época.
8. Sentimento de participação e de ser aceito.
9. Sentimento de justiça, de liberdade e de inviolabilidade do mundo privado.
10. Confiança em que há especialistas prontos para prestar auxílio de emergência (especialistas em higiene mental, clérigos, Cruz Vermelha, Defesa Civil, socorros médicos de urgência).

O nosso ponto fraco e a nossa capacidade de suportar a frustração

Qual é o ponto fraco do indivíduo? Essa é uma questão de primeira importância do problema do moral pessoal. Durante a Segunda Guerra Mundial, tratei de um pilôto de guerra que não se atemorizava no seu perigoso trabalho, mas que vivia insatisfeito quanto às suas relações com os outros. Achando-se em Londres, licenciado do serviço ativo, viu-se, durante um alarma de ataque aéreo, repentina e completamente tomado de pânico. Fôra êle, na vida normal, um jovem bastante tímido e retraído. Quando, durante êsse alarma, deu consigo mesmo, estava num abrigo antiaéreo, rodeado de um grupo de pessoas assustadas e deixou-se contaminar pelo mêdo dos outros. A estranha situação o apanhou desprevenido e, assim, deixou-se prostrar. Menciono isso, para mostrar mais uma vez como pode ser contagiosa a atmosfera de um campo de prisioneiros.

Ninguém pode realmente dizer como se comportará em face de um grande perigo, a não ser depois de ter de fato enfrentado a prova. As pessoas defrontam a prova real de diferentes maneiras. Muitos aceitam o desafio. Alguns indivíduos superdefensivos, impulsivos, chegam a ter gôsto em arrostar o perigo. Outros ainda — indivíduos já instáveis — aproveitam a situação, tomando-a como ocasião favorável para sucumbir e deixar fluir suas emoções. Os dêste último grupo são chamados, por Segal, de pretensiosos frustrados, retraídos, crédulos, rapazinhos assustados, egoístas sedentos de elogio — dotados todos de ego que fàcilmente se enfatua diante de um inquisidor lisonjeiro.

Sabe-se em psicologia que há dois grupos de fatôres da rendição mental: um dêles consiste em considerações a **longo têrmo**, que provocam uma queda gradual das defesas íntimas; o outro constitue-se de fatôres de ação a **curto têrmo** — os detonadores ou fatôres provocantes produzem um colapso repentino da integridade mental e física. As doenças de caráter crônico e as irritações crônicas da vida cabem no primeiro grupo de fatôres. O segundo opera vibrando, sôbre suscetibilidades ocultas, um golpe simbólico repentino. O camundongo que surge numa sala de aula de meninas não desperta o pânico por causa do perigo objetivo que representa. A moderna psicopatologia tem estudado uma grande variedade de experiências sensibilizantes dos primeiros anos de vida, que fazem com que as pessoas fiquem sujeitas a inauditas reações explosivas.

Ainda, tem-se acentuado exageradamente o papel do trauma e da frustração como fatôres de enfraquecimento da personalidade no período em que esta se desenvolve. Na realidade, o que acontece é o contrário. A personalidade é forjada pelos desafios que enfrentamos e pelas influências desfavoráveis que temos de suportar. Para adquirir maior fortaleza íntima e melhores defesas do ego, o indivíduo tem que se expor e ser traumatizado. O que são o esporte «leal» e a competição «leal» se não um insistente exercício do moral? Não se deve «adoçar» o adestramento físico. A traumatização de tentativa e êrro, a que nos expomos inconscientemente nos encontros desportivos, é um elemento do esfôrço espontâneo para alcançarmos a autodisciplina. Quando uma pessoa não consegue encontrar fortaleza dentro de si mesma, é levada a extraí-la do próximo, procurando alguém que faça as suas vêzes — um substituto. E êsse mecanismo do substituto é robustecido, quando se dá exagerado realce à dependência e ao comando. Êste não é o único determinante do moral. A identificação com o chefe pode, muitas vêzes, robustecer a fortaleza íntima da pessoa, mas pode também, às vêzes, frustrar-lhe a capacidade de lidar com seus próprios problemas. Um chefe frustrador pode reduzir nossa capacidade de tolerar a frustração.

Viver em condições muito favoráveis é provàvelmente um fator de enfraquecimento; uma publicação recente (Richter) baseada em experiências com homens submetidos ao esfôrço de batalha e, posteriormente, reproduzida com ratos, em laboratório, demonstra que o confôrto tem, em geral, uma influência negativa sôbre a capacidade de resistência do homem.

Por assim dizer, bom moral não significa não ter mais mêdo de morrer; significa dissipar essa angústia mítica que faz da morte algo de negro e obscuro, e supõe aceitar o destino de boa mente. Aceitar destino, deveres e responsabilidades é viver diferentemente: é ter a coragem de nos batermos por princípios morais que recolhemos na vida e sem os quais não vale a pena vivermos.

A previsão de ocorrências nefastas pode ter efeitos paralisadores. Se alguém faz uma previsão de que as pessoas estão prestes a sucumbir, estas ou se entregarão mais fàcilmente ao falso profeta ou, por causa da hostilidade, sentir-se-ão de moral alevantado. A imprensa, o rádio e a televisão precisam ter mais consciência da real responsabilidade que têm, como instrumentos de influência moral que são.

É importante que se saiba que os profetas das coisas do espírito tanto mais vaticinam o pânico nos outros, quanto mais se sentem nervosos e inseguros. Na última guerra, muitos dos pânicos vaticinados de modo sensacional não se verificaram, felizmente, como, por exemplo, o de Dunkerque. O homem é, não raramente, muito mais forte do que se espera. Dentre os animais todos, é o que mais sofrimentos pode suportar e melhor enfrenta perigos — desde que não se deixe enfraquecer por crenças em histórias de terror ligadas ao sobrenatural ou por enervar-se na guerra fria.

CAPÍTULO XVII

DE UMA VELHA PARA UMA NOVA CORAGEM

Quem resiste mais tempo e por quê?

Que poderá, pois, dar ao homem fôrça bastante para resistir a um assalto menticida? Como puderam tantos milhares sobreviver mental e fìsicamente aos horrores dos campos de concentração nazistas e dos campos comunistas de prisioneiros de guerra?

A resposta é essencialmente simples. Os homens se entregam, antes de tudo, porque, até certo ponto, são vencidos por seus conflitos inconscientes. Mantidos sob contrôle em circunstâncias normais, debaixo da pressão da violência menticida êsses conflitos vêm à tona. Quanto mais fortes os conflitos internos e quanto maior a pressão, tanto maior a tendência a submeter-se. O homem resiste à pressão quando êsses conflitos não podem ser fàcilmente despertados ou quando foram superados interiormente.

Esta simples resposta encerra, em si mesma, um paradoxo clínico. Um das características das neuroses graves e de alguns casos de estrutura patológica do caráter, é serem tão intensos os conflitos inconscientes, que, ou são reprimidos profundamente, a ponto de não ter o paciente nem um vago conhecimento de sua existência, ou se tranformam num conjunto de atitudes manifestas, que são mais aceitáveis para êle, e portanto mais fáceis de manobrar. Se o neurótico grave permitisse a si mesmo sentir os seus conflitos reais, êles dominariam completamente a sua vida; por isso êle desenvolve uma fôrça tremenda para manter submerso êsse material explosivo. O homem que se conserva sempre rebelde, sem nunca passar de uma rebelião sadia para uma sadia maturidade, possìvelmente transformou algum conflito básico e profundo de sua personalidade, numa resistência crônica contra qualquer exigência social. Os exames psiquiátricos a que foram submetidos os prisioneiros de guerra da Coréia revelaram que muitos dos homens que resistiram mais fortemente à propaganda inimiga, eram os que tinham uma história de permanente rebeldia contra qualquer autoridade, — desde a autoridade dos pais, até a dos professôres e a dos superiores de armas. Eram provocadores de rixas, onde quer que estivessem, entre amigos ou entre inimigos. (Segal)

Êste reverso negativo da medalha é uma parte, apenas, do quadro. Um homem dotado de profundo conhecimento de si mesmo, consciente de seus próprios conflitos íntimos e consciente, também, do que o inimigo está pretendendo fazer com êle, está preparado para se defrontar com o ataque e resistir a êle. Interroguei muita gente que passou pelas torturas das prisões e dos campos de concentração nazistas. Alguns eram gente do povo sem nenhuma afiliação política, outros eram membros da resistência e uns poucos eram psicólogos e psicanalistas. Os que se compreendiam a si mesmos, que estavam dispostos a enfrentar riscos e perigos e que sabiam, ainda que vagamente, a quanto pode atingir a bestialidade humana, foram capazes de suportar a dilacerante experiência dos campos de concentração. Longe de serem derrotados por ingênua perplexidade e falta de compreensão de si mesmos e dos outros, foram protegidos por seu conhecimento e por sua perquiridora vigilância.

Há outros fatôres que também desempenham papel importante. Minhas investigações me deixaram ver com merediana clareza que aquêles que resistem, que se podem manter fortes em circunstâncias fora do comum, são os que nunca se sentem sós. Enquanto podem pensar nos entes queridos que deixaram em casa; enquanto podem manter a esperança de os rever; se sabem que a família os espera, confiante, podem conservar-se fortes e evitar que o impulso inconsciente de rendição lhes arrebate a vida. Nada é mais forte que o amor e a afeição que nos dedicam e que acalentamos em nossos corações para nos estimular a suportarmos o sofrimento. Não só êles nos propõem um fim para o qual podemos orientar nossas vidas, como ainda nos dão uma profunda segurança e um sentimento de valia que nos torna possível reprimir os conflitos autodestrutivos.

Esta certeza de amar e de ser amado não se restringe ao amor da família ou dos amigos. As pessoas para quem a fé religiosa e as convicções políticas são coisas vivas e profundamente arraigadas têm êsse mesmo sentimento de participação, de serem necessárias, de serem amadas. Aderem a um grupo ou a um conjunto de ideais, em vez de aderirem a indivíduos. Para elas, as crenças são reais e concretas, tão reais e tão concretas como pessoas ou objetos. Proporcionam-lhes um baluarte contra o isolamento, o terror, as fantasias arquitetadas pelo inconsciente e contra o desencadeamento de conflitos de origem profunda, baluarte tão forte quanto as lembranças de amor. Mas essas pessoas mentalmente fortes são minoria na sociedade atual, arrastada pelos conflitos.

A experiência tem demonstrado que os atletas mais robustos nem por isso são mais capazes de tolerar melhor que seus companheiros fisicamente mais fracos os sofrimentos dos campos de concentração e dos campos de prisioneiros de guerra. Tão pouco constitui a inteligência, por si só, uma ajuda real para se rechaçarem os assaltos diários à vontade. Pelo contrário, ela pode sugerir cômodas racionalizações para justificar a rendição. Firmeza mental e coragem moral têm raízes mais profundas que o intelecto. A fortaleza não é uma qualidade física ou intelectual; é algo que trazemos do berço, da coerência de comportamento de nossos pais, de suas crenças e de sua fé.

No mundo de hoje, de valores movediços e de fé apoucada, ela se torna progressivamente mais rara.

O mito da coragem

Há alguma coisa no glorioso mito da fôrça e da coragem que nos confunde a todos. A fôrça física é, com demasiada freqüência, confundida com a fôrça espiritual. Bravura e heroísmo são, na verdade, qualidades necessárias num combate. Contudo, a análise do comportamento de soldados em combate demonstra que cada um dêles tem que travar uma luta constante contra os seus próprios temores. Bravos são os que podem reprimir o mêdo e sofrear as fantasias paralisantes que o mêdo provoca, são os que podem vencer o desejo de regredir a um comportamento infantil de fuga. Não se pode forçar um homem a ser herói e é ridículo puni-lo por não o ter sido. Seria tão fútil quanto puni-lo por esvair-se em sangue ou desmaiar.

O herói, o homem que se sacrifica e se oferece até a morte para a salvação de outros, é mais um personagem da mitologia que da realidade. A psicologia e a antropologia têm demonstrado que o herói mitológico se relaciona com eternas imagens de sonho. O herói simboliza a rebelde geração nova, o filho forte a se tornar mais forte que o pai. Simboliza, também, o nosso desejo de maturidade e de tomar a responsabilidade nas nossas próprias mãos.

Precisamos do mito pela inspiração que êle representa para nós. Celebramos com glorificação póstuma os feitos heróicos dos poucos que, através da história, se ofereceram em sacrifício por seus companheiros e pela sociedade. E no entanto, que sabemos nós dos verdadeiros motivos que os impeliram?

Durante a Segunda Guerra Mundial, prestei assistência psiquiátrica a muitos soldados. À medida que conversava e trabalhava com êles, tornava-me cada vez mais convencido de quanto é perigoso pregar num homem um simples rótulo de «herói» ou de «covarde». Um de meus pacientes, por exemplo, era um rapaz que tinha recebido uma alta condecoração militar por ter permanecido firme e sòzinho, num lugar isolado, metralhadora em punho, a atirar automàticamente até que o inimigo se viu forçado a recuar. No correr do tratamento, o rapaz confessou que o seu aparente heroísmo foi, na realidade, o resultado de um mêdo paralisador, que lhe tornou impossível obedecer à ordem de retirada do comandante.

Ninguém pode, na realidade, prever como se comportará na hora do perigo. Cada um decidirá à sua moda a prova assustadora com que a realidade o fará defrontar-se. Muitos aceitarão o risco e o enfrentarão. Alguns indivíduos impulsivos e extremamente prontos a defender-se podem até acolher de bom grado a provação, como um meio de experimentar sua fôrça. Outros ainda, — cuja instabilidade tem raízes profundas no passado — aproveitar-se-ão inconscientemente de uma situação perigosa para entregar-se completamente e dar livre curso às lágrimas e às emoções.

Freud chamou nossa atenção para a peculiar interação entre os perigos externos e os perigos internos, entre a realidade que amedronta e a não menos assustadora fantasia. Os perigos objetivos e identificáveis muitas vêzes incitam o espírito à vigilância e o encorajam a mobilizar suas defesas. Mas existem, também, criadores subjetivos de pânico — as frustrações, os sentimentos de culpa, as fantasias infantis de pavor — cujos efeitos podem ser a tal ponto aterrorizantes que provocam a derrocada de tôdas as nossas defesas culturais. Muitos homens que enfrentam a prova da realidade com intrépida coragem, podem ser derribados por aparentes banalidades que porventura os atinjam em pontos vulneráveis.

Outro paciente meu, de tempo de guerra, a que já me referi, manifestou êsse padrão de comportamento. Pilôto jovem e valoroso, que fizera quarenta vôos em missões de combate, sem sombra de mêdo ou de pânico, de repente, num abrigo antiaéreo de Londres, se deixa abater completamente. Durante o tratamento, verificou-se que êsse rapaz era profundamente infeliz em suas relações pessoais. Não se dava bem com seu comandante; tinha tido um desentendimento sério com a namorada, na noite que precedeu a derrocada. Pessoa tímida e retraída, quando se viu, de súbito, no abrigo, em meio de um grupo apavorado, deixou-se contaminar pelo mêdo ambiente. Enfraquecido por suas recentes desventuras, sentiu-se inteiramente incapaz de pôr em jôgo as defesas íntimas que tão bem o haviam servido nas apavorantes experiências da guerra ativa.

Deveríamos considerá-lo herói menor que o supercondecorado metralhador?

Vive ainda em todos nós uma admiração pela bravata, pela demonstração teatral de coragem, pela incitação temerária à destruição. Estamos começando a compreender agora que a verdadeira coragem é diferente; é, a um tempo, uma expressão de fé na vida e uma resignação à morte. Coragem não é algo que se imponha exteriormente ao homem. Tem que provir de dentro dêle.

Na realidade da guerra moderna — o Moloch impessoal — é possível reduzir o homem a um sentimento de desamparo e de dependência. A coragem pessoal pode transformar o curso de uma batalha num encontro corpo a corpo, mas coragem pessoal não é defesa contra bombas e metralhadoras. Hoje em dia é menos importante a coragem temerária, que temos glorificado, que o moral, a fé, a convicção, o conhecimento e o adequado preparo pessoais.

Um menino de dezessete anos é engajado no exército. Passou sua vida tôda numa pequena cidade do Texas. Recebe a instrução de rotina sôbre a vida militar e sôbre o uso das armas. Logo a seguir, é mandado para a Coréia e quase imediatamente cai prisioneiro. E agora essa criança tem que se defender contra o bombardeio de propaganda com que diàriamente o assediam comunistas bem adestrados em sua teoria. Sua instrução é limitada, acanhado o ambiente em que viveu e a formação política, inadequada. Chega a tentar escapar do campo de prisão, mas é apanhado. Como conseqüência, recrudesce a pressão mental do inimigo sôbre êle. A grande decepção que sofreu lhe dá a impressão de ter caído numa armadilha. Por fim, rende-se e colabora. Como poderá uma côrte militar declará-lo responsável, ou mesmo digno de castigo, por ter afinal cedido à propaganda inimiga?

Isto é parte da história do Cabo Claudio Batchelor, recentemente condenado a 20 anos de prisão, por ter colaborado com o inimigo. Arriscar-me-ia a afirmar que essa poderia ter sido a história de quase todos os rapazes norte-americanos com iguais antecedentes.

Depois da Segunda Guerra Mundial, vários países da Europa tiveram que se defrontar com o difícil problema de como tratar os membros da resistência secreta que, depois de torturados pelos nazistas, confessaram e atraiçoaram seus compatriotas. Na Holanda, instituiu-se uma Côrte de Honra para julgar êsses casos especiais. Essa côrte chegou às seguintes conclusões:

> Ninguém pode asseverar que, em circunstância alguma, há de «confessar», «cooperar» ou «atraiçoar» seu país. Nenhum homem que não tenha passado pelo inferno que os nazistas e comunistas souberam tão bem organizar, tem o direito de julgar o comportamento de quem o tenha sofrido.
>
> A tortura psicológica é, em muitos casos, mais eficaz que a tortura física. E isto é mais verdadeiro ainda quando a vítima tem formação intelectual superior à média. Parece que a inteligência torna a tortura física mais suportável mas, ao mesmo tempo, expõe mais ao choque da tortura mental. Todos os que se «renderam» ao inimigo, em circunstâncias tais, depois de terem dado provas de lealdade, de patriotismo e de coragem, sofrerão terrìvel-

mente, porque se condenarão a si mesmos com muito mais rigor do que o faria qualquer juiz.

Não há, por isso, a mais leve razão para desdouro, nem para se considerarem tais pessoas como incapazes de assumirem postos de direção. Pelo contrário, mais que os que estão de fora, saberão elas de que fôrça sobre-humana se precisa para resistir aos métodos sutis de tortura e, mais que os de fora, poderá auxiliar os outros a se prepararem, na medida em que é possível se preparar, para atravessar a provação. (1)

Idéias que promovem a elevação do moral

Quando se considera a diversidade do comprtamento humano, em situações extremas e prementes, verifica-se com que facilidade o homem pode ser subjugado e percebe-se, ao mesmo tempo, que há detrminados fatôres que parecem ter uma influência positiva sôbre seu moral, preservando-o do desespêro e da derrocada. Quando êsses fatôres operam, o espírito revive e as pessoas se tornam capazes de viver com integridade, não obstante as circunstâncias perigosas. Existem muitos dêsses elementos de elevação do moral: — a fé religiosa ou uma ideologia política se contam entre êles. O mais eficaz, talvez, seja o sentimento de ter uma missão a cumprir ou um objetivo íntimo a alcançar. Êsse ideal com que o homem se identifica pode ser o amor da terra natal, o amor da liberdade ou da justiça, ou até mesmo um pensamento de ódio e de vingança. Qualquer que êle seja, num momento de calamidade é tão necessária uma idéia diretriz quanto a simples fôrça e a resistência físicas. Em todos os casos em que o indivíduo foi capaz de enfrentar o perigo, e de conservar, em situações de privação, de

(1) De uma carta escrita por G. Van Heuven Goedhart, Alto Comissário das Nações Unidas para os Refugiados, Presidente da Côrte de Honra Holandesa, publicada pelo **The New York Times**, a 15 de março de 1954.

penúria e de violência, um pouco que seja de seu esprit normal, é que estiveram presentes um ou mais fatôres de elevação do moral.

Não acredito que a procura íntima de uma idéia regeneradora, capaz de elevar o moral, seja uma função consciente do espírito. Essa regeneração psicológica é comparável ao processo de regeneração física do organismo. Raramente perde o corpo as suas faculdades regenerativas. Mesmo quando um homem está morrendo de câncer, continuam a cicatrizar-se as suas feridas cirúrgicas, continuam atuantes as fôrças regeneradoras locais. O mesmo parece suceder no plano mental; em tempos de confusão, de pressão e de esgotamento, as energias emotivas e regeneradoras continuam operando. Aplica-se isto, igualmente, a grandes grupos de pessoas e a indivíduos isolados, embora nos primeiros continuem em atividade algumas fôrças repressoras, resultantes de intrincadas relações interpessoais.

A experiência que tive com pessoas que viviam em circunstâncias excepcionalmente perigosas demonstrou que, logo depois de um período inicial de perplexidade, os indivíduos desenvolvem, no íntimo, uma necessidade do que se poderia chamar de balanço mental. Todos apresentam sintomas clìnicamente observáveis de que está em curso êsse processo de recuperação de resistência auto-afirmativa. Quando chegam pela primeira vez aos campos de prisão, por exemplo, caem num estado de passividade, de rendição e de despersonalização totais; logo, porém, da necessidade de compreenderem o destino, de se comunicarem uns com os outros para se protegerem e de aderirem a uma fé comum, de construírem alguma coisa para o seu próprio eu, começa a brotar uma idéia diretriz. Pode-se perceber essa mudança favorável de disposição pelo jeito com que o prisioneiro começa a transformar o seu canto num lugar de segurança, mesmo quando êsse canto não passa de um catre tôsco e sujo. Começa a pôr em ordem as poucas coisas que possui; constrói seu ninho e, dêle, passa a observar seu mundo miserável e marginal.

Quando um prisioneiro de campo de concentração encontra amigos de fé e de fôrça de caráter maiores que as suas, sua vida se torna mais suportável. A simples associação com outros o auxilia a enfrentar melhor os horrores do exterior. O amor recíproco e o ódio partilhado podem ter o mesmo poder estimulante. O mêdo que o persegue, ao restabelecer-se o contacto humano, se transforma em confiança, em, quando menos, uma outra pessoa. E quando isto se converte em certa identidade com um grupo ativo e operoso, desaparece a perda temporária de energia íntima. Se êle não encontrar um grupo assim, ou uma personalidade com quem se identificar, o guarda da prisão e sua ideologia exótica podem levar a melhor.

Pode-se dizer que a idéia estimulante de elevação do moral é quase sempre uma idéia moral, um julgamento ético — fé na bondade, na justiça, na liberdade, na paz e na harmonia futura. Mesmo o mais cínico ditador precisa da ajuda de idéias morais para erguer o moral dos que se submetem a seu regime. Se, além das perspectivas de riquezas futuras, êle não lhes puder dar pelo menos a ilusão de paz e de liberdade, reduzi-los-á a seguidores apáticos e estúpidos. Na entrada dos campos de concentração nazistas, lia-se em grandes tabuletas o cínico **slogan: Arbeit macht frei** (o trabalho liberta o homem). Isto pode não ter enganado aos prisioneiros, mas proporcionava ao povo alemão, de fora dos campos, um meio de justificar seu comportamento desumano. A necessidade de justificativa moral, sentida mesmo pelos tiranos mais implacáveis, demonstra quão profundamente vivas são, no homem, as idéias de moralidade. Quanto mais vive o homem em situações marginais e torturantes, mais imperiosa é a necessidade que êle tem de valores morais em que apoiar-se e de sua ação estimulante.

De maneira geral, pode-se afirmar que há três influências sob cuja ação o insuportável se torna suportável. Ainda uma vez, em primeiro lugar, deve-se ter fé; simples fé religiosa ou em valores morais, ou fé na humildade, fé na estabilidade da sociedade a que pertence, fé nos próprios ideais. Em segundo lugar, a pessoa precisa sentir que, não òbstante o infortúnio que se abateu sôbre ela, e que a reduziu a um pária, em algum lugar da terra, precisam dela e a desejam. Em terceiro lugar, é preciso haver compreensão, não conhecimento livresco e artificial, mas compreensão simples, intuitiva mesma, psicológica, das motivações do inimigo e de seus impulsos enganosos. Os que não podem compreender e ficam muito perplexos, se abatem primeiro.

O adestramento contra a lavagem do cérebro tem que ser feito de maneira integral. Pode-se, de fato, levantar defesas internas contra o contrôle do pensamento e contra o bombardeio diário de sugestões. Com a ajuda de uma boa e repetida instrução, pode-se familiarizar as pessoas com êsses conceitos. Constroem-se, então, defesas de natureza perceptiva; aprende-se a distinguir a falsa propaganda e a não lhe dar ouvidos. Ainda que parte das sugestões de propaganda consiga infiltrar-se através dessas defesas de percepção e insinuar-se inadvertidamente em nossas opiniões (é nesta infiltração que se baseia todo anúncio), nunca se acentuará bastante que o pleno conhecimento dos métodos do inimigo nos dá mais fôrça para resistir.

Vários psicólogos me referiram como foram sustentados por seus conhecimentos científicos, nas pavorosas condições da vida dos campos de concentração nazistas. Sua ciência lhes dava perspectiva e permitia-lhes ver de maior distância os seus próprios sofrimentos. Foi a filosófica atitude de um espírito indagador que lhes fortaleceu a energia íntima.

Contudo, são muito poucas as histórias dos que não puderam ser alquebrados pelos métodos comunistas de lavagem do cérebro. Um revolucionário exaltado como o espanhol El Campesino foi capaz de resistir a ela. (Gonzales e Gorkin) Êle conhecia os truques dos totalitários. É também possível que êles não o considerassem bastante importante para perderem muito tempo e muito esfôrço com êle; afinal de contas, poderiam sempre mandá-lo finar-se, num campo de concentração.

Deve-se sempre insistir em que qualquer espécie de formação ilícita de grupos, nos campos de prisão — embora seja perigosa — dá imediatamente ao indivíduo um sentimento de estar protegido. Muitos dos que se negaram a cooperar e a participar de grupos, trabalhando por sua própria conta, terminaram por sucumbir ao desespêro e à desgraça. Os que atraiçoaram seus camaradas, geralmente o fizeram depois de ter passado por um longo período de isolamento, não necessàriamente imposto, mas muitas vêzes provocado por sua estrutura peculiar de caráter.

O contacto humano com uma fonte em que se confie é mais necessário que o pão, para manter vivo o espírito de liberdade e o sentimento de participação. Durante a Segunda Guerra Mundial, a resistência subterrânea antinazista vivia das notícias diárias que o rádio trazia da Inglaterra livre. Mesmo agora, há pessoas em cativeiro e em aflição que só vivem das poucas comunicações que lhes podemos transmitir. A Voz da América e a Rádio da Europa Livre têm uma poderosa função de elevação do moral, nos países em que a atmosfera totalitária leva ao desespêro.

Na luta atual contra a lavagem do cérebro, a maior ajuda consiste no preparo inteligente do prisioneiro para aquilo que o espera e na simples compreensão das táticas do inimigo. Primeiramente, isto solapa a estratégia política do inimigo; ninguém acreditará em suas acusações mentirosas. Depois, as vítimas da lavagem do cérebro não serão mais acometidas do espanto paralisante que se apodera dos que se vêem, de súbito, envolvidos numa situação desusada. Talvez devêssemos, também, aconselhar os soldados sob tortura a confessar em excesso, a confundir o inquiridor e a apossar-se, com o fito de frustrar o inimigo, da sua estratégia de confusão, de mentira e de fraude. Essa sugestão foi feita também pelo Contra-Almirande D. V. Gallery, da Marinha Norte-Americana. (1) Em certos casos em que as vítimas de menticídio adotaram essa atitude, os inquisidores chegaram muitas vêzes a suplicar-lhes que voltassem a ser razoáveis; o próprio torturador se perturbava e se desorientava com a fingida loucura de sua vítima. É da maior importância que a vítima tenha conhecimento de que outras pessoas sabem e compreendem o que lhe está acontecendo, de que há uma frente, na pátria, que está a par de sua luta e de sua tortura solitárias.

Se êle chegar a sucumbir, deverá saber que os outros compreendem que não lhe cabe total responsabilidade por êsse comportamento. Seu cérebro quis resistir, sua mente quis dizer não, mas, ao final, cada elemento de seu corpo conspirava contra êle. É uma estranha e alucinante experiência essa — a consciência de que, contra a própria vontade, se perdeu a liberdade do ato mental. Experiência que uma pressão mais forte pode tornar familiar à maioria dos homens.

Serão apenas temporários os efeitos da lavagem do cérebro? Há certa diferença entre os jovens, cujos pensamentos têm ainda possibilidade de serem amoldados a um padrão permanente, e os adultos, que já têm formados, por uma educação livre, os seus padrões. Para as pessoas amadurecidas, a lavagem do cérebro é uma espécie de pesadêlo artificial, que elas podem freqüentemente sacudir, uma vez de volta a um território livre. Em alguns, êle deixa demoradas cicatrizes de depressão e de humilhação, mas a pouco e pouco o sortilégio se dissipa, numa atmosfera em que reine a liberdade.

Durante e imediatamente depois da Segunda Guerra Mundial, os membros da resistência que tinham perdido, sob influência do terror nazista, a sua maneira de ser pessoal, forçaram os psiquiatras a enfrentarem um problema novo, o da modificação temporária da personalidade. Evidentemente, o terror nas prisões e nos campos de concentração não apenas transformou alguns em dóceis colaboradores, mas os fêz sair da tortura como

(1) **Saturday Evening Post, 22 de janeiro de 1955.**

almas desamparadas, cheias de culpa e de remorsos, incapazes de se considerarem como cidadãos válidos. Mesmo a exoneração honrosa e oficial de tôda responsabilidade, outorgada por uma côrte especial, nem sempre lhes bastava para restituir-lhes a estima própria. Antes de se aceitarem a si mesmos, tinham que atravessar um lento e difícil processo psicológico para destruir e desfazer o pesadelo de confusão mental em que foram precipitados. Durante a psicoterapia, muitos tiveram que recordar e reviver uma vez mais o terror por que tinham passado: a luta inicial para resistir à atroada mental de seus inquisidores, a paralisia gradativa de sua vontade, a rendição final. Era uma profunda batalha íntima, entre o sentimento de culpa e o desejo de se recuperarem a si mesmos. A explosões de emoção, seguiam-se pensamentos de suicídio, como um meio de fuga definitiva de sua vergonha. Depois que tinham desafogado suas emoções reprimidas, então podia o terapeuta convencê-los de que cada um de nós tem seus limites de resistência física e mental. A partir daí, podiam exprimir-se livremente, como qualquer ser humano independente, misto de qualidades negativas e positivas.

No caso de um jovem que tinha passado anos num campo de concentração, depois de completa lavagem de cérebro efetuada pelos nazistas, o processo de reabilitação se prolongou por perto de dois anos. Dêle emergiu a vítima sem nenhuma cicatriz mental, antes fortalecida por sua amarga experiência.

Estou convencido de que no caso de prisioneiros que estiveram por longos anos em prisões totalitárias e foram, por conseguinte, condicionados pollticamente, o tratamento catártico e psicoterapeuta ajudará a levá-los a reencontrar, novamente, a sua antiga e profunda individualidade. Ameaças e discussões seriam apenas a continuação do mesmo processo coercivo de lavagem do cérebro usado por seus carcereiros. A melhor terapêutica, para êles, é o contacto e a permuta diária com o mundo livre e democrático, como vimos demonstrado em tantos casos de ex-prisioneiros da máquina totalitária. Ar livre, eis o melhor tratamento para êles!

Para os milhões de crianças que, desde o berço, são oprimidas na fôrma do automatismo mental não existe essa opção pela liberdade. Para elas, não há outro mundo, não há outras crenças; existe apenas o Moloch totalitário que tudo consome, e a serviço de quem todos os meios e todos os feitos se justificam.

São muito ingênuos os lavadores de cérebro, ao julgarem permanente a reforma forçada do espírito — a transmutação de prisioneiros capitalistas em propagandistas do comunismo. Durante as primeiras semanas após seu regresso ao ambiente normal, o ex-prisioneiro falará a linguagem que lhe foi «ensinada». Recitará seu papel até que um dia, muitas vêzes de súbito e inesperadamente, seu velho eu reaparece. Se a vítima tiver oportunidade de investigar e de examinar a propaganda e as acusações comunistas, todo o pesadelo artificial se desmoronará. Por esta razão, tomam os carcereiros o cuidado de não libertar todos os convertidos de uma vez. Precisam conservar alguns como reféns, para garantirem que os que foram soltos não revelarão o embuste, a fim de não pôr em perigo seus amigos ainda encarcerados. Os que, ao voltar à pátria, dizem de fato a verdade, sentem-se culpados porque suas revelações podem expor os reféns a tortura ainda maior.

Fiquei fascinado por um traço peculiar de caráter que favorece a coragem e a resistência. Chamei-o, em meu estudo sôbre o problema do tempo, de senso de **continuidade**, a consciência de que nossas experiências de **agora** se encadeiam não só com as experiências do passado, mas ainda também com a imagem e a fantasia que construímos do futuro. Vivemos num mundo em que se aceitam em demasia as ocorrências do momento, sem indagar por que e para que elas se verificam. Os que pensam em planejar para o futuro são desdenhosamente chamados de utopistas, como se a idéia de utopia não tivesse sempre brotado dos anseios humanos. Nossos antepassados criam no futuro, na vinda de Cristo, na vinda do Messias, no Reino de Deus. Pressentiam e preparavam uma época melhor. As pessoas que, nos campos de concentração, acreditam no futuro, acreditam num plano e podem considerar a calamidade presente como um elo entre o passado e o futuro, são capazes de suportar melhor os seus sofrimentos.

Tive o privilégio de conhecer pessoas que pertenciam ao pequeno reduto dos fortes, e que foram capazes de fazer algo mais que existir passivamente e tomar emprestada a outros a sua fôrça. Foram capazes de viver corajosamente, sob a extrema pressão dos campos de concentração nazistas. Aceitavam o campo e a perseguição como um desafio ao seu espírito. Não os atingia a dor física. As circunstâncias anormais em que viviam estimulavam-lhes o ânimo. Viviam acima delas. O moral dessas pessoas inspirou a outros; era fortalecendo e auxiliando a outros que viviam. Aceitavam o **amor fati** de Spinoza — o amor e a resignação ao destino. São uma prova viva de que o espírito pode ser mais forte que o corpo.

A nova coragem

A filosofia e a psicologia fizeram-nos conhecer a existência de novos riscos e de uma nova coragem. Sócrates, há cêrca de dois mil anos atrás, considerava como bravura uma coragem espiritual que vai muito além da coragem exigida numa batalha material. Um soldado pode ser agressivo e desprezar a morte, sem, contudo, ser bravo. Sua intrepidez pode ser uma temeridade suicida, inspirada por um impulso coletivo. É a coragem pânica da criança primitiva e despercebida, que vive em nós.

Mas há, também, uma bravura espiritual, uma coragem mental que ultrapassa o próprio indivíduo. É a coragem que serve a uma idéia. É a que indaga, não apenas, qual é o preço da vida, mas ainda para que fim se está pedindo êsse preço. Exige do eu uma superconsciência, como ser espiritual e pensante.

Data de pouco, comparativamente, o respeito pela coragem espiritual. O conceito de Sócrates levou longo tempo para permear o nosso pensamento. Foi só depois da Reforma que ganhou valor a luta heróica do combatente solitário. Defender corajosamente uma opinião divergente, mesmo contra a pressão da maioria, recobriu-se de colorido heróico, especialmente onde eram proibidas a dissenção e a heresia. A campanha silenciosa e persistente de Gandi, pela resistência passiva, é hoje tida como mais corajosa que a bravura do soldado que se precipita no ardor da batalha. Não se encontra a bravura espiritual entre os conformistas, entre os que pregam uniformidade ou entre os que defendem o macio ajustamento social. Ela requer vigilância mental contínua e vigor espiritual para resistir às correntes que constrangem a pensar com conformidade. O homem tem que ser mais forte que o simples desejo de autoproteção ou de autoafirmação; tem que ser capaz de ultrapassar-se a si mesmo no serviço de uma idéia, e tem que ser capaz de reconhecer lealmente que estava errado, quando se encontrarem valores mais altos.

Em verdade, há uma coragem espiritual que vai além de qualquer ato reflexo automático. O homem não é apenas massa de pão sovado; é também uma personalidade. Êle ousa enfrentar as massas humanas como enfrenta o mundo todo: como um ser humano pensante. Consciência, vigilância alerta, são também formas de coragem; são uma espécie de exploração e de comparação pessoais de valores. Tal coragem ousa quebrar velhas tradições, tabus, preconceitos e ousa duvidar do dogma. Os heróis do espírito não conhecem a fanfarra, as exibições patéticas, a falsa coragem da exaltação e da glória; êsses bravos heróis travam sua luta íntima contra a rigidez, a covardia e o desejo de renunciar às convicções por amor do bem estar. Essa coragem é capaz de permanecer alerta quando outros desejam amolentar-se no sono e no esquecimento. A ideologia totalitária é capaz de subornar o homem usando de sua covardia profunda. Impele-o a renunciar às suas mais profundas convicções em troca de brilho e de aprovação, para ser cultuado como herói, por honrarias e por aplausos. No entanto, o verdadeiro herói é fiel a seus ideais.

Só quando as pessoas tiverem aprendido a aceitar a responsabilidade individual, poderá o mundo ser auxiliado pelos esforços conjuntos de muitos indivíduos. Não imites o mestre, não te identifiques meramente com o chefe, mas se, de fato, concordares com êle, aceita sua direção com pleno reconhecimento de tua própria responsabilidade. Êsse heroísmo do espírito só te será possível se fôres senhor de tuas emoções e tiveres pleno domínio sôbre tua agressividade.

O novo herói não será aclamado por ter musculatura rija ou fôrça agressiva, mas em razão de seu caráter, de sua sabedoria e de sua harmonia mental.

O conhecimento profundo do que seja a bravura destrona como exaltada fascinação, a maioria das noções populares que se espalham a seu respeito. O conhecimento da psicologia favorece novas formas de coragem, que exigem labor exaustivo, labor de pensamento e não o fácil trabalho da negligência.

Não posso escolher senão essa resistente coragem de viver, coragem que já não abrange a mágica atração do suicídio e da decadência. A coragem deveria ser a fé vívida em tudo o que move a vida, a vigilância alerta e a consideração profunda de tudo o que a anima.

Uma coragem assim, aceita o grande mêdo de todos os mistérios da vida e ousa conviver com êles.

Os nazistas tinham conhecimento muito claro da existência de homens inflexíveis entre suas vítimas, heróis cuja face não poderia ser mudada e cuja mente jamais seria coagida. Chamavam de insubordinação fisionômica à sua calma e à sua vontade resistente e tentavam matá-los, tão logo os encontravam. Felizmente os carcereiros tinham muitas deficiências quando se tratava de descobrir grandeza espiritual.

Quando acabou a guerra, uma vez cumprida a sua missão, muitos dêsses heróis desapareceram modestamente na multidão, deixando os postos de direção a políticos mais sofisticados.

CAPÍTULO XVIII

LIBERDADE — A NOSSA ESPINHA DORSAL ESPIRITUAL

O Estado totalitário cuida incessantemente de eliminar as opiniões e convicções privadas. Para o Estado polícia, pensar já é agir. Não aceita a idéia de que o pensamento — uma ação de ensaio — seja apenas um preparo íntimo para a ação. Nega a dúvida inata, os vaivéns e as atribulações do pensamento em adaptação. Alimentar desígnios de destruição é um meio de pôr em perigo a comunidade. É, porém, ainda mais perigoso não confiar na liberdade de pensamento e na livre manifestação de opiniões; os desejos naturais de destruição são, então, repelidos para uma região do espírito sôbre a qual não se tem domínio e, assim, mais fàcilmente podem entrar em ação, violenta e repentinamente. No entanto, a expressão verbal de um propósito de destruição, refreia parcialmente êsse intento e reduz-lhe a potência. Aí é que está o real paradoxo. A condenação de pensamentos anti-sociais — pensamentos que ainda não entraram em ação — provoca um curto circuíto de efeito explosivo!

Todo argumento lógico pode ter perigosas conseqüências: o assassínio inquisitorial foi pôsto a serviço de elevados ideais. Se o bom senso inato do homem não merece confiança, então é impossível uma sociedade livre e pacífica, a democracia é impossível. A cultura moral começa e termina com o indivíduo. Sòmente o culto da liberdade individual, do domínio do indivíduo sôbre si mesmo e da capacidade criadora individual faz com que o homem se disponha a refrear seus desejos instintivos e a reprimir suas tendências de destruição. O homem não é apenas um ser social. Cabe-lhe procurar, num recanto afastado da multidão e do ruído, voltar-se sôbre si mesmo e defrontar-se com Deus e a natureza. Para que se desenvolva, precisa de recolhimento, segregação e silêncio. Em aditamento a seus instrumentos mecânicos e suas máquinas, precisa retornar à natureza, acampar, sem ajuda, ao ar livre. É preciso que, de certa forma, fabrique alguns dos seus próprios instrumentos, seja como sapateiro, como curandeiro ou como professor. Se não mergulha em si mesmo e não conhece a solidão, o homem mirra, perde-se entre as ondas de influências humanas extraordinàriamente poderosas e num mar de presunções constrangedoras.

A ação democratizadora da psicologia

Uma prolongada luta mental que sustentei com um membro de uma organização totalitária proporcionou-me a mais profunda convicção do poder dos conhecimentos de psicologia. Veio êsse homem ter comigo, durante a ocupação nazista da Holanda, à procura de conselho psicológico; eu sabia do cuidado que devia ter para não discutir com êle questões de ordem política, pois que, nessa época, a livre manifestação de opiniões podia ser severamente punida e o paciente me delataria, se eu viesse a dizer qualquer coisa «suspeita».

No entanto, usando da técnica de ouvir o paciente passivamente, consegui liberá-lo de suas tensões pessoais e êle tornou-se mais humano. Adquiriu um respeito crescente pela personalidade individual e, por vêzes, assumiu atitude bastante crítica em relação à insensibilidade com que os nazistas tratavam a vida e a dignidade humanas. À medida que o tempo passava, mais e mais se dissociava êle de seus companheiros de política totalitária. Isso realmente revelava coragem, pois nessa época, mormente, a passagem da colaboração para a divergência era usualmente interpretada como alta traição. Nas últimas visitas que me fêz antes de receber alta, falamos da fé que tínhamos, eu e êle, na dignidade do indivíduo e da confiança que púnhamos nas decisões do adulto amadurecido, para a realização de seus próprios interêsses.

Exerce realmente a psicologia — perguntamos — uma influência democratizadora sôbre os espíritos autoritários e totalitários? O caso a que acabei de me referir indica que sim. Por outro lado, sabe-se que a máquina de propaganda de Goebbels fazia uso dos princípios da psicologia para hipnotizar o povo germânico e, assim, levá-lo à submissão. Hitler também organizou um bombardeio de artilharia psicológica para difundir o pânico por tôda a Europa.

Na Alemanha nazista, todo tratamento psicanalítico era vigiado pelo psicólogo do próprio **Führer**, o irmão de Goering. A ciência da sugestão, o hipnotismo e o adestramento pavloniano podem ser usados, sem dúvida, para recrutar covardemente sequazes submissos de um programa de despotismo. Essas maneiras de usar os conhecimentos psicológicos constituem perversões, quer dos princípios quer dos propósitos da psicologia. Um importante elemento intrínseco à psicologia e, acima de tudo, ao tratamento psicanalítico, faz prevalecer uma atitude diametralmente oposta à dos totalitários.

O legítimo propósito da psicologia, especialmente quando especializada no campo da saúde mental, é o de libertar o homem de suas tensões internas, por ajudá-lo a compreender quais sejam as causas dessas mesmas tensões. A psicologia procura libertar o espírito humano de um estado de dependência em relação ao pensamento imaturo, permitindo, assim, àquele, que realize suas próprias virtualidades. Procura auxiliar o homem a enfrentar a realidade e seus inúmeros problemas e intenta fazer com que cada um reconheça tanto suas limitações quanto suas possibilidades de desenvolvimento. Tem ela como escopo preparar indivíduos maduros, capazes de viver em liberdade e de restringir **voluntàriamente** a própria liberdade, sempre que isso seja necessário para o bem da maioria. Baseia-se ela na premissa de que o homem que se conhece a si mesmo está em condições de ser o senhor de sua própria vida, em lugar de ser um mero títere, quer de seus próprios impulsos inconscientes, quer de um tirano dotado de perversa cobiça de poder.

Como dissemos anteriormente, todo homem passa por um estágio de desenvolvimento em que é altamente suscetível ao totalitarismo. Isso ocorre usualmente na adolescência, quando o jovem púbere toma consciência de sua própria personalidade — a autoridade que tem dentro de si mesmo. Se não aceita essa responsabilidade, pode vir a procurar, fora do lar paterno, um chefe poderoso. Numa idade anterior — na infância — estabelecem-se padrões mais inconscientes, os de compulsão e de obediência automática. Com o advento daquele novo senso de personalidade distinta e individual, começa o jovem a contrapor-se à autoridade dos adultos que anteriormente lhe orientavam a vida.

É por um processo penoso que se toma consciência dessa entidade chamada ego, pessoa ou eu. Não é por acaso que a melancolia, **Weltschmerz**, está tradicionalmente ligada à adolescência. O processo pelo qual passamos a ser um indivíduo autônomo e que se desenvolve por si mesmo supõe afastamento da esfera de segurança da família. Para que o adolescente realize sua **democracia interior**, precisa afastar-se do ambiente protetor. Ao fazer isso, êle não só se intoxica com a idéia de desenvolvimento e emancipação, mas fica também tomado por uma impressão de mêdo e de isolamento. Ingressa num mundo novo em que, daí por diante, tem que assumir madura responsabilidade por seus próprios atos. Nessa ocasião, pode tornar-se prêsa fácil da propaganda totalitária. Uma aversão pessoal pelo próprio desenvolvimento pode levá-lo a desertar da luta pela maturidade pessoal.

Êste problema se apresenta de modo particularmente agudo na sociedade ocidental, não apenas por causa da verdadeira batalha político-ideológica que enfrentamos, mas também porque os nossos processos de educação acentuam essa dificuldade. Enquanto que, nas sociedades primitivas, desde muito cedo se atribui à criança certa porção de responsabilidade social que vai aumentando gradualmente, no nosso meio, a cultura da classe média mantém o educando completamente segregado no mundo da criança, do lar e da escola, mergulhando-o, depois, precipitadamente, no mar da vida, para submergir ou sobrenadar. Nesse ponto, são muitos os jovens que se esquivam de tal prova. Muitos rejeitam essa liberdade que traz consigo tantos encargos e tamanho isolamento. Dispõem-se a restituir, em troca de uma permanente proteção dos pais, a liberdade que receberam, ou, ainda, prontificam-se a colocar essa mesma liberdade aos pés de ideologias políticas ou econômicas que, de fato, nada mais são do que representações deslocadas de pai e mãe.

Infelizmente, não é por render a outrem a própria individualidade que o jovem fica protegido contra o mêdo e o isolamento. A realidade do mundo exterior absolutamente não se altera em conseqüência da escolha que fêz. Por isso, manifesta-se, no jovem que deposita sua liberdade nas mãos de novas representações de pai e mãe, um estranho sentimento dualista de amor e ódio em relação a tôda autoridade. Coabitam nêle, lado a lado, docilidade e rebelião, submissão e ódio. Às vêzes, decididamente se inclina diante da autoridade e da tirania; outras vêzes, quase sempre inesperadamente, tudo nêle é revolta contra o chefe que êle mesmo escolheu. É êsse um dualismo sem têrmo, pois que um dos lados de sua natureza está continuamente procurando ultrapassar os limites que lhe foram impostos pelo outro, o lado submisso. Quem não consegue realizar a própria liberdade só conhece dois extremos: a submissão incondicional e a rebelião impulsiva.

Inversamente, o indivíduo bastante forte para entregar-se à maturidade do adulto ingressa numa nova forma de liberdade. É uma liberdade realmente ambígua, pois que supõe a responsabilidade de tomar decisões sempre novas e de enfrentar renovadas incertezas. As fronteiras da liberdade são a anarquia e o capricho, de um lado, e as regras rígida se sufocantes, de outro.

Ah! se pudéssemos ter uma única fórmula simples para a maturidade de atitudes diante da vida! Seja essa fórmula chamada de espírito democrático, ainda assim, mais fácil é explicar o que a democracia não é, do que indicar o que ela é. Pode-se afirmar que a nossa democracia individualista é inimiga da autoridade cega. Se quisermos uma explicação mais minuciosa, psicológica, temos que pô-la em contraste com o totalitarismo. A nossa democracia é contra a arregimentação total e o nivelamento dos indivíduos. Não requer integração homogênea e nem suave ajustamento social, pois confia na espontaneidade e no desenvolvimento do indivíduo. Está ela em condições de lutar pelo progresso e pela correção do mal. Protege a comunidade contra os erros humanos, sem recorrer à intimidação. A democracia procura corrigir seus próprios erros; o totalitarismo considera-se infalível. Enquanto que o totalitarismo domina pelo capricho e manipula a opinião pública, a democracia se empenha em reger a sociedade pela lei, em respeitar a natureza humana, em proteger o cidadão, quer contra a tirania de um só indivíduo, quer contra qualquer maioria endoidecida pelo poder. **A democracia combate sempre em duas frentes.** Tem que impedir o ressurgimento de impulsos íntimos associais do indivíduo e tem também que proteger o indivíduo contra fôrças externas e ideologias hostis ao estilo de vida democrático.

O combate em duas frentes

Todo novo conjunto de circunstâncias exige do indivíduo a reconstituição da harmonia interior entre a adaptação social e a afirmação de si mesmo. Cada qual tem que travar repetidas vêzes a mesma batalha sorrateira que teve início na infância e no berço. É pelo contacto com a realidade que se forma o ego, o eu. A obediência entra em luta com a originalidade, a dependência com a independência, a disciplina exterior com a moral interior. Nenhuma cultura pode livrar-se dessa batalha que se trava no espírito humano, embora seja esta mais ou menos acentuada nesta ou naquela cultura, sociedade ou família.

A combinação da luta interna com a externa, o conflito mental em duas frentes, torna a democracia individualista, ideal do mundo ocidental, altamente vulnerável, principalmente quando seus adeptos não têm consciência dessas inevitáveis pendências. A democracia, dada sua própria natureza, terá que lutar sempre contra a ditadura que a ameaça por fora e as tendências destrutivas que a ameaçam por dentro. A liberdade democrática tem que combater a ânsia íntima de poder que arrasta o indivíduo e a tendência dêste para submeter-se aos outros. E tem também quer lutar contra o contagioso impulso de conquista do poder que a invade de além fronteiras e que, com bastante freqüência, é sustentada pelas armas.

A liberdade pela qual a democracia se bate não é a liberdade romântica dos sonhos da adolescência, mas a da idade madura. A democracia exige sacrifícios necessários à manutenção da liberdade. Esforça-se por combater os temores que assaltam os homens, quando êstes deparam com a aparente falta de limites das liberdades democráticas. Essa falta de limitações pode ser objeto de abusos para a satisfação de meros impulsos instintivos. Entretanto, como a democracia não lança mão do mito, da magia primitiva, da hipnotização das massas ou de outro qualquer meio psicológico de sedução para explorar o ser humano, é ela, para o indivíduo imaturo, menos fascinante do que o poder ditatorial. Não esteja a democracia empenhada numa luta dramática pela própria sobrevivência e poderá parecer desleixada e sem poder de inspiração. Requer apenas que os cidadãos pensem e julguem por si mesmos, que cada um faça uso de sua integral capacidade consciente de adaptar-se a um mundo em mudança e que a opinião pública genuína modele as leis de govêrno da comunidade. Democracia é, por excelência, o direito de cada um desenvolver-se por si mesmo e não de ser desenvolvido pelos outros. Contudo, êsse direito, como qualquer outro, é contrabalançado por um dever. O direito de cada um desenvolver-se por si mesmo é impossível sem que cada qual tenha o dever de colocar a própria energia e atenção a serviço do desenvolvimento dos outros. A democracia não se funda apenas nos **direitos** do homem comum, mas ainda mais nos **interêsses** e **responsabilidades** pessoais do homem comum. Quando êste perde o interêsse pelas coisas da política e do govêrno, ajuda a criar condições para uma política de fôrça. A democracia exige do homem comum um elevado nível de atividade mental.

Nesta nova era de comunicação das massas, é tão importante o que o espírito do povo em geral digeriu e assimilou quanto as prescrições dos peritos. Quando êstes formulam e transmitem idéias acima do entendimento comum, pregam no deserto. Dessa forma, criam oportunidade para que uma ideologia mais simples e mesmo falsa se insinue no espírito público. Não basta que se formule uma idéia e que ela apareça sob forma impressa; é preciso cuidar de que o público possa participar do novo conceito.

O mistério da liberdade é a existência de um grande amor pela liberdade! Quem dela provou não vacila. O ser humano revolta-se contra a opressão injusta. Enquanto a opressão cresce revolta-se em silêncio, mas chega um momento crítico em que explode a revolta aberta. Para os que viveram dias de explosão dessa espécie, a liberdade é a própria vida. Aprendemos isso principalmente nos dias de perseguição e ocupação, no movimento de resistência secreta, nos campos de prisão e quando sob a ameaça da demagogia. Podemos verificar isso também nos países totalitários em que estão em curso nada menos que o terror e a resistência.

A liberdade e o respeito pelo indivíduo humano tem suas raízes no Velho Testamento, que persuade o homem de que é êle quem faz a sua própria história e de que é responsável por ela. Essa liberdade supõe que o homem se despoje de sua inércia, que não se apegue arbitràriamente à tradição, que lute pelo conhecimento e que aceite a responsabilidade moral. O mêdo da liberdade é o mêdo de assumir a responsabilidade.

Jamais se conseguirá proteger completamente a liberdade por meio de normas e leis. Ela depende grandemente da coragem, da integridade e da responsabilidade de cada um de nós, tão bem como de idênticas qualidades dos governantes. Cada característica nossa ou dos que nos dirigem, que estimule a submissão passiva à mera fôrça, é uma traição à liberdade democrática. No sistema norte-americano de govêrno democrático, são três poderes diferentes a se refrearem recìprocamente: o executivo, o legislativo e o judiciário. Contudo, quando não se está decidido a evitar usurpações das prerrogativas de um por qualquer dos outros, o sistema de refreamento recíproco pode degenerar também.

Tal como os adolescentes que preferem agarrar-se às barras da saia da autoridade dos pais a terem que enfrentar a maturidade do adulto, os indivíduos membros de um Estado democrático podem subtrair-se à atividade mental que êste lhe impõe. Ficam ansiosos por recuarem para uma situação em que gozem de descuidada segurança. Preferirão, muitas vêzes, que o govêrno ou que uma qualquer personificação individual do Estado resolva os problemas por êles. É êsse desejo que produz totalitários e conformistas. O conformista pode, como a criancinha, dormir tranqüilamente e passar tôdas as suas preocupações para o Estado-pai. Quando os intelectuais perdem o domínio de si mesmos e a coragem e ficam empolgados ùnicamente por seus temores e emoções, cresce o poder dos que representam o preconceito e a estupidez.

Dado que estão em cada um de nós as sementes da democracia e também as do totalitarismo, a luta entre as atitudes totalitária e democrática é uma incessante batalha que se trava em cada indivíduo pela vida afora. O modo particular pelo qual o indivíduo se vê a si mesmo e a seus semelhantes determinará seu credo político. Coexistem no homem, com a liberdade e a maturidade, tendências de destruição, ódio, ambição de poder, resistência à independência e o desejo de retornar à irresponsabilidade infantil. A democracia faz apêlo ùnicamente ao flanco adulto do homem; o fascismo e o totalitarismo tentam seus desejos infantis.

O totalitarismo baseia-se numa visão estreita e mecânica da humanidade. Nega a complexidade do indivíduo e a luta entre os motivos conscientes e inconscientes. Nega a dúvida, a ambivalência, a contradição de sentimentos. Simplifica o homem, considerando-o como máquina que pode ser posta em movimento, desde que alimentada pelo combustível governamental.

Em todo tratamento psicanalítico há um momento em que o paciente tem que decidir se quer ou não ganhar maturidade. O conhecimento e a visão que êle adquiriu têm que ser transformados em ação. Nessa ocasião, êle se conhece bastante a si mesmo; tem na própria vida um livro aberto. Embora tenha muito melhor compreensão de si mesmo, acha difícil abandonar o país de sonho da infância, com suas fantasias, culto de heróis e finais felizes. Mas, robustecido por um conhecimento bastante profundo de seus motivos íntimos, avança para o mundo da responsabilidade livremente escolhida e da liberdade limitada. Está agora apto para viver como um adulto maduro, pois que a idéia que faz do mundo já não está pervertida por anseios imaturos.

É possível uma educação sistemática para a liberdade. A liberdade cresce à medida que o domínio dos impulsos íntimos destrutivos passa a ser feito de dentro do indivíduo e à medida que não se depende mais do contrôle exterior, isto é, do que é exercido pelos pais e outras autoridades.

O que importa é a formação da nossa personalidade e da nossa consciência — ego e superego. Nem é possível levar a efeito êsse desenvolvimento de modo forçado e compulsivo, como intentam fazer os tiranos e ditadores. Êle deve processar-se pela livre aceitação ou pela rejeição dos valores morais vigentes, até o ponto em que a pessoa moral que temos em nós mesmos tenha ganho fôrças suficientes para ultrapassar os valores vigentes e para que possa ficar de pé sôbre seus próprios alicerces morais. Escolher a liberdade é escolher entre a limitação livremente aceita — libertação do caos — e a pseudo liberdade do caos inconsciente. Para muitas pessoas, liberdade é um conceito de ordem emotiva, que consiste em deixar-se ir, o que realmente significa uma ditadura de impulsos cegos, instintivos. Há também um conceito intelectual de liberdade, pelo qual esta significa restringir a escravidão e a dependência.

Para que nos tornemos livres, é preciso que certas condições exteriores prejudiquem êsse desenvolvimento moral do domínio de si mesmo. Temos que ganhar consciência cada vez mais clara dos perigos internos da democracia: fouxidão, preguiça e despreocupação. As pessoas devem tomar consciência de que a tecnologia tende a automatizar-lhes o espírito. Precisam ficar sabendo que a influência das massas e os meios de comunicação modernos têm condições para gravar-lhes no cérebro tôda espécie de sugestões. Precisam ficar sabendo que a educação pode transformar-nos em débeis repositórios de fatos ou em personalidades fortes. Uma democracia liberal tem que lutar contra a mediocridade, para que não seja asfixiada pelo simples número de votos de autômatos. A liberdade democrática exige uma apreciação e compreensão altamente inteligente do próprio regime democrático. É isso exatamente que nos torna difícil fazer a propaganda da democracia ou atrair-lhe freguesia pela técnica de «promoção de vendas». Além disso, é tão perigoso inculcar a democracia quanto é perigoso inculcar o totalitarismo. É da própria essência da democracia que ela seja livremente escolhida e nunca imposta.

O paradoxo da liberdade

Não há contradição essencial entre liberdade e planejamento. Para que a liberdade possa desenvolver-se é preciso que se planejem meios adequados para o domínio das fôrças que podem limitá-la. Mais do que isso, devemos estar suficientemente apaixonados e ìntimamente livres para condenar os que abusam da liberdade. Precisamos ter a energia necessária para investir contra os que, pelo abuso da liberdade, se tornam responsáveis pelo próprio suicídio mental ou pelo assassínio psíquico, arrastando consigo outras pessoas. A submissão suicida é uma espécie de subversão que vem do íntimo; é uma rendição passiva a um mundo mecanizado e sem personalidades; é a negação da personalidade. Precisamos estar fervorosamente dispostos a sustentar firmemente a liberdade do indivíduo, a tolerância mútua e a dignidade, e devemos aprender também a não permitir a destruição dêsses valores. Temos que repelir os que fazem uso de idéias e valores respeitáveis para alcançar o poder e, então, destruir essas idéias e valores. E a nossa intolerância diante dêsses abusos deve durar tanto quanto dure a batalha em que está em jôgo a vida ou a morte do espírito.

Não é possível dar suficiente realce à idéia de que a liberdade só é viável com base em um vigoroso conjunto de crenças e padrões morais. Isso significa que o homem tem que aderir a normas de autolimitação — normais morais — a fim de manter sua liberdade. Quando faltam êsses freios internos, devido à falta de educação ou à educação estereotipada, então a repressão externa ou mesmo a tirania se tornam necessárias para refrear impulsos anti-sociais. Nessas circunstâncias, a liberdade se torna vítima da incapacidade do homem para viver em liberdade e para o domínio de si mesmo.

Deve-se garantir à humanidade o direito de **não** ouvir e de não se conformar e o direito de defender-se contra o ataque psicológico e contra a intervenção sob a forma de pervertida propaganda para as massas, opressão totalitária e tortura mental. Quando se lida com essas atitudes, não há transigência ou conciliação possível. Todo cuidado é pouco para evitar que os nossos próprios erros ao investir contra a liberdade pessoal se transformem em provisão de águas para tocar o moinho totalitário. Mesmo as nossas denúncias podem ter um efeito paradoxal. O mêdo e a histeria favorecem o totalitarismo. Precisamos é de cuidadosa análise e compreensão dêsse fenômeno. A democracia é o regime da dignidade do homem e do direito de pensar por conta própria, do direito de ter cada um sua própria opinião — mais do que isso, o direito de **sustentar** essa opinião e de proteger-se contra a invasão do espírito e a coerção mental.

As normas de repressão ao menticídio e à intrusão psicológica elaboradas pelas Nações Unidas correspondem a assegurar ao ser humano um direito tão precioso quanto o da existência física, o direito de liberdade individual não-conformista — o direito de divergir, o direito de cada um ser coerente consigo mesmo. A tolerância da crítica e da heresia é uma das condições da liberdade.

Tocamos aqui num outro ponto crucial da técnica do govêrno das gentes. A exagerada centralização do govêrno, a participação das massas e o totalitarismo são coisas relacionadas entre si.

Quando as massas participam do govêrno e se eliminam a descentralização — que põe em relêvo o valor da variação e da originalidade individual — e a possibilidade de uma escorreita escolha de dirigentes, facilita-se o aparecimento do chefe ditatorial. Então, as massas transferem para êste sua cobiça de poder. Por artes de magia, o escravo participa da glória de seu senhor.

O autogovêrno democrático é propiciado pela moderação e pelas autolimitações, pelo espírito esportivo e pela probidade, pela observância voluntária das normas da sociedade e pela cooperação. Essas qualidades são adquiridas pelo exercício. As pessoas que sejam eleitas para cargos de responsabilidade num govêrno democrático precisam estar de sobreaviso, exercendo vigilância sôbre si mesmas e impondo-se limitações, pois que ninguém é perfeito. A democracia não é uma luta pela independência, mas uma interdependência, segundo normas de reciprocidade. A democracia significa o refreamento da tendência que tem o homem de monopolizar poderes ilimitados. Significa coibir o que há de maligno em cada um de nós. Reduz a um mínimo as conseqüências das limitações do homem.

A futura era da psicologia

Seja-me permitido repetir o que disse logo no comêço dêste livro. As técnicas modernas de lavagem do cérebro e de menticídio — essas perversões da psicologia — podem arrastar as pessoas, quase tôdas, à submissão e à rendição. Muitas das vítimas de contrôle do pensamento, de lavagem do cérebro e de menticídio que foram mencionadas eram homens fortes a quem quebraram e degradaram espírito e vontade. Mas, embora os totalitários tenham usado a ciência do espírito para fins corruptos e inescrupulosos, a nossa sociedade democrática pode e deve usá-la para auxiliar o ser humano a desenvolver-se, a proteger sua liberdade e a conhecer-se a si mesmo.

Os conhecimentos de psicologia e o tratamento psicológico podem, por si mesmos, gerar a atitude democrática, pois que a psicologia é, por excelência, a ciência do **juste milieu**, da livre escolha, considerado o sistema de limitações pessoais e sociais do homem. Posta em confronto com os milhões de anos de existência e evolução do homem, a civilização está na sua infância. A despeito das reversões da história, continua o homem a desenvolver-se e a psicologia — em que pese seu grau de imperfeição no presente — tornar-se-á um dos instrumentos mais poderosos para a luta do homem pela liberdade e pela maturidade.

BIBLIOGRAFIA

«Admissibility of Results of Lie-Detector and Truth Serum Tests» (Oklahoma Court), **Journal of American Medical Association,** vol. 133, 1951.

Ahrendt, H., **The Origin of Totaliarianism.** New York, Harper & Brothers, 1950.

Almond, G. A. e outros, **The Appeals of Communism.** Princeton, Princeton University Press, 1954.

Asch, S. E., «Opinions and Social Pressure», **Scientific American,** vol. 193, 1955.

Ashby, W. R., **Design for a Brain.** London, Chapman & Hall, 1952.

Aspaturian, V., «What do the Communists Mean by 'Peaceful Coexistence'?» **The Reporter,** 1955.

«Automation Is Here», **Democratic Digest,** 1955.

Baschwitz, K., **Du Und Die Masse.** Amsterdam, Elsevier, 1937.

Bauer, R. A., **The New Man in Soviet Psychology.** Cambridge, Harvard University Press, 1952.

Beck, F. e Godin, W., **Russian Purge and the Extraction of Confession.** London, Hurst & Blackett, 1951.

Beer, M., «The Battle for Man's Rights», **United Nations World,** 1950.

Bergler, E., **The Battle of the Conscience,** Washington, D.C., Washington Institute of Medicine, 1948.

Bergler, E., **The Superego — Unconscious Conscience.** New York, Grune & Stratton, Inc., 1952.

Boeree, T. A., **The Sinister History of Christian Lindemans, Alias King Kong.** Manuscrito inédito.

Bonhoeffer, W. e **Zutt, G.**, «Uber den Geisteszustand des Reichstagsbrandstifters Marinus Van Der Lubbe», **Monatschrift für Psychiatrie**, vol. 89, 1934.

Burney, C., **The Dungeon Democracy.** London, Heinemann, 1945.

Byfield, R. S., **Logocide, The Fifth Weapon,** New York, edição privada, 1954.

Cantril, H., Gaudet, H. e **Herzog, H.**, **The Invasion from Mars.** Princeton, Princeton University Press, 1940.

Commager, H. S., «The Real Danger — Fear of Ideas», **The New York Times Magazine,** 26 de Junho de 1949.

The Convencion on Genocide. Lake Sucess, N. Y., United Nations Department of Public Information, 1949.

Dicks, H. V., «Observations on Contemporary Russian Behavior», **Human Relations,** vol. 5, 1952.

Dobrogaev, S. M., **Speech Reflexes** (translated and digested from the Russian). New York, National Committee for a Free Europe, 1953.

«Document on Terror», **News from Behind the Iron Curtain,** vol. 1, 1952.

Dooren, L., **Dr. Johannes Wier.** Salten, Holanda, De Graafschap, 1940.

Ferenczi, S., «Stages in the Development of the Sense of Reality», in **An Outline of Psychoanalysis.** New York, Modern Library, 1925.

Frazer, J. G., **The Golden Bough.** London, Macmillan, 1907-15, 1922 (abridged edition).

Freud, A., **The Ego and the Mechanisms of Defence.** L. & V. Woolf, Institute of Psychoanalysis, London, 1937.

Freud, S., **Basic Writings.** New York, Modern Library, 1946.

Fried, J. H. E., **Les Méthodes et les Procédés du Fascisme.** (Paris), United Nations Educational, Social and Cultural Organization, 1949.

Fromm, E., **The Fear of Freedom.** London, Kegan Paul & Co., 1942.

Gallery, D. V., «We Can Baffle the Brainwashers!» **Saturday Evening Post,** 1955.

Gilbert, G. M., **The Psychology of Dictatorship.** New York, The Ronald Press Company, 1950.

Gonzales, V. e Gorkin, J., **El Campesino: Life and Death in Soviet Russia.** London, Heinemann, 1952.

Haggerty, J. J., Jun., «Think or Die», **Collier's,** 1955.

Heiden, K., «Why They Confess», **Life Magazine,** 1949.

Heller, E. L., «Thought I'd Never Get Homme», **Saturday Evening Post,** 1955.

Herling, G., **A World Apart.** London, Heinemann, 1951.

Heron, W., **Time,** 1954.

Hershey, B., «The Sick Men Who Rule the World», **The Nation,** 1949.

Hill, G., «Brain-Washing: Time for a Police», **Atlantic Monthly,** 1955.

Hitler, A., **Mein Kampf.** London, Hurst & Blackett, 1939.

Hook, S., «Why They Switch Loyalties», **The New York Times Magazine,** 26 de Novembro, de 1950.

Horsley, Gantt W., «Bolshevik Principles and Russian Physiology», **Bulletin of the Atomic Scientists,** vol. VIII, 1952.

Hsu, F. L. K., «Suppression Versus Repression», **Psychiatry,** vol. XII, 1949.

Hunter, E., **Brain-Washing in Red China: The Calculated Destruction of Men's Minds.** New York, The Vanguard Press, 1951.

Huxley, A., **The Devils of Loudun.** London, Chatto & Windus, 1952.

Huxley, A., **The Doors of Perception.** London, Chatto & Windus, 1952.

Jong, L. De, **The German Fifth Column in the Second World War.** Chicago, The University of Chicago Press, 1956.

Kafka, F., **The Trial.** London, Secker & Warburg, 1945.

Kalme, A., Total Terror. New York, Appleton-Century-Crofts, Inc., 1950.

Karp, D., One. London, Gollancz, 1954.

Kayman, G., «Forensic Psychiatry», **American Jornal of Psychotherapy,** vol. VIII, 1954.

Kisker, G. W., World Tension: The Psychopathology of International Relations. New York, Prentice-Hall, Inc., 1950.

Krugman, H. E., «The Role of Hostility in the Appeals of Communism in the United States», **Psychiatry,** vol. I, 1953.

Lassio, S., «La Verité sur la Condamnation du Cardinal Mindszenty», **Le Figaro,** 1950.

Lasswell, H. D., «The Strategy of Soviet Propaganda», **Proceedings of The Academy of Political Science** (Columbia University), vol. XXIV, 1951.

Lea, C. H., The Inquisition of the Middle Ages. New York, The Citadel Press, 1954.

Lehmann-Haupt, H., Art Under a Dictatorship. New York, Oxford University Press, 1954.

Leites, N. e Bernaut, E., Ritual of Liquidation. Glencoe, III., Free Press, 1954.

Little, A. M. G., «Pavlov and Propaganda», **Problems of Communism,** vol. II, 1953.

London, T. D., «The Scientific Council on Problems of the Physiological Theory of Academician I. P. Pavlov: A Study in Control», **Science,** vol. 116, 1952.

Luther, R. H., American Demagogues — Twentieth Century. Boston, Beacon Press, 1954.

MacDonald, D., «The Lie-Detector Era», **The Reporter,** 1954.

MacDonald, J. M., «Narcoanalysis and Criminal Law», **American Journal of Psychiatry,** vol. III, 1954.

Malinowski, B., «Magic Science and Religion», in **Science, Religion and Reality,** edited by J. Needham, Sheldon Press, 1925.

Mayo, C. W., Speech before the Security Council of the United Nations, 26 de Outubro de 1953.

«Médecine, quatrième puvoir?» **Esprit,** 1950.

Meerloo, J. A. M., «Die Abwehrreaktionen des Angstgefühls», **Zeitschrift für die gesammte Neurologie und Psychiatrie,** vol. 133, 1931.

Meerloo, J. A. M., **Conversation and Communication.** New York, International Universities Press, Inc., 1952.

Meerloo, J. A. M., «The Crime of Menticide», **American Journal of Psychiatry,** vol. 107, 1951.

Meerloo, J. A. M., **Delusion and Mass-Delusion.** New York, Nervous and Mental Disease Monographs, 1949.

Meerloo, J. A. M., «Democracy and Fascism Within Us», in **Total War and the Human Mind.** London, Allen & Unwin, 1944.

Meerloo, J. A. M., «International Law and Morality», **New Europe,** 1945.

Meerloo, J. A. M., «Living by Proxy», **American Journal of Psychotherapy,** vol. II, 1953.

Meerloo, J. A. M., «The Monument as a Delusional Token», **American** Imago, 1954.

Meerloo, J. A. M., «Morale», **Military Review,** 1954.

Meerloo, J. A. M., «The Psychology of Treason and Loyalty», **American Journal of Psychotherapy,** vol. VIII, 1954.

Meerloo, J. A. M., «Television Addiction and Reactive Apathy», **Journal of Nervous and Mental Diseases,** vol. 120, 1954.

Meerloo, J. A. M., «Thought Control and Confession Compulsion», in **Explorations in Psychoanalisys.** New York, Julian Press, Inc., 1953.

Meerloo, J. A. M., «Treason and Traitors», in **A tearmath of Peace.** New York, International Universities Press, Inc., 1946.

Meerloo, J. A. M., **The Two Faces of Man.** New York, International Universities Press, Inc., 1954.

Miller, W. L., «Can Government be Mercandised?» **The Reporter,** 1953.

Mitscherlich, A. e outros, **Doctors of Infamy: The Story of the Nazi Medical Crimes.** New York, Henry Schuman. Inc., 1949.

Moloney, J. C., «Psychic Self-Abandon and Extortion of Confessions», **International Journal of Psychoanalysis**, vol. 36, 1955.

Moloney, J. C., «A Study in Neurotic Conformity: The Japanese», **Complex**, 1951.

Moloney, J. C., **Understanding the Japanese Mind.** New York, Philosophical Library, 1954.

Newman, C. L., «Trial by Jury Outmoded», **Science News Letter**, 1955.

«No Bands Playing: Colonel Arnold's Story», **Time**, 1955.

Pavlov, I. P., **Conditioned Reflexes and Psychiatry.** London, Martin Lawrence, 2 vols., 1929 e 1941.

Peck, D. W., «Do Juries Delay Justice?» **The New York Times Magazine**, 25 de Dezembro de 1955

«People v. Leyra», **North Eastern Reporter**, Second Series, 1951.

Piaget, J., **The Language and Thought of the Child.** London, Kegan Paul & Co., 1926.

Prychodke, N., **One of the Fifteen Million.** London, J. M. Dent & Sons, 1952.

Razran, G., **Science News Letter**, 1954.

Reik, T., **Geständniszwang and Strafbedürfnis.** Zurich, Internationaler Psychoanalytscher Verlag, 1925.

«Raport on Vogeler», **The New York Times**, 29 de Abril de 1951.

Richter, C. P., «Civilized Life Affects Combat Stress», **Science News Letter**, 1954.

Ross, L., «Red China's Dope Peddlers», **The New Leader**, 1954.

Rostow, W. W. e outros, **The Dynamics of Soviet Society.** New York, New American Library, 1954.

Rousset, D., **The Other Kingdom.** New York, Reynal & Hitchcock, 1947.

Rud, F., «The Social Paychopathology of Schizofrenic States», **Journal of Clinical and Experimental Psychopathology,** vol. 12, 1951.

Samuels, G., «American Traitors», **The New York Times Magazine,** 22 de Maio de 1949.

Santucci, P. S. e **Winokur, G.,** «Brainwashing as a Factor in Psychiatric Illness: An Heuristic Approach», **Archives of Neurology and Psychiatry,** vol. 74, 1955.

Schultz, H. H., Das Autogene Training. Stuttgart, Georg Thieme Verlag, 1934.

«The Schwable Case», **The New York Times,** 10 e 11 de Março de 1954.

«The Schwable Case», **The Reporter,** 1954.

Segal, H. A., «Initial Psychiatric Findings of Recently Repatriated Prisoners of War's», **American Journal of Psychiatry,** vol. III, 1954.

Shipkov, M., Bulletin of the State Department (Washington D. C.), 1950.

Siegel, V., «College Freedoms Being Stifled Students' Fear of Red Label», **The New York Times,** 10 de Maio de 1951.

«Soviet Expunging West's Psychiatry», **The New York Times,** 16 de Outubro de 1951.

Spence, K. W., e **Farber, I. E.,** «Conditioning and Extinction as a Function of Anxiety», **Journal of Experimental Psychology,** vol. 45, 1953.

Sperling, G. E., «The Interpretation of the Trauma as a Command», **Psychoanalytic Quarterly,** vol. 19, 1950.

Strassman, H. D. e outros, «A Prisoner of War Syndrome: Apathy as a Reaction to Severe Stress», comunicado à American Psychiatric Association, 9 a 13 de Maio de 1950.

Swift, S. K., The Cardinal's Story. The Macmillan Company, 1949.

Taylor, A. J. P., «The Judgment of the Diplomats», **The Saturday Review,** 1954.

Taylor, E., The Strategy of Terror. New York, Houghton Mifflin Company, 1942.

Tyler, D. B., «Psychologycal Changes During Experimental Sleep Deprivation», **Diseases of the Nervous System**, vol. 16, 1955.

Universal Declaration of Human Rights. Lake Success, N. Y., United Nations Department of Public Information, 1949.

Vogeler, R. A., **I Was Stalin's Prisoner.** London, W. H. Allen, 1952.

Waelder, R., «Authoritarianism and Totalitarianism», in **Psychoanalysis and Culture.** New York, International Universities Press, Inc., 1951.

Walker, R. L., «Psychological Control» in **China Under Communism.** New Haven, Yale University Press, 1955.

Weissberg, A., **The Accused.** New York, Simon & Schuster, Inc., 1951.

West, R., The **Meaning** of Treason. London, Macmillan & Co., 1949.

Weyl, N., Treason. Washington, D. C., The Public Affairs Press, 1950.

Wier, Johannes, **De Praestigiis Daemonum.** Basel, Oer J. Oporinum, 1563.

Winokur, G., «Brainwashing, A Social Phenomenon of Our Time», **Human Organization,** vol. 13, 1955.

Winokur, G., «The Germ Warfare Statements», **Journal of Nervous and Mental Diseases,** vol. 122, 1955.

Wortis, J., «Some Recent Developments in Soviet Psychiatry», American **Journal of Psyquiatry,** vol. 109, 1953.

Yen, M., **The Umbrella Garden.** New York, The Macmillan Company, 1954.

Zimmering, P. e outros, «Heroin Addiction in Adolescent Boys», **Journal of Nervous and Mental Diseases,** vol. 114, 1951.

A RESPEITO DO AUTOR

O Dr. Joost A. M. Meerloo nasceu em Haia, em 1903, onde recebeu sua educação elementar. Obteve o grau de doutor em medicina na Universidade de Leyden em 1927 e o de doutor em filosofia na de Utrecht em 1932. Entre os anos de 1928 e 1934, o Dr. Meerloo serviu como professor e psiquiatra em vários hospitais, tendo no último ano começado a clínica psiquiátrica particular, praticando também a psicanálise em Haia, e servindo ainda como psiquiatra consultor da Côrte Real e das repartições públicas. Sob a ocupação nazista da Holanda pôde o Dr. Meerloo observar em primeira mão os métodos de tortura mental e interrogação forçada descritos neste livro.

Em 1942 quase morreu nas mãos das fôrças alemãs de ocupação na Holanda, escapando para a Inglaterra, onde serviu como coronel chefe do Departamento Psicológico das Fôrças Armadas. Dois anos antes de ir para os Estados Unidos, em 1946, serviu como Alto Comissário do Bem-Estar para o Govêrno Holandês, e também como consultor da SHEAF e da UNRRA. O Dr. Meerloo foi condecorado com a Cruz por Serviços Relevantes em 1943. Desde que se radicou em Nova Iorque, tem ensinado em várias escolas e exercido a clínica psiquiátrica e a psicanálise privadas. Tornou-se cidadão dos Estados Unidos em 1950. É membro honorário e «fellow» de várias sociedades profissionais. Suas publicações abrangem treze livros, entre os quais **Total War and the Human Mind, Patterns of Panic, Two Faces of Man,** e mais de duzentos artigos em revistas científicas e populares. Também é conhecido como coordenador de obras científicas e comentarista científico. **The Rape of the Mind,** seu décimo quarto livro, baseia-se em suas experiências pessoais e no conhecimento íntimo do que pode a extrema pressão mental fazer ao espírito humano.

Biblioteca "PSICOLOGIA E EDUCAÇÃO"

Volumes publicados:

1.	*O Segredo da Paz Familiar*	H. F. Tashman
2.	*Usos e Abusos da Psicologia*	H. J. Eysenck
3.	*Relações Humanas*	Thomason e Clement
4.	*Ajuda-te Pela Psiquiatria!*	Frank S. Caprio
5.	*Nos Subterrâneos da Mente*	Fritz Redlich
6.	*Descobre-te a Ti Mesmo*	Stephen Lackner
7.	*Seja Invulnerável!*	Laura A. Huxley
8.	*Vença Pela Fé*	Gordon Powell
9.	*Renovar para Vencer*	John W. Gardner
10.	*A Conquista da Mente*	William Sargant
11.	*As Drogas e a Mente*	Robert De Ropp
12.	*Fato e Ficção na Psicologia*	H. J. Eysenck
13.	*Liberdade Sem Medo*	A. S. Neill
14.	*Liberdade Sem Excesso*	A. S. Neill
15.	*A Marca da Violência*	Fredrich Wertham
16.	*Condicionamento Pessoal*	Hornell Hart
17.	*Criatividade Profissional*	Eugene von Fange
18.	*O Poder Criador da Mente*	Alex F. Osborn
19.	*Arte e Ciência da Criatividade*	George Kneller
20.	*Sonhos e Pesadelos*	J. A. Hadfield
21.	*As Três Faces de Eva*	C. H. Thigpen
22.	*Lavagem Cerebral*	J. A. Merloo
23.	*Educação Soviética*	G. L. Kline
24.	*A Face Final de Eva*	J. Poling
25.	*O Século de Freud*	Benjamin Nelson
26.	*Educação e Desenvolvimento*	Vários autores
27.	*Economia da Educação*	John Vaizey
28.	*Ajude Seu Marido a Vencer*	Kenneth Hutchin
29.	*A Criança Problema*	Joseph Roucek
30.	*A Criança Excepcional*	Joseph Roucek
31.	*Idéias Para Vencer*	Myron S. Allen
32.	*Psicoterapia de Grupo*	Vários autores
33.	*História da Psiquiatria*	Alexander e Selesnick

34. *Educação é Investimento*	José Reis
35. *A Necessidade de Amor*	Theodor Reik
36. *O Dirigente Criativo*	Joseph G. Mason
37. *Use o Poder de Sua Mente*	David J. Schwartz
38. *Psicologia Prática no Ensino*	L. Derville
39. *Conversas Com Pais e Mestres*	Homer Lane
40. *Formação de Líderes*	A. K. Rice
41. *Qual o Problema de Seu Filho?*	François L. Ilg e L. B. Ames
42. *Técnicas Revolucionárias de Ensino Pré-Escolar*	Maya Pines
43. *Use a Cabeça!*	Aaron Levenstein
44. *Prisão Não Cura, Corrompe*	D. Sington e G. Playfair
45. *A Juventude Descobre o Amor*	E. M. Duvall
46. *Para Enriquecer, Pense Como um Milionário*	Howard E. Hill
47. A *Saúde Mental da Criança*	Michael M. Miller
48. *A Nova Juventude*	William Menninger
49. *A Cura Pela Liberdade*	W. D. Wills
50. *Torne Seu Filho Mais Inteligente*	Joan Beck
51. *Liberdade no Lar*	A. S. Neill
52. *Eros e Tânatos — O Homem Contra Si Próprio*	Karl Menninger
53. *Amor contra o Ódio*	Karl Menninger
54. *A Mente Humana*	Karl Menninger
55. *A Criança Aprende Brincando*	P. M. Pickard
56. *Liberdade na Escola*	A. S. Neill
57. *Liberdade, Escola, Amor e Juventude*	A. S. Neill
58. *Desperte Sua Força Mental*	Alex Osborn
59. *Ajuda-te Pela Nova Auto-Hipnose*	Paul Adams
60. *Saúde Mental na Empresa Moderna*	Harry Levinson
61. *Ajuda-te Pela Psicologia Aplicada*	R. H. Anderson
62. *Psicologia da Criança*	Garrison, Kingston e Bernard
63. *Criatividade — Progresso e Potencial*	Calvin Taylor
64. *Iniciação à Instrução Programada e às Máquinas de Ensinar*	H. Kay, B. Dodd e Max Sime
65. *Como a Criança Pensa*	Ruth M. Beard
66. *Análise Científica da Personalidade*	Raymond Cattell

67. *Criatividade no Ensino*	Alice Miel
68. *Comunicação e Dinâmica de Grupo*	M. Argyle
69. *Guia Prático Para Entender Piaget*	Beardley e E. Hitchfield
70. *Como Alterar o Comportamento Humano*	H. R. Beech
71. *Senso e Contra-Senso na Psicologia*	H. J. Eysenck
72. *ABC da Psiquiatria*	William Menninger
73. *Testes em Educação*	H. M. Vianna
74. *Diário de um Mestre-Escola*	A. S. Neill
75. *Minha Luta Pela Liberdade no Ensino*	A. S. Neill
76. *Sexo, Pornografia, Personalidade*	H. V. Eisenck
77. *Como Educar Crianças em Grupos*	Marie Winn e Mary Ann Porcher
78. *Piaget: Teoria e Prática*	P. G. Richmond
79. *A Arte de Criar Filhos Sem Fazer Força*	Marvin J. Gersh
80. *Problemas Entre Pais e Filhos (Como Resolvê-los)*	William Menninger
81. *A Revolução Pedagógica: Escola Sem Muros*	J. Brenner/M. von Moschzisker
82. *A Nova Escola do Futuro*	George Dennison
83. *Criatividade — Medição, Testes, Avaliações*	E. Paul Torrance
84. *Ajuda-te Pela Auto-Análise*	Laura A. Huxley
85. *Método Montanari — Reeducação de Crianças Difíceis*	A. J. Montanari
86. *Seu Filho de 0 a 12*	Helena Savastano e outros
87. *Os Valores e os Fatos*	A. P. Rodolpho Agatti
88. *Nosso Mundo Mental*	Isaac Mielnik
89. *O Comportamento Infantil*	Isaac Mielnik
90. *Um Mestre na Encruzilhada*	A. S. Neill
91. *Um Mestre Contra o Mundo*	A. S. Neill
92. *Psicologia Aplicada à Educação e Orientação Infantil*	Francis L. Ilg/L. B. Ames
93. *Piaget na Prática Escolar*	Hans G. Furth e Harry Wachs
94. *Os Pais Não São Culpados Pelas Neuroses dos Filhos*	Edmund Bergler